ゆかいな仏教

橋爪大三郎
大澤真幸

三笠書房

まえがき

人は、生きている間に何度か、宗教的にしか解決できない問題にぶつかる。ここで「宗教的に解決する」というのは、特定の宗教に入信して、その教えに従うということではない。宗教がそうしてきたのと同じような仕方で、人生観や世界観の前提にまで遡る、ということである。

すべての問題が宗教的な態度や思考を必要としているわけではない。自分が気に入っていたり、欲していたりする目的にどうやったら最も効率的に到達できるのか、ということを考えるだけで、解決できる問題もある。あるいは、世間で通用している道徳のことを考慮に入れれば、おおむね答えが得られる問題もある。

しかし、好き嫌いや道徳的な善さの前提になっている価値観そのものを問い直さないと解決できそうもない問題もある。「私（たち）は、『これ』に執着しているけれども、ほんとうに『これ』を獲得できたら問題が解決するのだろうか。そもそも、『これ』に執着していること自体に問題があるのではないか」と感じる問題である。

それは、生き方や態度の抜本的な変更を要求するような問題である。簡単に言えば、人は、「自分自身を変えないと解決できない」と感じさせられる問題に、一生の中で何度かは直面せざるをえなくなるのだ。

こうした問題にぶつかったときには、宗教、とりわけ普遍宗教が蓄積してきた知恵が、ヒントや助けを与えてくれる。人生や社会や宇宙を理解する上での座標軸を批判し、独自に設定してきたからである。宗教がどう考えてきたかということが、難しい問題を前にして、にっちもさっちも行かなくなっているわれわれに、ブレークスルーをもたらしてくれるのだ。

現在、日本人は、個人的な場面でも、社会的な状況の中でも、宗教的に考えないことにはとうてい突破できない、たくさんの問題にぶつかっている。たとえば、二〇一一年三月十一日の出来事は、日本人が何か「とてつもなくだいじなこと」から目を背けてきたのではないか、と思わせるものがあった。あるいは、もはやかつてのような高度な経済成長を望めない時代になり、そもそも幸福ということが何であるかがわからなくなっている。生きがいが感じられる仕事がなかなか得られない中で、自分はこの世界から必要とされているのだろうか、世界から呼びかけられているのだろうかということが不安になる。ネットやサイバースペースが発達する中で、なぜかますます孤独になる。……

これらはすべて、宗教的な深みにまで降りていかなくては、最終的には乗り越えられない問題ばかりである。

それでは、日本人の周りには、知恵を貸してくれる、どんな普遍宗教があるのか。仏教こそは、その第一の候補ではないか。仏教が日本に伝わったのは、六世紀の中頃である。それから千五百年もの時間が経過して、仏教は、日本社会のすみずみにまで浸透した。これより深く、広く、日本社会に根を張った普遍宗教はない。

それならば、先に述べたような多くの困難に直面している日本人に対して、仏教は、何か決定的なヒントや洞察を提供してきただろうか。たとえば、三月十一日の津波と原発事故によって言葉を失った日本人に、仏教は、困難を乗り越えるための手がかりになることを示唆してきただろうか。残念ながら、そうとは言いがたい。仏教は、ほとんど関心がないかのようにふるまっている（ように見える）。

なぜなのだろうか。どうして仏教は、何の反応も示さないのか。仏教が無能なはずはない。仏教には、二千五百年分の認識と実践の蓄積があるのだ。

仏教の方が自分から私たちに語りかけてこないのであれば、私たちの方から仏教に尋ねてみよう。仏教よ、お前は何者なのか。仏教よ、お前はどんなふうに考えてきたのか。仏教よ、お前には世界はどのように見えているのか。仏教よ、お前はどんな実践を提案するのか。……そういうことを、こちらから尋ねてみよう。向こうからすすんで語りかけてこないならば、こちらから、仏教に応答を迫ってみよう。答えさせてみよう。

こういう意図から企画されたのが、本書、橋爪大三郎さんと私の対談である。


かつて、橋爪さんと私は、キリスト教について討議した著作を発表した(『ふしぎなキリスト教』講談社現代新書、二〇一一年)。そのとき、私たちは、「キリスト教を知らない」という程度において、日本人は世界一である、ということを念頭において対談した。仏教については、事情はまったく違う。右にも書いたように、仏教は、日本社会に深く広く浸透している。日本列島に伝えられた時期だけをみても、仏教の方が、キリスト教よりも千年も前に遡る。

だから、日本人は、仏教について何がしかの知識やイメージをもっている。寺だって、周囲にたくさんある。僧の知り合いだっている。日本人は、仏教について、西洋の平均的な人びとよりもはるかに多くのことを知っているはずだ。

しかし、同時に、日本人の大半は、仏教について、最も肝心なことを知らない。仏教とは、いったい何を目指すムーブメントなのか。仏教は、どのように世界をとらえているのか。仏教を信じるとは、どんな生き方を意味しているのか。そうしたことについては、ほとんど何もわかっていない。「お経」という語が、「わけのわからないこと」「ちんぷんかんぷん」の代名詞に使われるくらいだ。

これはまことに奇妙な状況だ。もう千五百年も日常的につきあってきた友人がいるとする。しかし、その友人について、出自や家族構成も知らない。友人が、何を生業としているのかも、よくわからない。何が好きで、どんな欲求をもっているかもまったく知らない。言ってみれば、仏教と日本人との関係は、こんな感じである。

この対談は、キリスト教についての対談で用いた方法を継承している。つまり、私大澤の方が、仏教の外から、批判的に――つまりいささか意地悪に――問う役割を引き受け、橋爪さんは、どちらかと言うと、仏教の側からこれに応答する、という形式が対談の基本的な設定になっている。

橋爪さんが応答する側にいるのは、『仏教の言説戦略』(勁草書房、一九八六年/サンガ文庫、二〇一三年)をはじめとした多くの著作に示されているように、橋爪さんがこれまで、仏教について、宗教社会学の立場から専門的に研究し、また語ったり書いたりしてきたからである。

それに対して、大澤は、仏教についてはは門外漢である。現在、進行中の仕事『〈世界史〉の哲学　東洋篇』（講談社、二〇一四年）で仏教について私見を述べているが、仏教徒でもなければ、仏教の専門研究者でもない。しかし、仏教の外部にいる者として仏教に問いかける、ということが重要だと、私たちは考えている。普遍宗教の価値は、すでにその宗教に帰依している者に対して護教的に語る内容によって決まるのではなく、その宗教の外部にいる者に対して何を語りうるかによって決まるからである。

私にとって、橋爪さんとの対談は、ほんとうに楽しい。純粋に、まったく純粋に、知的な探究のために対談することができるからである。お互いに、いかなるごまかしもなく率直に、思うところ、考えていることを言い合うことができる。柔道に喩えれば、「一本」をねらいにいく柔道だ。どちらも「注意」や「指導」によってポイントを稼ごう、などという姑息なことは考えない。

読者も、必ずや、この楽しさを共有することになるだろう。「ゆかいな仏教」について論じ合う「ゆかいな対談」を味わってもらえることだろう。

二〇一三年九月

大澤真幸

目次

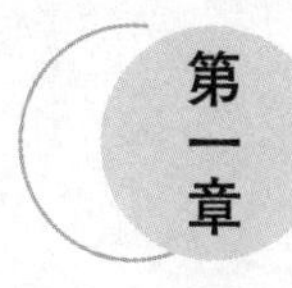

第一章 はじまりの仏教

第二章

初期の仏教

第三章 大乗教へ

第四章

大乗教という思考

第五章 大乗教から密教まで

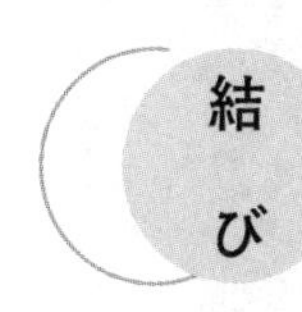

結び

編集・校正／（株）アンデパンダン
編集協力／星 飛雄馬
大來尚順
図版／鯉谷英利
本文DTP／フォレスト

*傍注・地図・年表・図版は（株）アンデパンダンが作成しました。
s＝サンスクリット、p＝パーリ語を示します。

第一章

はじまりの仏教

仏教を定義する

大澤　これから橋爪さんと一緒に仏教について考えたいと思います。仏教について対談する理由については、「まえがき」で少し詳しく書いておきましたので、そちらをお読みいただきましょう。

そのまえがきでも書きましたが、日本人と仏教の関係というのは、とてもきみょうだと思います。

以前、橋爪さんと僕は、キリスト教について、対談をいたしました（『ふしぎなキリスト教』）。キリスト教については、僕らは、「日本人は世界で最もキリスト教を知らない国民だ」という前提で語り合いました。仏教は、キリスト教と並ぶ、代表的な普遍宗教です。ただし、キリスト教とはまったく違うタイプの宗教です。

仏教については、キリスト教とは違って、日本人はある程度は知っている。ちゃんとした知識をもっているわけではなくても、ほとんどの日本人は、仏教については、少なくとも何らかのイメージをもっています。ヨーロッパやアメリカの多くの人は、仏教について何のイメージももっていないでしょうが、日本人は違う。だから、キリスト教の場合とは、状況は逆転しています。実際、日本に正式に仏教が伝わったのは、西暦五三八年か、五五二年ということになっていますから、キリスト教の伝来よりも千年も遡る。

では、日本人は、仏教を参照することで、人生や社会における根本的な問題に対処するためのヒントのようなものを得ることができるだろうか。あるいは、仏教は、そうしたことを考えたり、乗り越えたりするような手がかりを、日本人に与えてきただろうか。と考えると、突然、心もとない気分になります。

つまり、日本人は仏教について知っているはずなのに、実は知らない。イメージはあるのに、そこから、獲得できるはずの貴重なものを引き出すことができない。仏教という、とてつもなく膨大な実践と知恵の蓄積が目の前にあるはずなのに、それは、われわれに対して、何の呼びかけも応答もしてくれない。そんな状況ですね。仏教は、ものすごく身近なのに、同時に疎遠な友人です。

そこで、仏教とは何なのか、日本の文化に浸透してきた仏教というものはそもそも何であったのか。そういうことを考えてみよう。そのように思い立ったのです。

仏教が何も語りかけてこないならば、われわれの方から、仏教に尋ねてみよう、という意図です。仏教よ、お前は何者なのか、何をわれわれに示そうとしているのか、と。こちらから問うことで、仏教に答えを強いるのです。

さて、早速ですが、そもそも仏教について一番ふしぎに思うことは、仏教が何であるかを定義するような基本的な条件や性質がほとんどないことです。仏教を一般的に定義する条件は、限りなく無に近いように見えます。

仏教は、正確には時期を特定できませんがおそらく紀元前五世紀ぐらいに釈尊（ゴータマ・シッダールタ）*が覚りを開いたことに端を発する運動であることは確実です。釈尊が何らかの真理に到達した。このひとつの出来事が仏教の起源にあるわけですが、その後の多様化や拡散の程度が、半端ではない。あまりにも拡散しすぎて、どこからどこまでが仏教であると境界を引くことができないほどです。

キリスト教やイスラム教だって、千年、二千年という時間をかけて継承されている間に、多様化したり、内部分裂をはらんだりするじゃないか、といわれるかもしれません。しかし、キリスト教やイスラム教の場合には、教義の核がはっきりしていて、解釈の相違はあっても、「これを否定したらもうおしまい」というような本質が明示されています。たとえば、イエス・キリストの死と復活のことを無視したり、否認したりしたらキリスト教ではないし、使徒ムハンマド（マホメット）が受けた啓示を疑ったらイスラム教ではありえなくなる。基本的なテキスト、つまり正典だって、聖書とかコーランというかたちで明確に定義されています。

儒教だって、仏教に比べたら、ずっとコンパクトにまとまっています。原始的な呪術に近い段階から、孔子、孟子、そして朱子学等へと展開していく中で、儒教もかなり多様化しますが、それでも、儒教の儒教たる所以となる教えははっきりとしていますし、テキストだって、キリスト教やイスラム教ほどははっきりしていませんが、それでも、四書五経のように大切にされているものがあって、ここまでが儒教だという線引きはできます。

しかし、仏教はこれらとは違います。キリスト教やイスラム教や儒教とは比べものにならないほど、拡散し、多様化しています。そのことはテキストのことを考えただけでもわかります。仏教のテキストは、あまりにも膨大です。しかも、宗派ごとに、大事にしているテキストが違ったりする。

内容的にも、小乗と大乗があったり、哲学的な説のようなものもあったり、禅のよう

***ゴータマ・シッダールタ** [Gautama Siddhārtha (s), Gotama Siddhattha (p)] 仏教の開祖の、出家前（王子のとき）の名前。シッダールタは「目的を成就したもの」の意。さまざまな呼称があり、ブッダ=仏は「釈迦牟尼仏陀（釈迦族出身の聖者たるブッダ=覚者）」、釈尊は「釈迦牟尼世尊（釈迦族の尊者）」の略。十種類の尊称（仏十号）のひとつである「如来 [tathāgata (s)]（修行を完成した者）」は、仏教ばかりではなくインドの一般諸宗教を通じて用いられていた呼称である。

なものもあったり、浄土教のように極楽浄土への往生を求めるものがあったり、一部の密教のようにエクスタシーを伴う儀式を大事にするグループがあったり、とあまりにも多様です。多様化や拡散を抑える、中心の引力のようなもの、仏教を定義する条件や性質がはっきりしないからではないか、と思います。

そこで、まずは、こういう問いから入りたいと思います。いったい仏教とは何か。仏教を定義する条件とは何なのか。

もちろん、本書の全体を通じて、仏教の何たるかはわかる、ということではあるでしょうが、議論の端緒を開く上でも、まずは仏教とは何かを簡単にでも定義しておく必要がある。これが最初の問題提起です。

橋爪　いい問題提起だと思います。

私たちは、仏教とはこういうもの、という知識をいちおう持っている。この本もそういう知識を前提にしている。

でも、この対談は、もっと本質的なこと（もしかすると、世界で初めて議論されるかもしれないこと）を論ずる、という覚悟で臨みましょう。そして、仏教だとふつうに信じられているものをまず、「カッコに入れる」ことにしましょう。つまり、いったん忘れるのです。

さて、定義の前に、すこし助走をつけましょう。仏教はふつう、ほかの宗教と違うものと意識されている。何と区別、対立があるとされているか。

まず、一神教（キリスト教やイスラム教）と対立している。それから、ヒンドゥー教*と対立している。対立というより、対抗関係ですね。儒教とも、対立している。その昔、儒仏道の「三教合一」という試みがあったから、やや微妙かもしれない。でも中国人は、儒教と仏教を融合しようという試みを、結局は放棄した。仏教を棄てて儒教をとった。ということは、仏教と儒教は対立していると考えたほうがいい。

神道とも、仏教は対立していたはずです。しかし日本人は、仏教は神道と対立してほしくないと思った。そこで、対立しないことになった。仏教は神道と裏でつながった、あいまいな関係になった。

以上まとめると、一神教でもヒンドゥー教でも儒教でもなく、神道とも少し違ってい

＊ヒンドゥー教　インドで信じられているさまざまな宗教の総称。古代に成立したヴェーダ聖典を尊重し、ブラフマー神、ヴィシュヌ神、シヴァ神などさまざまな神々を信仰する。古代のバラモン教から徐々に発展して成立したもので、バラモン教と対比して、仏教興隆期以降を指す場合が多いが、最広義には、バラモン教はもちろん、仏教やジャイナ教までも含めてヒンドゥー教と称する。

るのが、仏教。そうやって、私たちは、仏教を理解したつもりになっている。

でも、大澤さんの話のように、それでは、仏教は、正体がつかめないのです。

そこで、いよいよ、仏教を定義する番です。

定義は、およそ学問の出発点です。

さて、論理学の時間に習ったように、定義にはふた通りある。ひとつは、個物を列挙する。もうひとつは、一般式で表す。

例をあげます。「犬」を定義したい。第一の方法では、ポチ、クロ、シロ、ブチ、……と世界中の犬を一匹のこらず列挙していって、これが「犬」だといえばいい。明解な定義なんですけど、問題もある。すべての犬を一匹のこらず列挙できるのか。犬が新しくもう一匹生まれたりしたらどうしよう。

第二の方法は、「ケモノ」「四本足」「尻尾をふる」「ワンワン吠える」……というふうに、条件を書き出していく。よいのですが、これも問題がある。たとえば、「四本足」といってしまうと、うちのクロが交通事故で三本足になってしまった、彼は「犬」だろうか、と悩まなければならない。どちらの方法も、定義としては問題を抱えつつやっている、ということなのです。

これを仏教にあてはめてみましょう。

第一の方法で定義するには、仏教と考えられているものを列挙していけばいい。釈尊の教え、初期仏教、部派仏教、大乗仏教、密教、南伝仏教、東南アジアの仏教、中央アジアの仏教、中国仏教、朝鮮仏教、日本の仏教、……。これでいいようですが、では、これら仏教の共通点はなにか、仏教の本質は何かが、見えてこない。

そこで私は、第二のやり方、仏教のなかみで仏教を定義することを、考えてみたい。絶対に外せないポイントを考えてみると、ゴータマ・シッダールタがブッダであること。これにつきると思うのです。ブッダとは「覚者」。覚りをえた人、という意味です。これがすべての仏教に共通する、核になっている。これを大前提として認めて、それに参加する人びとの運動。これが仏教ではないか。

これまで仏教と呼ばれたものは、すべてこの定義にあてはまっている。そして、仏教でないものは、この定義にあてはまらない。そこでこれを、暫定的に、仏教の定義にするのがよい。

キリストとブッダ

大澤　シッダールタの覚りがスタートだ、ということですね。後で本格的に議論していただいてもかまわないんですが、いまのうちにポイントになると思っていることを付け加えておきます。

　キリスト教と対比すると、僕の気になっていることのポイントをはっきりさせやすいので、そうさせてください。キリスト教では、今から二千年くらい前に、キリストと呼ばれるイエス、ナザレのイエスがいまのパレスチナにあたる地域に出てきて、何人かの弟子を連れて遍歴して、その間にいろいろなことを言ったり奇蹟を起こしたりした。おそらくユダヤ教の主流派の神経を逆撫でしたことが原因となり、最後に彼は十字架に磔(はりつけ)になって死んで、そして復活した。イエスをめぐる、このような一連の出来事があります。そのことに端を発した社会的な運動と信仰として、後にキリスト教と言われる宗教が始まるわけです。

　仏教はどうか。インドの北部、厳密には今ではネパールにあたる地域に、紀元前五世紀頃、釈迦族の王子ゴータマ・シッダールタが生まれた。今、「紀元前五世紀頃」と言いましたが、ほんとうはこのあたりが定かではなくて、シッダールタは、紀元前六世紀の生まれだという説もあれば、紀元前七世紀生まれという伝承もあったりする。とにかく、彼は王子ですから、かなり安楽な生活を送っていたと思います。結婚し、一男（ラーフラ）*を得た。

　しかし、もともと思うところの多い若者だったらしく、たとえば都の東南西北の四つ

ブッダの伝道した主な地域

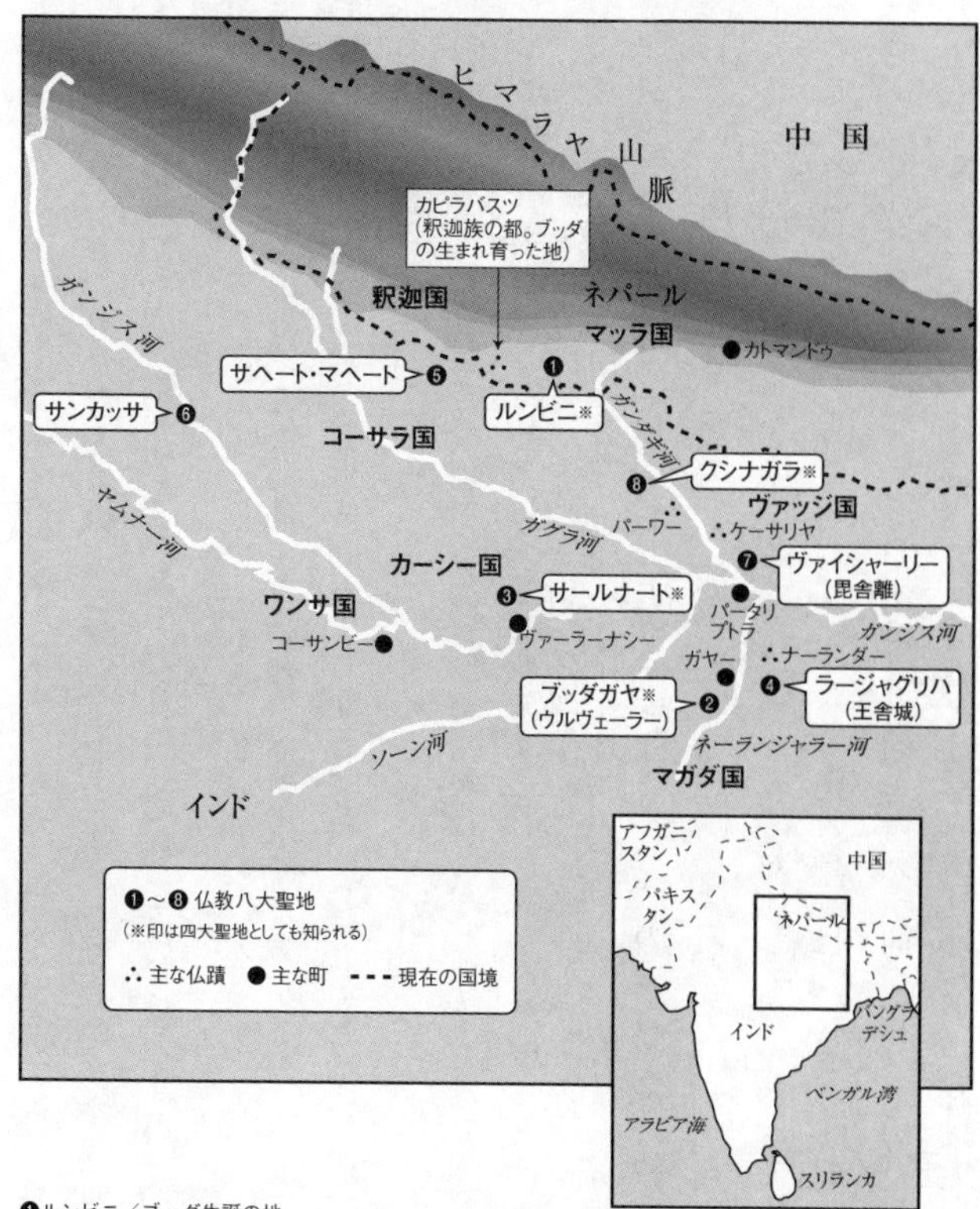

❶ルンビニ／ブッダ生誕の地
❷ブッダガヤ(ウルヴェーラー)／ブッダはウルヴェーラで6年間苦行した後、ブッダガヤで覚りを開いた
❸サールナート／鹿野苑(ろくやおん)。ブッダが覚りをひらいた後、初めて法を説いたとされる地
❹ラージャグリハ(王舎城)／マガダ国の首都。ブッダが説法をしていた地のひとつ
❺サヘート・マヘート／サヘートは祇園精舎。マヘートは舎衛城(シュラーヴァスティー)。ブッダとその教団の本部とされた地
❻サンカッサ／ブッダが母マーヤー(摩耶)夫人のために昇天し法を説いたとされる場所
❼ヴァイシャーリー(毘舎離)／ヴァッジ国にあった商業都市。サンガに大きな影響を与えた地
❽クシナガラ／ブッダ入滅の地

の城門から外に出かけ、それぞれ老人・病人・死人・出家者を見かけ、深く心を動かされ、出家へと心惹かれたなんていうエピソードも伝えられています（「四門出遊（しもんしゅつゆう）」と呼ばれています）。ついに、彼は、二十九歳のときに、家族をはじめとする一切を棄てて出家した。

最初、ガンジス河畔に二人の仙人を訪ね、道を求めますが、もうひとつ満足できず、その後六年間、断食を含む苦行に励む。しかし、苦行しても心身が衰弱するだけで何も得られなかった。

その後、菩提樹（ぼだいじゅ）のもとで瞑想すると覚りが開かれた、というわけです。つまりブッダになったわけですが、このときシッダールタは三十五歳ですから、キリストがいろいろなことをやった後、磔刑死したのとほぼ同年齢です。これは少しおもしろい符合です。でも、シッダールタは、キリストのようには死なず、その後も弟子に教えを説いたりしながら、八十歳まで生きた。

イエスとシッダールタの人生をごくかいつまんで対比してみたわけですが、この人生に対して信者がどう関わるか、ということがキリスト教と仏教とではまったく違うと思うのです。キリスト教にとっては、イエスが何を考え、何を知っていたのかということ、つまりイエスの「思想」は、重要ではないとは言いませんが、それ以上に、イエスの身に起きた出来事、イエスが経験したことが大事です。イエスが、あのとき、あの場所にいて、いろいろなことがあった末に、十字架の上で死んで、そして三日目に復活したという、この出来事にどうコミットするか（関わりあうか）ということが信仰の核心です。イエスの思想には興味があるが、イエスが個人的に体験したことには関心がない、なんていうのはクリスチャンとしてありえないわけです。

仏教徒のシッダールタの人生に対する関わり方は、これとはまったく違うと思うのです。確かに、仏教は、シッダールタの人生にそれなりに関心を寄せていますが、しかし、クリスチャンにとってのイエス・キリストの人生のように、中核的な意義をもたない。仏教にとって、シッダールタの人生よりもずっと大事なのは、シッダールタの覚りの内容です。

もちろん、仏教もある程度の歴史を蓄積すると、シッダールタの誕生から入滅までを語る仏伝文学なども出てきて、そのおかげで、僕らは彼の八十年の人生についてだいた

＊ラーフラ　[Rāhula (s, p)]　ラーフラとは「障碍」の意。音写は羅睺羅。釈尊がわが子の誕生を知って「障り（ラーフラ）が生まれた。緊縛が生まれた」と言ったことが命名の由来。覚りを開いて帰郷した釈尊について出家。戒律を細かく守ることから密行第一と称せられる仏十大弟子のひとり。

いの筋を知っていたりするわけです。さらに、ジャータカ（前生譚）のように、シッダールタの前生について語る文学までも出てくる。こうしたものから判断すると、仏教でも、シッダールタの人生や、それどころか前生までも重視しているわけですし、仏伝とかシッダールタの前生譚は、ちょっとだけ新約聖書の福音書と似ているのではないか、と思いたくもなりますが、やはり根本的に違うというのが、僕の考えです。仏教にとって大事なのは、ブッダの覚りであって、シッダールタの人生や彼が経験した出来事ではない。

たとえて言うと、こんな感じだと思う。アインシュタインの相対性理論がすばらしくて、それが価値あるものだとすれば、われわれは、それを発見した、アインシュタインという学者がどんな人だったのか、どういう経緯でそれを発見したかにも興味をもちます。しかし、だからといって、「アインシュタインの人生」のほうが、相対性理論そのものよりも重要だ、ということにはならない。あくまで、相対性理論がすばらしいからこそ、派生的に、アインシュタインという人にも関心が向けられる。シッダールタのケースも同じで、彼が、何かすごいことを覚ったということが、第一義的に重要です。

しかし、イエス・キリストの場合は違う。彼の思想ほどには、彼が経験したことには関心がない、などと言ったらもうクリスチャンではないでしょう。

ナザレのイエスとゴータマ・シッダールタ、キリストとブッダは、よく対比されます。カリスマ的な人物の二つの究極的な実例と見なされたりする。しかし、それぞれの宗教の中でのそのステータスは、何か根本的に違っているように思います。その違いがはっきりしてくると、仏教の本質というものも、おのずとわかってくる。そのような予感がします。

橋爪　イエスとゴータマは、確かに似ている。古代に現れ、人びとに教えを説いた。世界宗教の始祖と仰がれている。

でも、キリスト教と仏教の違いを理解するには、両者が似ている点よりも、違う点に注目すべきです。

イエスからキリスト教がどうやってできたかを考えてみると、いま大澤さんから説明があったように、イエスの「言葉と行ない」に人びとが深くコミットしたところがポイントです。どうしてかと言うと、イエスが、大事なメッセージを伝えているから。そのメッセージを正しく受け取ることが、キリスト教の内容なんです。自分で新しく何かを考えることは、むしろ価値がない。相手から伝えられるメッセージを、正しく自分の言葉にする。こういう作業がキリスト教として続いていくわけです。

こうして生み出される言葉を、ドグマという。ドグマを辞書で調べると、「教義」「独断」などと書いてある。要するに、神の言葉（メッセージ）があって、そのなかみを、こういうことだとみんなで決めることです。

キリスト教は、ドグマによって定義できる。たとえば「父と子と聖霊」の「三位一体」を定めた「ニケーア信条」、みたいなものでキリスト教はできている。

なかには、「このドグマには納得いかない」と、反対するひとが出てくる。別なドグマを提出することもできますが、それをほうっておくと、教会が分裂してしまう。そこで大喧嘩になり、負けたほうは異端として、追放されてしまうのですね。

われわれはこのような考え方に慣れているのです。そうすると、仏教はわからない。どうしてか。仏教にはドグマがないからです。

仏教は、メッセージではありません。そのことは、「覚り」という考え方に、よくあらわれている。「覚り」の性質を考えてみると、

①　知識である。

それは個人の精神活動です。

②　その知識は、これ以上ないぐらい素晴らしい。

それ以上大きな知識はないので、その知識の中にはこの宇宙のすべてが包摂されている。

意外なことはもう起こりようがない。

③その知識を言葉にできるかと言えば、できない。

言葉は覚っている人、覚っていない人を含めた、すべての人間のためのものなので、「覚り」の手前にある。覚っていない人でもふつうに言葉を使える。逆に言うと、ふつうの言葉の用法の中に覚りはない。だから、覚った人も、言葉によってそれを伝える方法がないということになる。仏教の「覚り」がメッセージでなく、したがって、ドグマにもならないのはこのためです。

そうすると、仏教の信仰の核心は、メッセージとして伝わらなくても、《ブッダ（ゴータマその人）は、覚ったに違いない》と確信すること。その確信がすべてなのです。ここから、仏教のあらゆる性質を導くことができると思います。

覚りはなぜ空虚にみえる

大澤　仏教に関してふしぎに思うことは、覚りの内容が、つまり何が覚られたということが不可知のままにされていることです。ブッダが真理に到達したこと、覚ったことは確実だとされている。しかし、その真理が何なのか、覚った内容が何なのかが、ほんとうのところはわからない。自分も覚らなければ、「それ」が何であるかはわからないわけですから。そして、覚ったのは、実質的には、シッダールタだけなのですから。

しかし、これは、考えてみると、とても変な状態です。たとえば、アインシュタインが新しい物理法則を発見し、真理を発見したとします。他の人が、アインシュタインが新たな真理を「覚った」と承認するのは、他の人も、少なくとも他の権威ある物理学者も、その法則を理解し、それがまさしく真理だと理解したときです。他の人が理解したり、納得したりする前に、アインシュタインが新たな真理を覚ったのは確実だ、などとは見なされない。しかし、ブッダの場合には、他の人はまだ覚っておらず、それゆえブッダの見出した「真理」が何であるかをはっきりとつかめていないのに、ブッダが覚ったことだけは確実であるとされる。

しかも、ブッダが覚ったことを前提にして、仏教の全運動、全思想が展開していく。するとこの運動と思想のすべての要になっている中心の部分が空虚だ、という感じがします。中心の一番かんじんな部分だけが空虚になっていて、そのまわりにいろいろな説や論、あるいは単なる思弁だけではない、いろいろな実践が展開する。真ん中だけは、一〇〇%に近いぐらい空虚であるにもかかわらず、その周囲に異常に濃密で多様な思弁や実践が生まれていく。そして、その真ん中の空虚だけがずっと継承されていくわけですが、振り返ってみると、いったい何を継承しているんだろうか、と思ってしまうわけです。何しろ、それは空虚、つまり「何でもないもの」なのですから。

僕が仏教に対してもっている疑問をわかってもらうために、西洋の神学・哲学史と対比してみます。まず宗教＝キリスト教のドグマがあって、そのまわりに、中世では神学が展開します。中世では、神学と哲学はほとんど一体です。もちろん、神学はキリスト教と深く結びついている。しかし、僕のような外部の観察者の目で見ると、神学の中に、すでにキリスト教のドグマを突き放す側面があるのです。たとえば「神の存在証明」は、どこか微妙に冒瀆的です。あるいは、神を「存在」に置き換えてしまえば、神学は、すでに世俗の存在論の体裁をもっている。だから、キリスト教の神学とキリスト教のドグマの間には、知覚するのは難しいけれども、微妙な緊張関係というか亀裂がある。言い換えれば、キリスト教には遠心力のようなものがあって、神学をその周囲に配置したとき、すでにその遠心力が働いていたわけです。

この遠心力がだんだん強くなって、ついに近代に入ると、キリスト教神学とは独立の哲学を生み出す。哲学になると、もうキリスト教のドグマや聖書に対して操を立てる必要はなくなります。たとえばカントを取り上げてみます。ほんとうは、カントの道徳哲学は、かなりキリスト教的で、「隣人愛」的なものを哲学的に基礎づけようとしている、と見ることもできます。実際、カントは、熱心なプロテスタントだった。しかし、カントの道徳哲学は、キリスト教神学ではありません。カントは、神にも聖書にも、あるいはキリスト教のドグマにも言及することなく、自分の主張を正当化しているからです。このように、結論だけみるとけっこうキリスト教的なカントの哲学でさえも、その正当化の論理が神やキリストや聖書へと依拠することをやめたときには、キリスト教信仰とは独立の「哲学」として提示されるわけです。

それに対して、仏教はどうだろうか。仏教の場合には、先ほど申したように、中心にあるブッダの覚りが何であるかは積極的には言えないので、つまり「何であるか」をはっきりと言葉では言えないという意味では空虚なので、ほんとうは、「遠心力」どころか、最初から引力が働いていないような状態なのです。キリスト教文明の場合には、今述べたように、引力がまだ強くて遠心力ときっちりバランスをとっていた神学の段階がまずあって、そのあと、神学からスピンオフするようにして、神学とは独立の固有の哲学が出てくるわけですが、仏教の場合、理論上は、ほとんど引力が効いていない状態なのだから、言ってみれば、最初から「哲学」の段階なのです。

ところが、実際には、そうなっていない。簡単に言えば、仏教の理論とされているものの多くは、どうしてそれが仏教という枠組みの中で提起されなくてはいけないのか、どうして「ブッダの覚り」と関係しているかのように論じられなければいけないのか、外から見ているとよくわからない、という印象を与えます。

まだ対談が始まったばかりで、あまり細かいところに立ち入りたくないのですが、わかりやすい例を二つあげておきます。たとえば、二世紀後半から三世紀前半にかけての仏教哲学者ナーガールジュナ（龍樹）の『中論』です。後にていねいに論じますが、『中論』の哲学で、今日から見ると、ポスト構造主義の差異の哲学の先取りのようにもみえる。しかし、こうしたことをどうして仏教という枠の中で展開するのか、ブッダの覚りとは関係がない「中観哲学」*だけでよいではないか、と思うのです。

もう一例は、唯識説。これを唱えた哲学者の名を挙げるとすると、アサンガ（無着）とヴァスバンドゥ（世親）の兄弟が最も有名でしょうか。彼らは四世紀か五世紀の人です。唯識説についても、後でていねいに論じたいと思いますが、基本的な着想は、西洋哲学に対応させると、カントやバークリーの哲学と似たところがあります。あるいは、唯識説の心の捉え方は、ユング派精神分析の先取りのようなところもあります。これも

***中観**　現実を、「有か無か」といった極端な考え方（二辺）を離れて、自由に見る視点。天台宗でいう三観のひとつ。空観・仮観の二観を包含しつつ、それらにとらわれない絶対の中諦を観じ、中道の理をあきらかにすること。

また、別にブッダの覚りと関係ある説と考える必要はないように思う。そうしたものとは無関係な認識論・存在論、あるいは心理学と考えればよいはずです。どうしてそう考えないのか。

というわけで、仏教の場合、中心に、何であるとも確定できない空虚な覚りがあって、何から何まで、それと関係があるかのように主張されるので、結果的に、ほとんど収拾がつかないほどに多様になってしまうのではないか。そんな印象をもちます。どうして、そんな空虚なものに執着しなくてはならないのか。端からみていると、ちょっと滑稽でさえあります。

橋爪　大事なポイントです。

「覚り」のもうひとつの特徴は、「特定の個人の一回限りの出来事」ではない、ということです。

特定の個人の一回限りの出来事とは、何月何日にゴータマ・シッダールタというひとがこういう精神状態になった、ということ。同じことが別な誰かに別なときに起こらない、と考えることです。あるひとの精神状態が、別な誰かにそっくりそのまま繰り返される、とはふつう考えないでしょう。だとしたら、お釈迦さまがどうなろうと私とはカンケーない。それはお釈迦さまのことでしょ、という話になる。

けれども仏教の、とても重要な点は、お釈迦さま個人に起こった特定の出来事が、繰り返されるということです。なぜならそれは、人間の普遍的な可能性だから。あなたも人間なら、お釈迦さまと同じ精神現象が起こってふしぎがないですよ、と主張するのです。

だから人びとの参加を促すことができる。「覚り」の内容はわからなくても、それが特定の個人ではなく誰にでも繰り返されるということなのです。お釈迦さまはこう考えていた、ということを追体験してみましょう、なんです。

私の考えでは、お釈迦さま自身もそう考えていたと思います。なぜならば、彼は覚る前から出家して覚りをめざしているからです。お釈迦さまの前に誰かが覚っているのでなければ、お釈迦さまがそんなことをしようと思ったはずがない。つまり彼は世界で最初に覚った人ではないはずです。そこで仏教の中ではこれを追認するために「過去仏」なるものが考えられ、あるいはお釈迦さまと無関係に覚りを開いた辟支仏（びゃくしぶつ）（独覚（どっかく））というものを考えて公認したりしています。

これは仏教の中の言い方。真相は、仮にお釈迦さまより前に仏教はなかったとすれば、この覚りは仏教の外側にある覚りだから、バラモンの覚りなんです。インドでは仏教などない時代から、志ある知識人が修行を積み究極の覚りをえようというやり方が一般的だった。お釈迦さまはそういう流れの中で、自分も実践者となって覚りをえたにすぎなかったと思う。

そうすると、例外的ではあるが、あっちで覚りこっちで覚り、いろいろな人が覚っていて、後の世代の人たちが私も覚ろうと思った場合に、誰を手本にするかは偶然的で自由な事柄になる。ジャイナ教*や外道（げどう）*や、仏教とよく似た、しかし仏教に対抗する運動がいくつもあり、仏教はそれらを認めざるをえない。絶対にブッダでなければいけないということは、仏教は言えないはずだ。

ドグマを主張しているキリスト教は異教や異端という考え方があって、彼らは価値がないと主張しています。けれど仏教は外道という考え方があり、またバラモンという考え方があるけれども、彼らを無価値だとはなから、否定するわけではないと思う。

ではなぜ、仏教なのか。

簡単に言うとこれは、「なぜ阪神ファンなのか」というのと同じで、理由はないのです。

ブッダよりも覚りが大事

大澤　いまのお話で何がポイントになるかがよくわかった気がします。

キリスト教の場合は、あの時代のあの日、あのとき、あの場所でナザレのイエスが、人の子、神の子としてそういうことをした、その出来事の特異性が重要だと思います。しかし仏教の場合、ほんとうのことを言えばシッダールタがどんな生まれでどんなことをして、そのときどういうふうにしたかは、あまり重要ではない。先ほども述べたように、仏伝に書かれていることは間接的には重要かもしれませんが、ほんとうはどちらでもよい。釈迦の覚りは、特異的なことではなく、一般的なことの一例なのですから。実際、仏伝文学は初期仏教ではほとんど発達していなくて、福音書がキリスト教にとって

＊ジャイナ教　サンスクリット語・パーリ語の「jina」は「聖者、勝者」の意。紀元前六世紀頃インドで開かれた、非バラモン系統の宗教。開祖はヴァルダマーナ（Vardhamāna）。尊称はマハーヴィーラ（Mahāvīra）、仏典ではニガンタ・ナータプッタ（Nigaṇṭha Nātaputta）の名で知られる。特に苦行・禁欲・不殺生（アヒンサー）を重んずる。一世紀頃、白衣派（寛容主義に立つグループ）・空衣派（厳格主義に立つグループ）の二派に分裂。

＊外道　[tīrthika, tīrtha-kara (s)]　仏教以外の宗教・哲学、またはそれらを信奉する人びとについての、仏教側からの総称。「六師外道」とは、釈尊と同世代に、ガンジス河中流域のマガダ地方を中心に活躍した六人の自由思想家で、長阿含経「沙門果経」が、彼らの思想を詳しく伝える。ジャイナ教の開祖は、六師外道のひとり。

死活的に重要なのとはだいぶ事情が違います。

たとえば数学。この知の体系が、ここまでのものになったのは、多くの偉大な数学者たちの貢献のおかげです。たとえば、オイラーがいたり、ポアンカレがいたり、ゲーデルがいたり、ユークリッドがいたり、あるいはつい最近ではペレルマンがいたり、とたくさんの学者の貢献によって数学という知の体系ができてきた。それらの数学者には、証明法や定理が「ひらめいた」わけです。つまり彼らは、いわば「数学的に覚った」と言ってよいでしょう。しかし、その覚りは一回的な出来事ではなくて、彼らの証明とか推論とかは、後の人でも再現できる。さらにいえば、彼らが「覚る」前から、つまり彼らが証明や定理を思いつく前から、数学的な真理はもとからあったわけですから、原理的には、いつだってその「覚り」は再現できた、ということにもなります。そして、数学の体系にとって、これら大数学者たちが、どんな人物だったのか、どんな人生を送ったのかは、どちらでもよいことです。

仏教の論理からいけば、この数学のケースに近いはずだと僕は思うんです。たとえば数学の歴史を知っていれば、偉大な数学者がどんな人だったかということは興味をもってきますよね。自分も数学が好きだったり勉強したかったりすれば、ますますそれぞれの数学者がどう努力し、苦労し、失敗をし、どの段階でこんなすごい定理を思いついたか、ということを知りたくなります。評伝の作者みたいな人は、それを書きますよ。まあ仏伝やジャータカと同じですね。しかし、数学そのものにとっては、そんな評伝は関係ないのです。

その対極がキリスト教のケースです。キリストがそのときにどういうふうにふるまい、どう言ったのか。それに対して、人びとがどうふるまい、反応したのか。そうした出来事の特異性と信仰とは切り離すことができない。

論理的には、仏教は、数学のケースに近いものでなければならない気がします。しかし、逆のことを言うようですが、にもかかわらず、仏教徒は、釈尊というかシッダールタ、最初のブッダというか、一番重要なブッダというのか、それにかなりこだわってもいます。そして、そのこだわりを抜きにすると仏教を定義するものはほとんどできなくなってしまうという印象もうけます。

したがって、まとめると、仏教には、二つのベクトル、二つの対立的な力がせめぎあっているようにみえるわけです。一方で、仏教の理念がもっている、本来だったらシッダールタがどんな人で、どんなふうに覚ったか、最初にどんな説法をしたのか等々の伝記的な事実は、どうでもよい、ほんとうは二次的なものでなければならない。しかし、他方では、この論理は完全には徹底されず、実際の釈尊という人物の、「そのときの覚り」というものの出来事性にかなりこだわってもいる。そのこだわりを抜かせば、仏教の仏教たるゆえんはほとんどなくなってしまうという感じがあります。

橋爪　正しい指摘です。

こだわっている人がいるというのはそのとおりですが、仏教の論理を徹底させるならば、こだわりは必要ありません。

仏教に内在した場合、ブッダの「覚り」が大事。ゴータマ・シッダールタ（ブッダ本人）は、それに比べれば、大事ではないのです。だから、実は、仏教も大事でない。すべての人に、「覚り」に至る可能性が開かれている。ゴータマ・ブッダは、そのことを実践してみせた。そのことさえみなにわかれば、仏教が消滅しても、別にかまわないんです。仏教の論理とは、こういうものではないでしょうか。

預言者とブッダ

大澤　シッダールタではなくて、ブッダとか如来とかについて少し考えたいと思います。つまり「概念としてのブッダ」というのを確認しておきたい気がしています。それはいったい何を指すのか、ですね。

そのための補助線を引いてみたいと思います。いままでこの対談では、主としてイエス・キリストとブッダを主な参照軸として対照させてきましたけれど、イエス・キリストはきわめて唯一性の高い事例なので、一般化するためにイエス・キリストの前哨として、ユダヤ教にたくさん出てくる預言者のことを考えたらどうでしょう。預言者が語ったことというのは非常に重要で、それは旧約聖書に書かれてあるわけです。

預言者とキリストは、概念上まったく違うものであることは間違いないけれども、宗教社会学的に見れば、キリストというものは、預言者が受け入れられるような社会的・文化的文脈（コンテキスト）の中からこそ出てきた、ということはあります。ユダヤ人が預言者というものを知らなければ、イエス・キリストが出現することはなかったでしょう。この意味で、いかに概念的には異なっていても、キリストが預言者の延長上にあることは否定できません。

預言者に着目することには、もうひとつ副次的な利得があります。イスラム教のことも視野に入れられるからです。イスラム教からすると、イエス・キリスト、つまり「神の子」という概念はとうてい受け入れられない。しかし、預言者に眼をつければ、イスラム教もその中に含めることができる。ムハンマドは、キリストと違って、預言者そのものですから。彼は特別な預言者かもしれませんが、預言者は預言者であって、キリストのように「預言者と概念上異なる」なんてことはない。

ということで、一神教における預言者とブッダを対照させてみたいと思います。シッダールタとイエスではなく、ブッダと預言者。これらを対照させた場合、どこに違いのポイントがあるのか。

橋爪　預言者は、Ｇｏｄ（神）と人間のあいだに立つ人、です。

人間にとって理想的な状態を実現するのは、預言者ではなくＧｏｄですから、預言者はその先触れをすることができるだけで、預言者の言葉や行動の中には救いがない。救いに至る道を告げるだけ。

いっぽうブッダとは、覚ったひと。すでにそこに人間の理想状態が実現されたという出来事なんです。だからブッダが救い。

それは誰にとってか。ブッダ本人にとっては、救いになる。ブッダ以外の人にとっては、まだ自分はブッダでないので、救いではありません。つぎは自分の番で、つぎは自分が救われる、と思うことならできる。そういう意味ではいいメッセージかもしれません。

つまり簡単に言うと、預言者は人間を救わない。人間を救うのはＧｏｄだから。ブッダは人間を救わない。本人を救ってはいるが、他人を救うことはできない。人間を救うのは自分本人です、というのが仏教の考え方です。

大澤　なるほど。きわめて明解ですね。預言者は誰も救わず、ブッダは自分だけを救い、そして神は他人（人間）すべてを救う、ということになりますね。キリストは、他人を救っていますから、特に人間の原罪を贖ってあげていますから、神ということになりますね。

マックス・ウェーバーの宗教社会学に、「倫理預言」と「模範預言」という対概念があります。この預言者というカテゴリーは、もちろん、本来は、ユダヤ教、キリスト教のもの、つまりヘブライズムのものです。しかし、ウェーバーは、非常に一般化志向の強い学者ですから、ヒンドゥー教や仏教を見たときに、そこに出てくるカリスマ的な指導者や思想家というのが、ユダヤ教で言う預言者とはかなり違うということをすぐに見抜いたのでしょう。しかし、ウェーバーは、彼らを預言者とは違うものとは考えず、むしろ預言者という概念を拡張し、二種類の預言者がいる、と捉え直したわけです。そして、ヘブライズムの系列のオリジナルな預言者を「倫理預言者」と呼び、ブッダに代表される預言者を「模範預言者」と呼んだ。

いま、橋爪さんが基本的なことを非常に明解におっしゃってくれたので、このウェーバーの概念を使いながら、その論点を言い換えてみます。キリスト教・ユダヤ教と仏教、そのどちらにおいても、普通の人間を超える状態、人間を超越したレベルというものが想定されていますが、その状態への関係の仕方には、大きな違いがあるわけです。キリスト教を含む一神教の場合、人間を超えたものはＧｏｄです。Ｇｏｄだけが、人間をほんとうの意味で超えている。しかも、Ｇｏｄの超越性は圧倒的であるため、人間とＧｏｄの間には隔絶性が生ずる。そのため、Ｇｏｄと人間をつなぐものが必要になります。それが預言者、倫理預言者です。倫理預言者は、Ｇｏｄではありませんから、別に普通の人間を超えているわけではない。倫理預言者も人間です。ただ、彼らには、Ｇｏｄと人間とを媒介する役割が担わされている。

それに対して、ブッダというか、ウェーバーの言う「模範預言者」にあたる人は、自分自身が、普通の人間を超えた状態になる。模範預言者も人間には違いありませんが、覚りを得たりして、通常の人間を超えた状態に到達している。一神教の場合には、人間を超えた状態はＧｏｄしかありえないわけですが、模範預言者は、人間でありながら、ただの人間を超えたものになるのです。

こうしてみると、一神教系のものと仏教系のもの、倫理預言者をもつ宗教と模範預言者のいる宗教では、前提においている、体験の方向性というかベクトルが正反対であることがわかります。一神教において作用しているのは、神から人間へというベクトルです。このベクトルを機能させるために、倫理預言者がいる。仏教の場合には逆で、そこで機能しているのは、人間から、普通の人間を超えた状態へというベクトルです。このベクトルを体現しているのが、模範預言者だということになります。したがって、それぞれの宗教を成り立たせている精神のオリエンテーションが、互いにまったく逆になっている。このように理解できると思います。

橋爪　まったくそのとおりで、付け加えることはありません。

が、強いてその前提をのべると、「神と仏はどこが違うのか」ということでしょうか。

これは日本人がしばしば、理解していない点です。

仏（ブッダ）というのは人間なんです、あくまでも。人間が、人間のまま、仏になる。これを、成仏という。知識として、このことは知っているかもしれないが、これをよくよく噛み締めなければならない。

このことに集中している仏教は、神に関心がない。神なんかなくていいと思っている。人間は、神の力を借りず、自分の力で完璧になれると思っている。こういう信念なんです。

このことを確認すると、仏教は、一神教と無関係である。神を拝んでばかりいる、ヒンドゥー教と敵対関係にある。人民は政府がなければ幸せになれないと考えている、儒教とも違う。神と人間が協力して、幸せになろうという神道とも違う。合理的で自立した、個人主義的人間中心主義である。こんなに徹底した合理的で個人主義的な、人間中心主義はないんだと思わなければいけない。

ここに仏教の本質と、ブッダの本性があります。

大澤　重要な中でも重要なところだと思います。つぎの話題にいく前にまとめながら、論点をちょっと敷衍(ふえん)しておきます。先ほど、僕は、倫理預言者は、神から人間へというベクトルを前提にして、その役割が与えられている、という趣旨のことを述べました。このことを念頭におくと、キリストというものもうまく位置づけられます。何度も述べたように、キリストと倫理預言者とはまったく違います。キリストを倫理預言者の一人と見なしてはなりません。しかし、考えてみると、キリストにおいても、神から人間へというベクトルが作用しているわけです。倫理預言者は、このベクトルが実効性をもつための補助的な装置のようなもので、彼ら自身は、人間に過ぎません。神から人間へと向かうメッセージが人間に届くためには、預言者が必要だったわけです。

それに対して、模範預言者は、実は、ベクトル自体を、人間からブッダへというベクトル自体を体現しています。それならば、神から人間へというベクトルを、そのまま体現するものがあるとしたらどうなるのか。そのベクトルを機能させる補助的な装置ではなく、そのベクトル自体をそのまま現実化したらどうなるか。それこそ、キリストだと思います。神が人間になった、というのがキリストですから。キリストにおいても、ブッダにおいても、「人間＝X」という等式が前提になっている。このXのところに、普通の人間を超えた状態が入ります。一見、同じような等式にみえますが、キリスト教と仏教では、この等式がはらんでいるダイナミックな動きのようなものが反対を向いている。仏教の場合には、人間が、X（ブッダ）になる。その意味で、人間中心主義です。キリスト教は逆で、X（神）が人間になる。こちらは神中心主義です。

仏教とヒンドゥー教

大澤 先ほどから、仏教を理解するために、仏教を仏教ならざるもの（仏教以外の宗教）と対比してきました。その「仏教ならざるもの」として主に参照してきたものが、一神教、とりわけキリスト教です。ここで、対談を先に進めるにあたって、どうしても議論しておきたいことがあります。

仏教と違うもの、仏教と対比すべきものとして、ヒンドゥー教、あるいはバラモン教*のことを考えておきたいのです。ヒンドゥー教とバラモン教は、完全に同じものではないですけれど、関連するものです。ここでは、バラモン教というのはインドの古代宗教のことで、そこから少しずつ変化して出てきた宗教がヒンドゥー教である、としておきましょう。

仏教とヒンドゥー教は違う。もちろん、仏教と一神教やキリスト教も違う。しかし、同じ「違う」でも、この二つの「違う」の意味はそれこそ、全然違うと思うのです。仏教とヒンドゥー教の関係をここではっきりと論じておきたい。

なぜかと言えば、仏教は、ヒンドゥー教の中から、ヒンドゥー教と自身を区別しながら出てきたからです。当たり前のことですが、本来、仏教自身は一神教に何の興味もないし関心もない。後になって一神教のほうから仏教を見たり、仏教のほうから一神教を見ることがあって、初めて、両者の対比が主題になったわけです。当たり前ですが、ブッダも一神教なんて興味がない。一神教のことなど何も知らなかった。シッダールタはイエスよりずっと前の人ですから、キリスト教については知る由もありません。仏教自身にとっては、自分自身と一神教との差異は、まったく問題にはなりえないわけです。

しかし、ヒンドゥー教は別です。仏教は、その成立の当初から、ヒンドゥー教との異同を自覚していたはずです。仏教にとっては、ヒンドゥー教との関係において自分がどういうポジションをとるのか、ということが重要だった。そこで、うかがいたいことは、仏教とヒンドゥー教の関係です。これをどうとらえればよろしいでしょうか。

橋爪　なかなかおもしろい補助線を引いてもらいました。

キリスト教は、アンチ・ユダヤ教でしょう。でも、ユダヤ教との関係を抜きにしても、世界中に受け入れられる普遍性をキリスト教はもっています。キリスト教の信者でも、ユダヤ教を知りませんという人はかなりたくさんいるわけです。

仏教もこういうところがある。仏教は、インドで生まれて、インドの主流派である、バラモン教やヒンドゥー教に対してアンチなのです。けれど、その主張に普遍性があるから、ヒンドゥー教やバラモン教を抜きにしても、仏教だけを普遍的な宗教として信じることが可能である。中国や日本の人びとは、そうやっているんです。ここは似ている。

仏教のどういうところが、アンチ・バラモン教、アンチ・ヒンドゥー教か。

バラモン教とヒンドゥー教は連続的（ひとつながりのもの）で、インド社会の主流となる思想であり宗教です。インド社会は、カースト（ヴァルナ）制[*]でできている。上から、バラモン、クシャトリヤ、ヴァイシャ、シュードラと、大別して四つに分かれているのだ。

＊バラモン教　インドに侵入したアーリア民族は、カースト制をしき、ヴェーダ聖典を編纂した。最高位カーストのバラモンたちが祭儀を行ない、哲学的思索を深め、うみだしたのがバラモン教である。のち徐々に、神々を信じる民間信仰と融合して、ヒンドゥー教に変化していった。

でした。

インド社会の原理を箇条書きにしてみると、
① 宗教が一番で、政治は二番。ほかは三番以下。
② 宗教活動（覚り）は、バラモンが独占する。ほかのカーストはその権利がない。
③ それ以下のカーストの人びとは、神々でも信じていなさい。
こういうふうになっているんです。

ゴータマ・シッダールタは、バラモンでない。ここが大事で、クシャトリヤの出身です。クシャトリヤのくせに、バラモンの覚りを覚ろうと思って出家し、修行し、究極の「覚り」をえたのです。

この覚りが「覚り」だと、インド社会によって承認されるかどうかですが、バラモンの人びとは総反発したろう。「王子だか知らないが、クシャトリヤの若造がなんのつもりだ。あんなものは「覚り」なものか。ふざけるな」と、無視されたはずです。でも、クシャトリヤの人びとは喜んだかもしれない。なかなかいいことを言うじゃないかと、応援する人びとも出てきた。それ以下のカーストの人びとにも、浸透していった。

ブッダは何と言ったか。「どのカーストのひともいらっしゃい。人は生まれによってバラモンになるのでなく、行ないによってバラモンになるのです。」つまり、誰でも出家できるし、覚れると言った。仏教の真骨頂です。そこで、仏教を定義する場合に、アンチ・バラモン教、アンチ・ヒンドゥー教という要素を入れないと、いまひとつ具体性がないとも言える。これが仏教が、インドで起こった理由です。

でも、カーストと関係なく、誰でも覚れると主張した時点で、カーストがない社会（たとえば、農民が虐げられている中国とか、字が読めない民衆がおおぜいいた日本とか）でも、誰にでも覚りの可能性が与えられるというメッセージになった。アンチ・ヒンドゥー教だったことは忘れられて、社会革新思想になることができた。

大澤　ちょっと読者のために解説を付けておくと、インドでカースト制と言った場合には、厳密には、二つのシステムがあって、ひとつは、いま橋爪さんがおっしゃった四つのヴァルナのヒエラルキーです。もうひとつ、ジャーティのシステムというものがあり

＊カースト（ヴァルナ）制　カーストは「家柄・血統」を意味するポルトガル語のカスタ「caste」に由来。ヴァルナ「varna」は「色」の意。紀元前一五〇〇年頃、ガンジス河流域に進出・定住したアーリア人によって確立された。バラモン（祭官・僧侶）、クシャトリヤ（王族・官僚・武士階級）、ヴァイシャ（平民）、シュードラ（隷属民）の四つを起源とする。一九五〇年制定のインド憲法はカーストによる差別の廃止を掲げているが、今日なお現実のカーストの機能はなくなっていない。

年(西暦)*=不確定年	仏教(◆)・インド(◇)の動向	本書に登場する人物の生没年(◎)
*410-*430	◆ブッダゴーサ、パーリ三蔵を確立 ◆アサンガ(無着 *395-*470) ◆ヴァスバンドゥ(世親 *400-*480)	
*450	◆この頃、『大乗起信論』成立か	
629	◇唐の僧玄奘(*602-664)、インド旅行(629-645) ◆密教の成立。『大日経』(7世紀前半)、『金剛頂経』(7世紀後半) ◇唐の僧義浄(635-713)、インド・南海旅行(671-695)	◎ムハンマド(*570-632)
*1000	◇イスラム軍がインド中央に侵入	
1193	◆北部仏教の最重要拠点であるナーランダー大学(寺院)、イスラム勢力に破壊される	◎フランチェスコ(1182-1226)
1203	◆後期密教の根本道場であり総合大学であるヴィクラマシーラ大学(寺院)、イスラム勢力に破壊され、以後、仏教は衰退に向かう	
*1500		◎ルネ・デカルト(1596-1650)
*1600		◎ジョン・ロック(1632-1704) ◎ジョージ・バークリー(1685-1753)
*1700		◎イマニュエル・カント(1724-1804)
*1800		◎マックス・ウェーバー(1864-1920) ◎ヤーコプ・フォン・ユクスキュル(1864-1944) ◎エルンスト・カッシーラー(1874-1945) ◎ルートヴィヒ・ヨーゼフ・ヨーハン・ヴィトゲンシュタイン(1889-1951)
*1900		◎ミルチャ・エリアーデ(1907-1986) ◎アイザイア・バーリン(1909-1997) ◎ジル・ドゥルーズ(1925-1995) ◎ジャック・デリダ(1930-2004) ◎デレク・パーフィット(1942-)

年(西暦)*=不確定年	仏教(◆)・インド(◇)の動向	本書に登場する人物の生没年(◎)
紀元前	◇『リグ・ヴェーダ』成立。バラモン教おこる	
*1500	◇アーリア人、ガンジス河流域へ進出	
*1000	◇ブラーフマナ文献成立	
*800		◎孔子(前551-前479)、老子・荘子 (生没年不詳)、孟子(*前372-*前289)
*463	◆ゴータマ・ブッダ誕生(前566、前624ほか諸説あり) ◇六師外道の活躍	◎ソクラテス(前470-前399)
*383	◆ゴータマ・ブッダ入滅(前486、前544ほか諸説あり) ◆第一結集(ブッダ入滅後、ラージャグリハにて)	◎プラトン(前427-前347) ◎エピキュロス(*前341-*前270)
*350	◇文法学者パーニニ、古典サンスクリット文法の規範となる文典を著す ◆第二結集(ブッダ入滅後100年頃、ヴァイシャーリーにて)	
261	◇マウリヤ王朝(第3代)アショーカ王、仏教に帰依 ◆この頃、仏教全インドに広がる ◆この頃、上座部と大衆(だいしゅ)部に分裂(根本分裂) ◆この頃、初期仏教経典(パーリ三蔵経典)の原形が成立	
*200	◆第三結集(ブッダ入滅後200年頃、パータリプトラにて)	
*100	◆部派分裂、ほぼ終わる	◎ルクレティウス(*前94-*前55)
紀元後	◆大乗仏教運動の興隆	◎イエス・キリスト(*前4-*後28)
*60-*250	◆第1期(初期)大乗経典成立(般若経、維摩経、法華経、華厳経、浄土三部経〔無量寿経・観無量寿経・阿弥陀経〕、般舟三昧経など)	
*100	◇クシャーナ朝(第3代)カニシカ王、仏教に帰依 ◆ナーガールジュナ(龍樹 *150-*250)	
200	◇この頃までに、『マヌ法典』成立	
*250	◆第2期(中期)大乗経典成立(如来蔵経、大般涅槃経、勝鬘経など)	
399	◇東晋の僧法顕(*337-*422)、インド旅行(399-412)	
401	◇インド人を父とする西域僧、鳩摩羅什(*344-*413)、長安に来て、約10年にわたり、35部約300巻の仏典漢訳を行なう	

ます。ジャーティというのは、世襲される職業集団で、そのシステムは、一見、ただの分業システムに見えますが、実際には、浄／不浄の観念をベースにして、互いの接触や交流が厳しく制限されたり、禁止されたりしており、全体として、ヒエラルキーを構成しています。ジャーティのシステムは複雑で、地域ごとに少しずつ違いもあり、結局、いくつのジャーティがあるのか、ということも簡単には言えないほどだと、人類学者のルイ・デュモンは書いています。だから、ジャーティとヴァルナとの間の関係も簡単ではないのですが、緩やかな対応関係がある、という印象はもちます。この対談では、カースト制というときは、主として、前者のヴァルナのヒエラルキーのことを念頭においています。

アンチ・ヒンドゥー教

大澤　さて、話を本筋に戻します。キリスト教はアンチ・ユダヤ教で、仏教はアンチ・ヒンドゥー教で、それぞれ、歴史的に固有な事情があった「アンチ」の部分を切り離した上で、普遍性をもって世界中に普及した、ということですね。しかし、この「アンチ」の様式が、キリスト教と仏教ではかなり違うという感じがします。

以前、キリスト教について二人で対談したとき（『ふしぎなキリスト教』）に、一神教という文脈の中でキリスト教をとらえるということで、ユダヤ教との関係を最初にお話しいただきました。僕が橋爪さんに、キリスト教とユダヤ教はどう違うんですかと質問したら、橋爪さんの最初のひと言が「ほとんど同じ、です」。この短い断定が、インパクトがあって、あの対談全体の雰囲気をよく表現しています。そのあと、しかし、一カ所だけ違いがあって云々と、この「ほとんど」という限定の部分が説明されています。

この「ほとんど同じ」である関係とは何かというと、キリスト教というのは、ユダヤ教を否定してはいるけれども、同時に、自らの内に組み込んでいる、ということだと思うのです。そのことをよく示しているのが、旧約聖書／新約聖書という正典の二階建てです。旧約聖書を廃棄しているわけではなく、自分自身の前提として統合しているわけです。ヘーゲルの弁証法の用語を使えば、アウフヘーベン（止揚）です。キリスト教は、そうやってユダヤ教を垂直的に組み込んでひとつの思想になっている。

ヒンドゥー教と仏教の関係は、これとは違うように思います。両者は、水平的に対立しているという印象をもちます。仏教は、ヒンドゥー教を自分の外に切り離すようにして出てきて、別に自分自身の中にヒンドゥー教を統合したりはしていない。しかし、同時に、両者の関係を外部から全体として眺めたときに、ある種の相互依存の関係があるようにも思います。対立しているようでいて、相補的な関係がある、と言いたくなるのです。比喩的に言えば、「図と地」の関係です。僕らは、図（仏教）のほうに眼が奪われますが、図がまさに図として認識されるのは、地（ヒンドゥー教）という背景があってのことだったりする。

だから、同じ「アンチ」でも、対立したり、否定したりしている相手を、垂直的に統合しているキリスト教と、水平的に切り離しながら相補的な関係を保っている仏教。こんな違いがあるように見えるのですが、どうでしょう。「垂直／水平」という半ば比喩的な言い方を、比喩ではない表現で言い換えると、「垂直」の場合には、当事者であるキリスト教自身の観点から、自分が否定したところのユダヤ教的な側面が自分自身の内的な契機にもなっているということが見えるわけですが、「水平」の場合には、対立を外からとらえる第三者の観点からとらえたとき、相互の依存関係が見えてくる、ということです（左図）。

橋爪　その直感は正しいですが、そう感じた理由はおそらくこういうことでしょう。

キリスト教の場合、ユダヤ教にはユダヤ教の律法があります。その律法の外側に出て、ヘレニズム世界で展開することができたから、キリスト教の信者はユダヤ教の信者と重複していないのです。

けれどもインド社会の場合、仏教徒はインド社会に生きている。在家の人びとは特に。

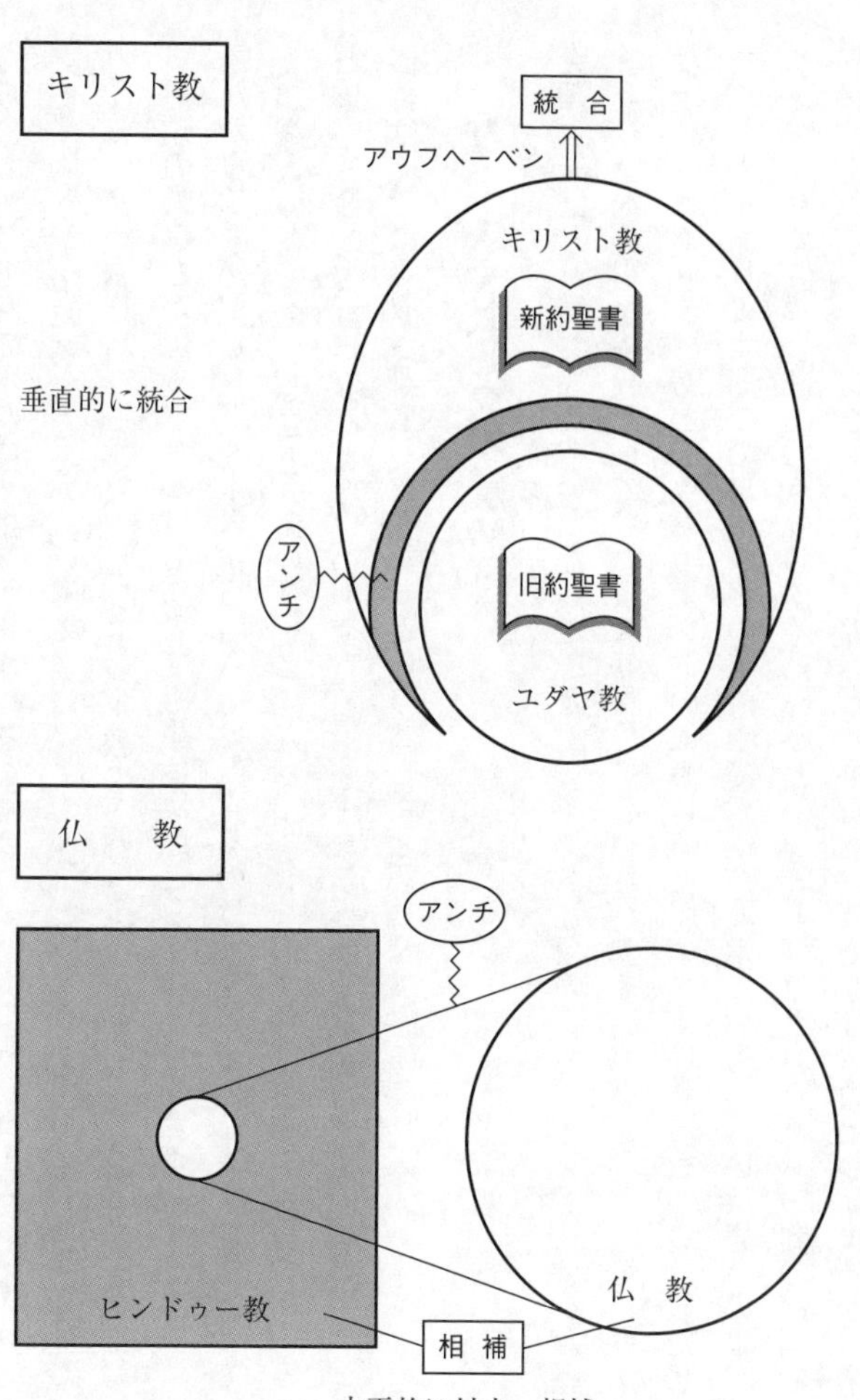
キリスト教
統 合
アウフヘーベン
キリスト教
新約聖書
垂直的に統合
アンチ
旧約聖書
ユダヤ教
仏 教
アンチ
ヒンドゥー教
仏 教
相 補
水平的に対立・相補

彼らはカースト制のなかに、相変わらずいるのです。その意味で、決してインド人（ヒンドゥー教徒）であることをやめるわけではない。そこで、インド社会に生きる人びとのうち、どっぷりバラモン教、ヒンドゥー教の人びとと、気持ちは仏教徒の人びとと、二種類の人びとが出てきたわけです。でも生活実態としてはそう違わない。

だから仏教が、ヒンドゥー教から自らを分離するのは大変難しいんです。知識人の言っていること（頭のなかみ）で分離するしかない。知識人の言っている修行していることに、社会的力はほとんどないので、ヒンドゥー教の社会実態のほうが強くはたらき、仏教はそこに吸収されてしまった、ということだと思います。

カーストからの解放

大澤　先ほどおっしゃっていただいたことで、インド社会の特徴、インド社会を定義するような本質的な特徴として、カースト制、すなわちバラモン、クシャトリヤ、ヴァイシャ、シュードラ、あとアウトカースト*の人もいると思いますけれども、こうしたヒエラルキーがあります。このヒエラルキーの中で、僕が非常におもしろいと思うのは、クシャトリヤの位置づけ、もう少し正確にいうとクシャトリヤとバラモンの間の序列です。インド社会では、バラモンのほうが偉いのですね。バラモンは宗教といいますか、儀礼の専門家みたいなものだと思いますけれど、こちらのほうが、武力・暴力をもつクシャトリヤよりも偉い。

たとえば、『おどろきの中国』（講談社現代新書、二〇一三年）にもあるように、中国では政治家が、つまり政治や行政に関わる者が最も偉い。しょっちゅう戦争はしているけれども、あるいは皇帝というのは結局、戦争の最終的な勝者なのですが、軍人よりも官僚のほうが偉く、行政の専門家である官僚に軍事の専門家が従属しているような感じになりますね。カースト制と対応させると、クシャトリヤの上に、バラモンではなく、官僚がいるような状況です。日本の「幕府」の場合は、武士がそのまま権力を握り、政治と行政を担っているので、言ってみれば、クシャトリヤ制でしょうか。

インドの観点で見て、何が一番偉くなるか、誰が、どの社会的な層が最も尊敬に値すると見なされているか、ということを見るのが興味深い。その場合、生（なま）の強さといいま

＊アウトカースト　アンタッチャブル（不可触民）、アヴァルナともいう。自称ダリット。ガンジーはヴィシュヌ神の子「ハリジャン」と呼ぶことを提唱して、純化されたカースト制度をインド社会の根底にすえようとしたが、アウトカースト出身、インド憲法草案作成者のB・R・アンベードカルはそれに正面から対立し、一九五六年にヒンドゥー教を離れ、同朋とともに仏教に改宗し、仏教復興運動を始めた。

すか、直接的な暴力の点で最も強いはずの武人や軍人を基準にして、その層との関係で最も威信の高い層や最も大きな権力を握る層がどこにくるのかを見るのがわかりやすいのです。

こうした観点からすると、今述べたように、日本の武士政権が最もストレートですね。物理的暴力の点で最も優れている人が、そのまま権力を握るわけですから。それに対して、中国では、暴力において優れているだけではほんとうには尊敬されず、権力も握ることはできない。文人官僚のほうが尊敬されており、軍人は、官僚に従うしかない。軍事的に勝利して皇帝になった人も、武力だけではなく、徳においても優れていて、それがゆえに天命が自分の上にくだって「天子」になっているのだ、ということを人々に納得させなくてはならない。漢の高祖劉邦など、その典型だと思います。

さて、問題はインドですが、武力の専門家であるクシャトリヤは、もちろん政治や行政において中心的な位置にはいるのでしょうが、バラモンほどには尊敬されていない。クシャトリヤもバラモンには従わざるをえない。この儀礼と宗教の専門家が、トップになるところがインドの特徴です。

このことを踏まえて、僕が思ったのは、こんな感じなんです。いまおっしゃったように、ヒンドゥー教の前提でいけば、最も高い宗教的な境地であるところの覚りには、バラモンしか到達できない。世俗の力を握るクシャトリヤでさえも、その境地には到達できない。そのバラモンにだけ限定されていたことを、人間全体へと普遍化したとき、つまりバラモンだけが到達可能だとされていた最高の宗教的境地である覚りが、原理的にはすべての人間が到達しうるとしたとき、仏教になるのではないか。つまり、バラモン的なものをそのままバラモンに限定していればヒンドゥー教ですが、それを人間全体に普遍化すれば仏教になる、ということではないかと思います。

だから、仏教を最初に唱える人、あるいは最初のブッダは、バラモン出身であってはならないわけです。バラモンではない人がバラモンになることができる、バラモン以上のバラモンが、バラモンではないところから出てくる、そのことによってカーストの縛りから人を解放する、それが仏教のひとつの核心ではないでしょうか。ユダヤ教とキリスト教との関係においても、ユダヤ人に限られていた救済の対象が人間に普遍化されたとき、ユダヤ教からキリスト教への転換が生ずるわけですが、この点では、ヒンドゥー教と仏教の関係も似ています。

橋爪　なるほど、確かに。

ただ、仏教は、カースト制を否定し、すべてのカーストの人びとに普遍的な救済の可能性を開くといっても、その救済の場を、カーストとは別の、出家集団（サンガ）として用意せざるをえなかった点が、ある意味、制約になっている。
ブッダは出家しているし、ブッダの弟子たちも出家者で、集団をつくってサンガを営んでいるでしょう。サンガの特徴は、いろいろなルールがあるんだけれど、ひと口で言うと、ビジネスをやってはいけないということなんです。お金に触ってはいけない。だから商業ができない。土を掘ってはいけないし、水をまいてもいけない。だから農業ができない。サーヴィス産業に就くこともできない。つまりビジネス（生産活動）が一切できない、非生産階級になるんです。そうすると、生産者に支持してもらわないといけないから、ビジネス（生産活動）をやっている人びとに依存するわけだが、ビジネスはカースト制によって、厳密に人びとの間に分配されている。結局、ヒンドゥー教のカースト社会を、ある意味、丸ごと肯定しないと、仏教は存続できないようになっている。ここがキリスト教と違って、ユダヤ教に対して徹底的な闘いを挑むみたいになれないところなんです。

大澤　それは僕もすごく気になっていて、キリスト教はユダヤ教を垂直的に内部化してしまったけれども、仏教とヒンドゥー教は併存して相互補完的な関係にあった、という先ほど指摘したことは、今、橋爪さんが話されたことと関係しています。こうしたこととの関連で、サンガや出家という問題も後ほど議論したいと思っていたところです。

仏教はなぜ消えた

大澤 その前にひとつだけ気になることを疑問に出しておきたいんです。

仏教はインドの北部から出てきましたが、宗教社会学的に見れば、おそらくそこから出てくる必然性があったと思うのです。つまり、古代のインド北部の社会構造や状況に規定されながら、仏教の運動や思想は出てきたに違いありません。もちろん、仏教をはじめとする世界宗教の思想や実践には普遍性があるので、あるいは普遍的なものを求める強い指向性があるので、起源となった社会的文脈とはかなり異なった文化や社会構造の下でも、もとの設定に少し変更を加えることで受け入れられていきます。これは、仏教に限らず、多くの世界宗教で起きたことです。そのようにして、起源から大きく離れて、世界宗教は世界各地に普及していく。

しかし、仏教については、ひとつふしぎなことがあります。今述べたような経緯で世界宗教が世界中に波及していくと考えたとき、当然ですが、その発生の地となった社会の構造や文化にその宗教は最も適合していたはずです。仏教も、古代インドの社会的コンテキスト（背景）を前提にしているわけですから、そこに最も適合していたはずです。ところが、やがて仏教は、起源となったインドからはほとんど消えてしまう。仏教を継

仏教の伝播

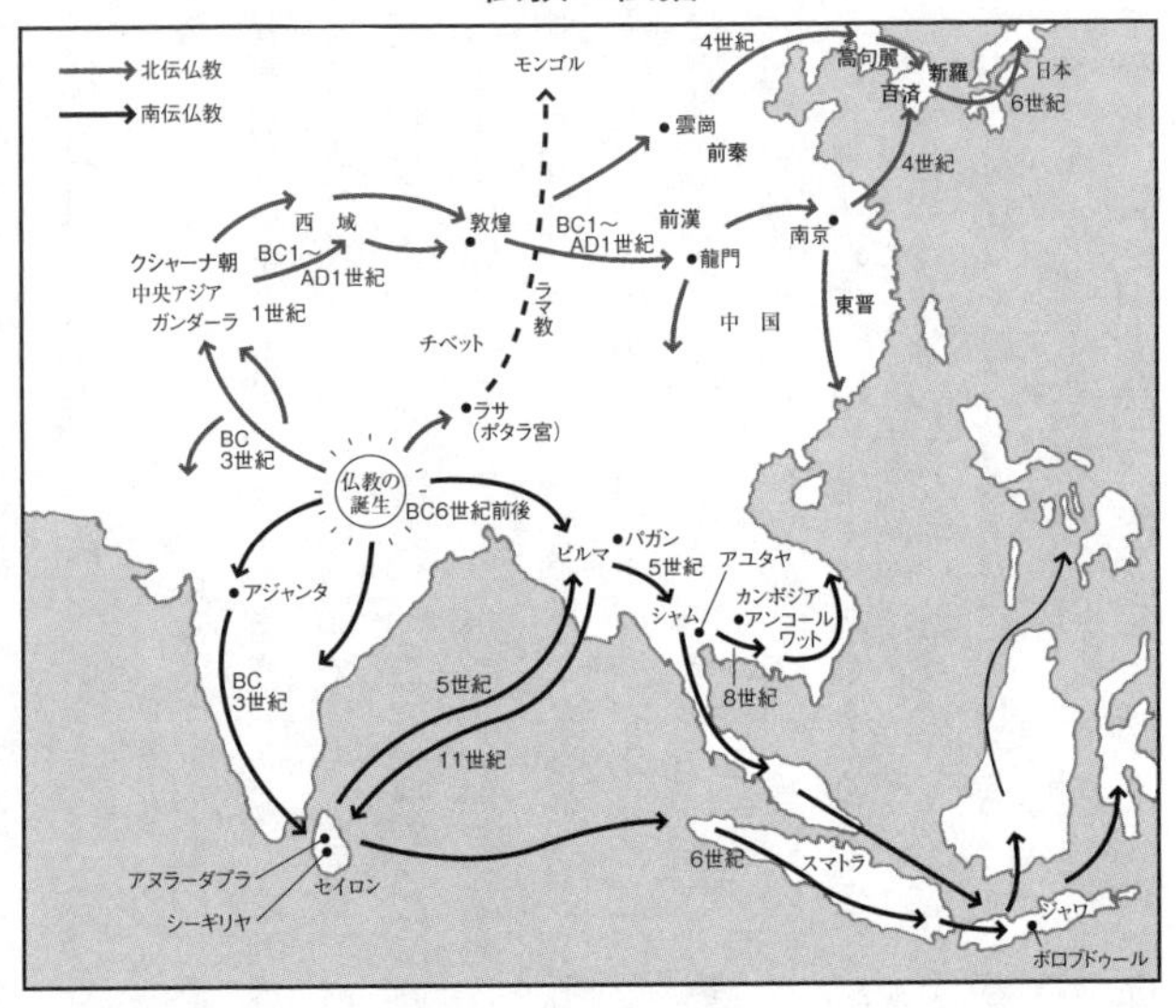

承したのは、インド以外の周辺です。よく知られているように、仏教の伝播経路には、北伝と南伝があって、それぞれが少し違った仏教を伝えました（上図）。つまり、仏教が伝わった跡をたどると、二本のチェインになる。そのチェインをつなぐ位置にあるのが、起源のインドですが、そこだけが仏教の空白地帯になっている。二本のチェインがつなぎのリンクを失ったまま、離ればなれになっている感じです。どうして、本来、最も適合していたはずの起源でだけ、仏教が消えてしまったのか。これは宗教社会学的に考えてみて、ふ

しぎなことではないでしょうか。

橋爪　ヒンドゥー教の、スポンジ効果みたいなもの（何でも吸収してしまうという働き）によるんだと思います。

ヒンドゥー教はどういう論理をもっているか。インド人はユニークだから、いろいろなことを考えて、いろいろな神々を信じ、いろいろな原理を編み出したりする。それをほうっておくと分裂します。分裂すると戦争になる。戦争を抑止することが、やはりインドではとても大事です。中国でもそうでしたが、対策が異なる。中国では、統一政権を樹立して戦争を防ぐ。インドでは、戦争を抑止するためにカーストがある。カーストは、ビジネスの独占と分配を通じて、相互依存のネットワークをつくるから、紛争を防げる。

もうひとつ重要なのは、ヒンドゥー教が多神教か一神教か、よくわからないということです。「化身」というものがありますね。これは、一神教には考えられないことなんですが、Aという神が実はBという神だった。さらによく聞いたらCという神だった。怪人二十面相みたいで、いったいどれがその神のほんとうの顔なのか、よくわからないのです。ひとつの神が多くの顔をもっているとも言えるし、多くの神がひとつの実体をそなえているとも言えるわけだが、このことを人びとが共同で承認する。そうすると、異なった神々をそれぞれ信じているグループ同士が、争わないですむわけです。

さて、この説明によると、仏も、神である。ゴータマ・ブッダがヴィシュヌ神の化身のひとつであると、ヒンドゥー教ではいつのころからか主張するようになった。そうすると、仏を拝んだら神を拝んだことになるので、ヒンドゥー教になります。こういう主張のせいで、仏教徒はみなヒンドゥー教徒にカウントされてしまった。

こういうスポンジ効果によって、仏教は消しゴムのように消されてしまう。ただしこのロジックは、ヒンドゥー教しか使えないから、ヒンドゥー教が存在しない南方や中央アジア、中国、韓国、日本では、仏教は伝来したかたちのまま残っているのです。*


大澤 なるほど。これはしかし、歴史のふしぎのひとつですね。一般には、どんな文化的な現象でも、いろいろなところに普及しても、なお起源や元祖の優位は続くものです。しかし、仏教では、元祖だけが脱落してしまった。その原因を、今、橋爪さんは、ヒンドゥー教の特性に関係づけて説明してくださったわけです。

ほかにこんな仮説も考えられませんか。仏教は、徹底した平等主義ですよね。それは、カースト制の厳格な差別に苦しむ人には、たいへんな解放的な効果があったと思います。人のもつ価値は、カーストとは関係がない、とされるわけですから。

しかし、やがてインドにイスラム教が入ってきますね。イスラム教は、仏教よりもずっと後に生まれたわけですが、やがてインドにも入ってきます。イスラム教も、平等主義ですね。超越的一神を前提にすると、人間はすべて平等になる。このイスラム教が、かつて仏教が果たしていた機能を担うようになったので、仏教がインドから消え去ったと考えられませんか。仏教徒はインドからほとんどいなくなりましたが、イスラム教徒は、現在でもたくさんいます。イスラム教によって仏教が押し退けられた、ということも考えられます。もっとも、何か実証的根拠があって、このような仮説を言っているわけではありませんし、それに、もしこの仮説の通りだったとしても、どうして、イスラム教のほうが残って仏教のほうが消え去ったのか、その理由が説明されなくてはなりませんが。

橋爪　それはなかなか鋭い。そういう説もあるのです。保坂俊司さんが十年ほど前に、そういう本を書いています（『インド仏教はなぜ亡んだのか―イスラム史料からの考察』北樹出版、二〇〇三年／改訂版二〇〇四年）。

大澤　なるほど。だとすると、保坂俊司さんの説には、説得力を感じます。

＊伝来したかたちのまま　インドから「伝来したかたちのまま」とは言っても、伝わった先でそれぞれ変化していったのはもちろんです。

第二章　初期の仏教

一切智と全知

大澤　釈尊は覚ったあと、「一切智者」と言ったとされています。もう少していねいに言うと、釈尊は、覚りを得たあと、しばらく迷ったすえに、説法を決意する。まずは、かつて苦行をともにした仲間が住むベナレス（ヴァーラーナシー）に向かうわけですが、その途中でウパカという人物に問われて彼が答えたのが「一切智者、無師独悟」です。「私はすべてを知っている者であり、師なしに覚った」という意味です。このブッダの「すべてを知っている」という状態が何を指すのか、また一神教と比較してみたいのです。

一神教の神は、全知であり全能であるということになっています。全知と全能の関係も微妙で、必ずしも両立できないので、神学では議論になるのですが、そのことは後で話すとしましょう。

ブッダが一切を知っているというときの「一切を知っている」という状態と、一神教の神は全知であるというときの「知っている」という状態、これを比較した場合に、どこに違いがあるのか。これは、直感的にもかなり違う感じがします。この二つを比較したとすると、どう違うと説明すればよろしいでしょうか。

橋爪　一神教のＧｏｄの全知全能。なぜ知っているかと言えば、すべての出来事をひき起こしている張本人だから。Ｇｏｄには眼があって手があって（キリスト教の場合）、大変な情報収集能力もあります。そして奇蹟（ミラクル）を起こします。つまり物質現象に対する直接的支配力がある。奇蹟は、世界に対する主権の別名なんです。なぜＧｏｄは全知全能か。それはＧｏｄが世界を支配しているから。こういう論理の構造になっています。

さてブッダが、一切智者だとする。それはブッダが世界を支配しているからなのか。そうではない。ブッダはただの人間なんです。これは世界の、真部分集合（ほんの一部）です。世界があって、そのあと人間が生まれているんです。だから、後出しジャンケンのようなものなのに、しかしブッダの知識が世界に追いついて、世界を完全に被覆しているんです。これは、世界を支配しているからではなくて、世界を理解しているから、なんです。

支配しているなら、全知は保証されます。理解していた場合に全知が保証されるのかどうか、という問題がある。こうだと思っていたのに、実は意外な出来事が起こりました、という場合もありうる。

全部を理解できるというのは、お釈迦さまがそう言っていて、われわれもそうだと思うということです、簡単に言えば。われわれは全知ではないから、お釈迦さまが全知かどうか、確かめようがない。われわれには信じることしかできない。

大澤　釈尊が「こういうことを理解しましたよ」とあらかじめ教えてくれているわけではないので、彼が理解したと言ったら、われわれとしてはそれをまず受け入れる、ということになります。釈尊の言っていることを聞いて納得することよりも、釈尊へのコミットメント（傾倒）のほうが先です。そのあたりが、宗教とはこういうものなのだな、とは思います。

先ほどスキップしてしまったことを、ここで脚注的にコメントしておきます。キリスト教神学では、神の全知と全能の間の矛盾には苦戦する、という話題です。なぜ、このことを論じておくかというと、この話題は、橋爪さんがいま説明された、ブッダの一切智と一神教のＧｏｄの全知とはどう違うか、ということと関係しているからです。神の全知と全能をセットにしたときに困るのは、たとえば、神が予定を変更できるか、という問題においてです。

普通に考えれば、神が全能だとすると、神は予定の変更だってできるに決まっています。では、たとえば、こんな状況ではどうか。予定説に想定されているような神が、「大澤は、最後の審判のときアウトだな」と決めていたとする。大澤は救済されず神の国に入ることができない、と予定されているわけです。ところが、ダメだった大澤が、たとえば橋爪さんとよい対談なんかしたりしてなかなかいいことをするので、神は、「やはり大澤を合格にしてやろうかな」と予定を変更する。こういうことはありうるだろうか、と考えてみる。もちろん、ありうる、と思いたくなる。だいたい、多くの人は、善いことをしたり、信仰に篤い生活を送ったりするときに、こういうことを期待しているでしょう。

しかし、よく考えてみると、この、神の予定の変更は変です。どうしてかというと、神は全知だからです。全知の神は、大澤が、橋爪さんとどんな対談をするか、最初から見通していたはずです。神は、そうしたことを見通し、知った上で、最後の審判における大澤の判決も決めていたはずだ。神にとっては、予期がはずれて、「おお、意外といい対談をしているじゃないか」なんてことを思うようになるはずがない。というわけで、全知であるとすれば、神が予定を変更できるはずがない。しかし、この結論もまたおかしい。われわれ人間でさえも、予定なんていくらでも変更できるのに、全能の神にそれができないとは。

このように、全知と全能の間には葛藤がある。しかし、仏教には、こんな矛盾はない。ブッダは一切智ではあるけれども、全能ではないからです。ブッダは全能である必要はない。それは、橋爪さんが説明されたように、ブッダは世界をつくったわけではないからですね。仏教では、世界を創造した主体などというものは想定されていない。というわけで、ブッダをめぐっては、キリスト教の神において見られたような矛盾に悩まされることはないわけです。そういう意味で、仏教は一神教よりも整合性が高いとも言えますね。

苦とはなにか

大澤　いずれにしても、なぜ全部を知る必要があるのか考えてみると、このことが、救済あるいは解脱（げだつ）のための条件になっているからですね。そのことを念頭に、問題をさらに深めていきたいと思います。

「解脱」との関連で、以前、「業（カルマ）」について、橋爪さんと対談させていただいたことがあります（『ふしぎな仏教』『サンガジャパンVol.10』サンガ、二〇一二年、五十四ページ）。カーストは生まれによって決まってしまいますが、ブッダの観点では、人間にとって大事なのは生まれではなく「何をやったか」です。ただし、この場合、輪廻転生（りんねてんしょう）が前提になっていますから、「やったこと」の中には、この生におけるものだけではなく、前生や後生のことも含まれます。ともあれ、その「やったこと」「行為」を示す仏教の概念が「業」ですね。論理的に考えて、善い行為と悪い行為とどちらでもない行為の三種類がある。それらが、「善」「悪」「無記」の三種の業です。解脱し、「ニルヴァーナ(涅槃)」*の境地に到達するためには、善の業を蓄積していくしかない。善業によってたくさんポイントを重ねて、その最終的な結果として、解脱がある、というわけです。

ところで、この業をベースにしたアイデアには、理論上の難点があるのではないか、ということを、以前、橋爪さんとの対談で話題にいたしました。つい先ほど、一神教では全知と全能の間に矛盾が生じてしまう、と述べましたが、仏教の業の理論にも実は問題が出る。一方で、善業を蓄積していくことで、解脱に向かっていくという設定を維持するためには、厳格な因果論を前提にしなくてはならない。善因は、必ず善果を生まなくてはなりません。一切智というのは、因果関係によって織りなされている実在の世界を、自分の精神世界の中に再構成することができる、ということでしょう。しかし、他方では、自由意志が必要になる。自由意志がなければ、善業や悪業を選択し、その責任

***ニルヴァーナ**(**涅槃**) [nirvāna (s), nibbāna (p)] 伝統的な語義解釈では「煩悩の火が吹き消された状態の安らぎ、覚りの境地」をいう。また、生命の火が吹き消されたということで、入滅、死去をいう。「般涅槃」は「完全な涅槃」の意味で、特に釈尊の入滅を「大般涅槃 [mahāparinibbāna (p)]」「大円寂」という。

を自分が引き受ける、ということが意味をなさなくなりますから。
しかし、西洋の哲学でもよく話題になりますが、自由意志と因果論は両立しがたい。仏教では、どうやってこの両方が確保されているのか。こういうことが、以前の橋爪さんとの対談で話題になり、あのときの橋爪さんの説明は、次のようなことだったと記憶しています。仏教においては、因果論のほうがベースになって、自由意志がそれに従属するようになっている、と。では、どこで自由意志が効くのかというと、究極的には、「発心」のときです。発心というのは、「この世でたまたま私は人間として生まれているのだが、そのチャンスを活かしてブッダへの道を歩むことにしよう」と決意することです。「発意」とも言う。このように決意するかどうかは、因果関係で決まっているわけでも、誰かに強いられているわけでもない。純粋な自由意志がここで発動される、というのが橋爪さんの説明だったかと思います。

第四章では、ここから先をさらに議論できれば、と思います。発心して、解脱への道を歩み始めるとします。解脱というのは、輪廻する生の苦から解放されることですね。解放された、究極の境地が、「ニルヴァーナ」と呼ばれる。さて、ここからが疑問、しかも素朴な疑問です。

解脱が目指されるということは、輪廻する生が「苦」であるとされているからです。

その苦とは何か。これが疑問です。どうして、生きていることが全部苦ということになるのか。「人生、苦もあれば楽もある」ではなく、「人生、苦ばかり」みたいな感じ方が前提になっています。

仏教の教理を要約した有名な四つのスローガン、いわゆる四法印というのがありますね。「諸行無常（すべての現象は移り行く）」「諸法無我（すべてのものは実体をもたない）」「涅槃寂静（煩悩の消えた覚りの境地は安らぎだ）」と並んで、「一切皆苦（一切行苦）」が、四法印の一つに入っている。でも、素朴にこう言いたくなるのです。生きて経験することはみんな、苦というわけではないだろう、楽もあるだろう、と。どうして、そんなにペシミスティックな人生観をもっているのだ、と。

では、シッダールタがそれほど苦しい人生を送っていたかというと、そんなことはない。先ほどから話題にしていますが、彼はバラモンではありませんが、二番目のヴァルナであるクシャトリヤの出身です。釈迦族の王子ですね。出家しなければ、王になる身分です。正直に言えば、金持ちのぼんぼんなんです。彼が、最低位のカーストの出身だったり、虐げられた奴隷的な民族の出身だったりすれば、「一切皆苦」というのもわかるわけですが、まったくそんなことはない。

さらに言えば、これは、シッダールタの人生が不幸だったのか、幸福だったのか、苦しかったのか、楽しかったのか、ということとは関係がないことかもしれません。というのも、「一切皆苦」というのは、仏教に限らず、インドの思想の共通の出発点のようです。一切皆苦は、インド思想の基調低音です。生まれ、病気になり、老い、死ぬということが苦である（四苦）という認識は、仏教者だけではなく、いわゆる外道の宗教家や思想家にも共通しています。とするならば、苦とは何か、ということがやはり気になります。インド社会の中で、かなり恵まれているように見える人でさえも、「苦」と言っているわけですから。

橋爪　もっともな疑問ですね。

仏教は解脱を目指すと、ふつう言われます。解脱は、苦から離脱するという意味ではふつう使われず、輪廻から離脱することを意味する。人間を取り巻く輪廻（自然法則みたいなもの）の束縛から離れて、その外に出ていくことであると。いっぽう、涅槃（ニルヴァーナ）とは、平安の境地。覚りの叙述、覚りの別名ではないかと思う。

仏教の基本概念として、「覚り」「輪廻」「解脱」の三つがある。誰でも知っています。そして、

①　輪廻している（＝苦）

②　覚る

③　解脱する（＝涅槃）

の順番に起こることになっている。

でも、ゴータマ・ブッダがこのように考えていたのか、私は疑問に思っています。最初は、もっとシンプルな考えだった。「輪廻」「解脱」はあとから付け加わった。インドの民衆にアピールするための、ヒンドゥー教対策です。でもその結果、仏教は大きな困難を背負い込むことになったのです。

それはともかく、最初は、こうだったのではないか。

①　迷いのうちに生きる（＝苦）

②　覚る

③　正しく生きる（＝涅槃）

そして、やはり、この順番に起こることになっている。

仏教とはなにか、対談の最初に、定義しようという話になりました。私は、端的に、《ゴータマが、覚った（ブッダである）》と信じることが、仏教の必要十分条件である、と定義することを提案した。そこには、「輪廻」も「解脱」もありません。ゴータマ・ブッダが、輪廻や解脱をまともに信じていたという証拠はどこにもない。

さて、このシンプルな考え方によっても、涅槃はやはり、苦と対立しています。

じゃあ、苦*とはなにか。

苦というと、楽と反対で、辛かったり痛かったりする感覚的な苦しみを思い浮かべてしまう。でも、そう考える必要はない。私は、ただ単に、苦とは、「人間の生が不完全であること」だと思うのです。ほんとうは、もっとよく、正しく生きられるのに、不完全に生きている。感覚に溺れたり、栄耀栄華で、物質的贅沢に囲まれたりして生きていることも、苦なのです。人間としてそれよりましに、それよりまともに、生きることができるから。本人は別にそれを、苦とは思っていないかもしれない。でも、ゴータマ・ブッダからみれば、それは苦（不完全な生）である。人間はもっと、完全に生きることができる。ブッダがみるから「苦」なのです。

「四苦八苦」は、ごく初期の仏教の考えだということになっている。四苦、すなわち「生老病死」は、人間の一生の、あらゆる局面を要約したものです。たぶん、これは、ゴータマ・ブッダの言ったことなのでしょう。あとで、部派仏教が煩瑣に解説していくわけだが、最初は、ごく単純に、生命として生まれた人間の運命、という意味だったろう。

生きていれば楽しいこともある。でも、病気になったり年老いたり、死んだりという、ネガティブにイメージしがちな部分も切り離すことのできない人生の一部分である。その全体を受けとめるべきだと、彼はまず主張したはずなのです。「苦」を強調したのは、ふつうの人が陥りがちな欠陥として、何とかこの運命から逃れたい、と思ってしまう。病気にならないといいとか、年をとらないといいとか、死なない方法はないものかとか。こう考えるから、同じ運命が二倍、三倍に苦しい。人間は生命なのだから病気になって当然だし、病気になったら病気と一緒に生きていくしかない。年もとる。それを受けとめ、勇気をもって年をとる。老人として生き、死ぬことも恐れてはいけない。それは、自分の人生のピリオドだ。こういうふうに、すべてのネガティブな思い込みを捨て、積極的に前向きに、正しく生きていこう、みたいなことを言いたかったと思うのです。「四苦八苦」を仏教の中心に置き、しかも苦を文字通りの意味でネガティブに受け取ると、仏教の本質を消極的なものと見誤ってしまうのではないかと危惧(きぐ)します。ゴータマ・ブッダの教えをひと言で言えば、「勇気をもって、人間として正しく生きていきま

＊苦 [duḥkha (s), dukkha (p)] 身心にせまり(＝逼迫)身心をなやます(＝損悩)こと(逼悩)。圧迫して悩ますこと。身心にかなう状況(＝縁)、対象(＝境)に向かうときは楽を感じ、かなわないそれらに向かうときは苦を感ずる。用法として、楽や不苦不楽に対する苦と、一切皆苦の苦がある。

しょう」。ベタですけれど、仏教の主張はこうだと思うのです。

仏教徒は、出家と在家に分かれているけれど、出家と在家に分かれたのが、仏教の本質かどうかも、実は疑わしいところです。

仏教の本質ということになっている、初期仏教のさまざまな要因のうち、どこまでがほんとうに仏教の本質だと確証できるか、私は疑問に思います。仏教の概説書に書いてあるからといって、通説を丸呑みにはできないんです。

大澤　解脱というのはおっしゃるように輪廻からの解脱です、理論上で言えば。ただ、一切皆苦ということを前提にすれば、また生病老死が苦であるとすれば、結局、「苦」ということは輪廻転生に必然的に随伴する属性ですから、輪廻からの解脱は、結局は、苦からの解放ということを含意するかとは思います。そして、覚りに至った状態である「涅槃」というのは、苦に煩わされない安静としてイメージされているように思います。あるいは、仏教についての四つの真理、つまりいわゆる四諦――苦諦・集諦・滅諦・道諦――も、「苦」ということを中心に、苦の原因についての真理（集諦）、苦が消え去った状態についての真理（滅諦）、さらに、そうした究極の常態へと至るまでの道筋についての真理（道諦）となっていることを思うと、解脱によって克服されるべきこととして「苦」が主要なターゲットになっているのではないでしょうか。

ただ、確かにおっしゃるように、じゃその「苦」というのを僕らがふつうに考えている「苦痛」と同一視してよいか、というとかなり微妙です。お話を聞いていて、有名な宗教学者のエリアーデの本を思い出しました。たぶん、彼の博士論文だと思いますが、ヨーガについて書いた大著です。その最初のほうで、エリアーデも「苦」「一切皆苦」について論じていて、これをわれわれが知っているような意味での「苦」の単純な延長線上で解釈してはならず、また、後ろ向きのペシミズムでもない、ということを強調していました。橋爪さんの解釈に通ずるものがあるかもしれません。

今、橋爪さんは、生に対して非常に前向きな仏教解釈を提示してくださり、たいへん説得力がありました。しかし、「苦」ということが仏教の伝統の中で言われ続けたことですから、もう少しこだわりたいと思います。

ここで、またしても一神教、とりわけユダヤ教との比較をしたくなります。というのも、ユダヤ教の場合も、やはり、「苦」「苦難」ということが、信仰の起点にあるからです。ここで、僕の念頭にあるのは、もちろん、ウェーバーが主題にした「苦難の弁神論」のことです。どうして、ヤハウェへの信仰に篤いはずのユダヤ人が不幸や苦難に陥るのか。不信心者が不幸になり、神を深く信仰しているはずの義人が幸福になるのであれば、簡単に説明がつく（幸福の弁神論）。しかし、信仰の篤さと幸福／苦難の対応がクロスしてしまう場合には、説明が難しい。

苦難の弁神論と仏教の苦についての思想とを比較した場合に、次のような対照があります。苦難の神義論は、かなりアクロバティックで逆説的な論理になっていて、理解が難しい。しかし、この論理の前提になっている「苦難」ということがどういう状態を指していたかは、簡単にわかります。実際に、ユダヤ人の歴史は、苦難の連続、不幸に次ぐ不幸、敗北に次ぐ敗北だったからです。仏教の場合は逆で、いったん、「一切皆苦」という前提を認めてしまえば、その後の論理は、たいへんすなおでストレートです。生に伴う煩悩の炎が消えた涅槃を目指すといい、とされるわけです。しかし、仏教の場合にわかりにくいのは、その起点となる「苦」とは何なのか、どうして、「苦」という前提から始めなくてはならないのか、ということです。

今、橋爪さんから、「四苦」や「八苦」は、ほんとうにゴータマが言ったことの中心かどうか、疑わしいという指摘がありましたが、ゴータマの真意はともかく、そういうことが、仏教の伝統の中で言われてきたことは確かですね。四苦は、一般論ですが、八苦*になると、ちょっと具体性が出てきます。そこで言われているのは、たとえば「嫌な奴と会うのは苦痛だ（怨憎会苦）」とか「愛する人と別れるのは苦痛だ（愛別離苦）」とかといったことですね。それはそうかもしれないけれど、「いい奴とも会うでしょう」とか、「愛する人と別れるのは不幸かもしれないけれど、その前に愛する人と出会えたということがあるでしょう？　どうしてそっちのことは無視するわけ。愛する人にまったく会えないほうがもっと不幸でしょ」とか、突っ込みを入れたくなる。
　いまのは半分冗談めかして言いましたけれども、生きていくこと、輪廻の中で何度も繰り返される生をすべて含めてなんですが、生きていくことに対してどこか否定的な意味合いをつけておいて、もしくは、否定的な意味合いを感じることに強い自然さや自明性を覚える感受性があって、その否定的な生からどうやって抜け出していくか、というベクトルで仏教、あるいは、仏教だけではなくて多くの古代インドの思想ができているような感じがするわけです。なぜ、生に対して、そういう否定的な見方になるのか、というところが、もうひとつ腑に落ちない点です。

橋爪　なるほどね。
　第一に、輪廻の問題ですけれど、輪廻はバラモン教、ヒンドゥー教の基本原理です。カースト制と輪廻は、表裏の関係にある。そこで私の推測だけれど、ゴータマ・ブッダ

＊八苦　生老病死の四苦に、怨憎会苦、愛別離苦、求不得苦（求めるものが得られない苦しみ）、五取蘊苦（物質と精神の諸要素である、色受想行識の五蘊に執着することから生ずる苦しみ。五盛陰苦・五陰盛苦とも）を加えたもの。

が輪廻にコミットし、輪廻を信じていたかははなはだ疑問です。そんなものはないと思っていた可能性が高い。先ほどのべた通りです。ゴータマ・ブッダは、カースト制に批判的だったのだから。

とは言え仏教は、ヒンドゥー教を信じているインドの民衆に働きかけ、アンチ・ヒンドゥー教として運動していかなければいけない。輪廻に対して何か言わなければならない。そこで、バラモンも皆さんも輪廻しているかもしれないが、ゴータマはバラモンより立派な覚りをえたのだから、もはや輪廻しなくなった、と主張したのではないか。

第二に、苦が、ユダヤ教の苦難とどう違うか。ユダヤ教の苦難の多くは共同体の苦難（外国が攻めてくるとか饑饉とか、社会的な困難）なのです。けれども仏教の苦は、「生老病死」にせよ、あとの八苦にせよ、誰もが経験する個人的な問題。大状況のことではないんです。

私の理解。仏教にいう苦は、自分の人生が思いどおりにならない、ということと等しい。「思いどおりにならない」という部分を苦と表現すれば、愛する人と出会うのは思いどおりになっているから苦にならないけれど、愛する人と別れることは思いどおりではないからそれを苦と感じてしまう。おいしいものを食べられればそれは苦ではないが、食べたいものが食べられなかったらそれを苦と感じてしまう。

もしも思いどおりにならないことをネガティブなものとカウントしていくと、人生はネガティブだらけになり、自分の人生が自分の思いどおりにならないというそのことに圧倒されて、へしゃげてしまうだろう。そうならないため、自分の人生が思いどおりにならないのはなぜなのか、と考えるわけです。

ひとつの結論は、人生についてあらかじめこうであると考えているから、そうなるわけです。むしろ人生は、客観的な法則によって、なるようになっているだけ。だとすれば、あらかじめこうであるべきだというふうな甘い期待というか、幻想というか、そんなものを端的に持たないようにすれば、一〇〇%掛け値なしに、人生をあるがままに享受できる。すべてをプラスと受け取ることができる。こういうことを言っているだけじゃないでしょうか。

だからむしろ、ポジティブな考えだと思うんです。

罪か苦か

大澤　橋爪さんの解釈は、魅力的ですね。ゴータマの思想の解釈として正しいかどうかとか、仏教思想の解釈として正しいかということとは独立に、橋爪さんが今の解釈の中に示されている思想は、生に対して肯定的で、とてもすてきだと思いました。

聞きながら、つい最近読んだ本を思い出しました。ちょっと、本筋からの逸脱になりますが、関係づけられるので簡単に紹介します。ルネサンスの専門家で、シェイクスピアを研究しているスティーブン・グリーンブラットという有名な学者がいて、その彼に二〇一二年のピューリッツァー賞ノンフィクション部門賞を受賞した『一四一七年、その一冊がすべてを変えた』（河野純治訳、柏書房、二〇一二年）という本があります。邦訳のタイトルは、このようにずいぶん極端な内容要約のようになっていますが、原著のタイトルを直訳すると『逸脱―いかにして世界は近代になったか』というものです。実は、この「逸脱」という語に二重の含みがあって、かなりおしゃれなタイトルなのですが、これでは日本の読者には何が書いてある本かわからないので、邦訳タイトルはああいったものになったのでしょう。

　これは、中世が終わり、ルネサンスの初期のころの古代写本の蒐集（しゅうしゅう）家の話です。当時、本は超貴重品で、いろいろな場所に、たとえば修道院の図書館のようなところに埋もれていた。ウンベルト・エーコのベストセラー『薔薇の名前』も、修道院の図書館に隠されていたアリストテレスの写本をめぐるミステリーでしたが、ああいう感じで重要な本が千年以上も埋もれていたりする。グリーンブラットのこの本は、ポッジョという名のブックハンターのことを書いています。

ポッジョが、一四一七年に、南ドイツの片田舎の修道院の図書館で、一世紀の中頃に書かれたある写本を発見する。その本は、ラテン語を読むことができる当時のヨーロッパの知識人に、タイトルだけは伝えられていたけれども、もう一冊も残っていないのではないか、と思われていたものです。ポッジョの発見によって、その本が、ヨーロッパの人びとに読まれるようになった。その内容に猛烈なインパクトがあって、ヨーロッパがすっかり変わってしまった。つまり、この本の影響で、ヨーロッパは近代になった、とグリーンブラットは書くのです。僕は、それはちょっと言い過ぎだろうと思うのですが、ともかく、この本が当時のヨーロッパの知識人に、たいへん衝撃を与えたことは確かでしょう。

発見された本は、ルクレティウスの『物の本質について』というタイトルの本です。この本は、キリスト教とは関係がない本です。まあ、異教徒の本ですね。しかし、当時、キケロをはじめとして、古代ローマの文献は、ものすごく権威があったのですね。ルクレティウスのこの本は、キリスト教に縛られていた当時の人びとにとって、たいへん解放的な意義をもった、というのです。

『物の本質について』に何が書いてあったのか。まず、ルクレティウスに対して、さらに源流というか、先達のようなものがいた、ということをおさえておく必要があります。

それは紀元前四世紀のアテネの哲学者エピキュロスです。ルクレティウスは、エピキュロスを継承しながら本を書いている。エピキュロスは、原子論の哲学者です。世界は、目に見えない小さな原子、それ以上は分割できない素粒子からできていて、事物や現象は、その原子の相互作用、原子の間の因果関係、仏教風に言えば縁起ということになるでしょうか、ともかく、原子の因果関係の産物だ、というわけです。

このエピキュロス――ルクレティウスの思想が、クリスチャンには解放感があった。原子論によると、世界にあるのは、原子の永遠の相互作用だけですから、世界には設計者も創造者もいないということになる。世界に創造者がいて、終末には審判があって、というのがクリスチャンの設定ですね。そうすると、人びとは、死後の賞罰が恐くて、現世で快楽や幸福を追求することに罪悪感を覚えるわけです。しかし、ルクレティウスによると、創造主もいなければ、神の摂理もない。となると、生きることに喜びを感じることをよしとする、シンプルに生を肯定する思想や態度が出てくるわけです。これが近代につながっていった、というのが、グリーンブラットが言っていることです。

なぜ、この話をしているかというと、このルクレティウス流の考えが、今、橋爪さんが解釈した仏教の見方と似ているからです。エピキュロス――ルクレティウスによると、世界は原子の因果関係であって、なるようになっているだけだ。

ただし、出発点が逆になってはいる。仏教は、生の「苦」ということをスタートにしている。エピキュロスとルクレティウスは、生の「快」からスタートする。快楽主義者のことを、エピキュリアンというのは、このことと関係があります。

ただ、エピキュロスのいう「快」というのは、僕らがエピキュリアンという語で俗っぽくイメージしている快楽、酒池肉林で毎日豪遊しているという意味での楽しむということとは、ほんとうは全然違います。むしろエピキュロスという人は、質素倹約の人だったらしい。その質素な生を喜びとしよう、楽しみとしよう、というかたちで肯定するのが、エピキュロスです。

橋爪 仏教を、キリスト教との比較でもう少し考えてみましょう。

キリスト教は、人間が完全であることはありえない、という話です。人間は完全でないし、自分の努力で完全になれると考えてもいけない。人間が完全に近づくには、Ｇｏｄの手を借りなければならない。そしてそれは将来、自分の人生が終わったあとに、自分の人生と無関係なところで起こる。これが終末でした。

仏教には終末がなく、Ｇｏｄもいない。そして人間はやはり不完全なのです。不完全なままだらだら生きて、仮に輪廻して生まれ変わっても、また不完全な人間をもう一回やる、ということになるんだけれど、これにピリオドを打つ可能性は、不完全な人間が自己努力によって、なぜか完全になるというプロセスしかない。これが「覚り」です。仏教とキリスト教は、途中までは似ているのです。人間が不完全で、何とかしなければならないという認識に関しては、一致している。それを「苦」と呼ぶか「罪」と呼ぶかという違いがあるだけではないか。

ただし、そのあとが違う。罪の場合、人間はそれを自分で取り除くことができない。罪は、Ｇｏｄに造られた人間の性質、だからです。罪を自分で取り除くことができない、それができるのはＧｏｄだけである、と認識しているのが正しい。

苦の場合、人間はそれを自分で取り除くことができる。取り除くというか、問題はものの見方なのです。苦には実体がない。苦を苦と思わなければいい。ともかく、苦を自分で取り除くことができる、苦から自由になれる、と認識しているのが正しい。

大澤　仏教における「苦」に対応するのは、キリスト教における「罪」である。これはおもしろいご指摘だと思います。人間は、ふつうの状態では不完全である。思いどおりにはならない。そのことに対してどう対応するかという実存的な問題があって、それに対する二つの回答として、キリスト教と仏教があるのかもしれません。

キリスト教では、完全なのは神だけです。人間は、本質的に不完全で、その状態が「罪」です。それに対して、仏教は、その不完全性を、人間が、というか個人が自力で何とか克服しよう、と考える。仏教は、人間中心主義、個人主義ですから。

何が苦なのか

大澤　あらためて、確認のために、仏教における「苦」とは何かということを、橋爪さんなりに定義するとすれば、どういうことになりますか。何が「苦」であろうか。

橋爪　それは、生物の性質ですね。岩や水は、苦しくないはずです。生きていないから。「苦」は、生きているものの性質なんだけれど、仏教の考え方だと、植物は微妙。植物はわれわれの感じから言うと生きているけれど、当時のインド人の考え方では、どうも生物の仲間に入れてもらっていないみたい。「苦」は生物の性質、実際のところは動物の性質、といちおう言っておきましょう。

さて、生物なり動物なりを考えてみると、輪郭があって、外からそれと識別できる。そこに一匹いるのです。ここまでが「自分」で、その外側は「自分」でない、というのが動物の本質で、そのままじっとしていることができない、おなかが空くから。どうしても外部を取り入れないといけない。それから、どうしても自分の中の不要なものを外に出さないといけない。外部と自分が関係しなくてはいけないのに、安定永続していない。最終的に自分が壊れてしまう、という運命を背負っている。こういう本性があるんだけれど、これが「苦」ではないのか。生き物として動物が生きていることの限界なんですね。

これを越えていく方法に、繁殖があって、子どもを増やしていく。でもこれは個体を、つまり「苦」を再生産するだけで、「苦」を脱出しているわけではない。だから「苦」は、動物の本質なんです。

さて、「苦」を乗り越えるのが仏教だとすると、どうやって乗り越えるのか。

いまみたいに「苦」を考えるなら、動物が一匹いたとして、それを内側から見ているわけ。すると「苦」になる。それを外側から見たら、そうは見えない。外から見たら、いいもの、食べ物に見えたりするわけです。ニワトリが一匹いたとして、ニワトリにとってみればニワトリであることは「苦」かもしれないけれど、私たちからみるとニワトリは食べ物でおいしい、みたいになっている。別な価値が与えられる可能性がある。

人間の場合もそうではないか。人間を外から見たら、「苦」だと見る必要はないわけです。動物のかたちはそのままでも、「苦」は消えている。

仏教の乗り越えの方法は、内／外があると思うから「苦」が生まれているという構造があるのだから、宇宙と動物とをいっぺんに認識するようにしなさい、と言っているのではないか。

大澤　なるほど。僕のように、宗教をはたから見ていておもしろいと思うのは、仏教の生まれている場所、あるいはその社会的背景や自然環境的背景は、特別に苦難の場所であるとは思えないということです。

たとえば、先ほども話しましたが、ユダヤ人の集団的な苦難ということは、明らかですよね。彼らは、過酷な社会的状況の中に置かれていた。周囲に圧倒的に強い帝国がある中で、ユダヤ人は弱小民族であり、ときに奴隷のようにされたり、王国が滅ぼされたり、外国に捕囚されたり、といった苦難の連続です。こういう中で、どうして異教徒ばかりが勝つのか、なぜ自分たちユダヤ人は苦難ばかりなのか、ということが深刻な問いになるのはわかりやすい。

けれども、仏教が生まれた場所は、世界のほかの地域、歴史のほかの段階に比べて、とりたてて苦しいというわけではありません。自然環境が、他の地域と比べてとりたてて過酷だということもない。シッダールタは、むしろ裕福で恵まれた家庭環境の中で育っていた。

もちろん、橋爪さんが指摘されたように、ユダヤ教にとっての苦難は、ユダヤ人という集団にとっての苦難であり、仏教にとっての苦は、個人にとっての苦である、という重大な違いを考慮に入れておく必要があります。その上で、どちらかと言えば、恵まれ、幸福な人たちの中から、仏教が生まれ、そこで「苦」ということが重要な主題になっている、ということは社会学的に見て、興味深い。

ニルヴァーナと神の国

大澤　僕は、この仏教の「苦」というもののイメージを知るためには、逆にどういう状況を「苦」とは対立する至福と見ているか、と考えてみるとよいと思うのです。完全な救済に達した状態が、ニルヴァーナですね。

ニルヴァーナとは何かということはなかなか難しいですけれど、その基本的なイメージは、またしても、キリスト教の救済のイメージと正反対だと思うのです。キリスト教の救済は、神の国ですね。「神の国」とはいったい何か、どんな世界なのか。キリストは、比喩的にはいろいろ語るのですが、比喩なしにははっきりと規定しないので、神の国がどんなところか、よくわかりません。ただひとつ確実なことがあって、神の国では、人は永遠の生を得る、ということです。つまり死なないわけです。キリスト教では、救済が、「生」の極限としてイメージされている。

ニルヴァーナは逆です。ニルヴァーナは、ある意味で、死以上の死です。もちろん、ニルヴァーナの境地に入ることは、単純に自殺するということとは違うでしょう。けれども、ニルヴァーナは、ある意味では、生の強い否定ではないか、と思います。橋爪さんが話されたように、仏教にとって、動物の個体として生きているということは「苦」です。そして、死んだとしても、仏教では、というか仏教が前提としていた古代インドのコスモロジーの中では、輪廻転生してしまう。つまり、死んでも、六道*の中のどこかにまた生まれるわけで、再びいずれかの動物の個体になる。橋爪さんから、先ほど、ゴータマは輪廻ということをそのまま受け入れていたかどうか怪しいという重要な指摘もありましたが、少なくとも、仏教以前的なコスモロジーの中では、輪廻転生は前提です。そして、ニルヴァーナは、輪廻から解脱しきった状態であるとすれば、それは死を超える死、永遠の死であると見なすことができます。

ですから、まとめると、「永遠に生きることが救済だ」と考えているキリスト教と、「永遠に死にきることが救済だ」とする仏教。このように、解放の極点のイメージが、仏教とキリスト教では真逆になっている。そんな印象をもちます。

橋爪 おもしろい観点ですね。

人間は、死ぬと生命でなくなって、構成要素である分子や無機物や、いろいろなもの

＊六道 [sad-gati (s)] 衆生(しゅじょう)が自らつくった業(意志にもとづく生活行為)によって生死を繰り返す、地獄・餓鬼・畜生・修羅(阿修羅)・人間・天の六つの世界。「六趣」ともいう。

に分解する。——こう考えることができれば、生きていることはそんなに問題でないんです。一神教のユダヤ人たちは「土から生まれ土に還る」と言っている。こう考えるなら、「苦」を乗り越える方法は簡単なんです。

インド人はそう考えなかった。輪廻とはどういうことかというと、「死んでも、生き物であるという制約から逃れるわけではないんだ」という信念です。それを無理やりこじつけるとどうなるかというと、死んだあと、もう一回生命になる。それは、永遠に生きることではなくて、またもう一回死ぬということです。これを繰り返す。輪廻は「生きて死ぬ、という制約が永続する」という信念であって、死ぬことなしに生命が永続するという考え方とは、かなり違ったものです。

永遠に生き物であり続けるという制約。こういう禁じ手をいちおうかけておく。禁じ手をかけておくと、別なふうに解決を見つけなければならない。ヒンドゥー教が考えたいちおうの解決は、「死がなかなかやってこない」という解決でしょう？　天人とかが「寿命が長い」という考え方です。でも、寿命が長くても、借金の先送りと同じで、問題の根本的な解決にはならない。やっぱりいずれ死ぬからです。

それに対して、「ほんとうの解決」を、仏教は示した。「覚り」や「ニルヴァーナ」があるとすると、これは「死なない」のではなく、「生死が問題とならない」「生きているのか死んでいるのかはっきりしない」という状態なんですね。これで死ななくなる。

大澤　なるほど。借金を先延ばしにして解放されるのか、そもそも借金というカテゴリーがない状態に入るのかということですね。わかりやすくて、おもしろい比喩ですね。いずれにしても、洗練された教義のレベルでどうかという以前に、宗教によって、世界や社会や宇宙に対する基本的なイメージにそれぞれかなり違いがあって、そこをおさえておかなくてはいけない気がするんです。

橋爪　そこが一番大事ですね。

涅槃は天国か

大澤　たとえば、ここで、イスラム教というのも補助線として入れてみるとわかりやすくなるかもしれません。イスラム教において救済された状態、つまりイスラム教の天国(緑園(りょくえん))は、キリスト教の神の国とは違って、わりとはっきりとどんな世界なのかコーランに語られています。これこそ、まさに酒池肉林といいますか、ニルヴァーナとはまったく逆というか、仏教の観点からすると、煩悩があるはずなのに煩悩を意識しないですむ世界という感じですね。

橋爪　キリスト教の「神の国」とイスラム教の「天国」の共通点は、人間が死なないことでしょう？　一度死んだ人間も復活して、もう死なないわけです。

キリスト教はそれをどう解釈するかというと、死なないのだから食べる必要がない。それから、生む必要がないから、性別もないし、男女関係もない。家族もない。財産もないから、経済活動もない。人間はＧｏｄに統治されるだけだから、政治活動もない、というふうになる。

イスラム教は、ちょっと待てよ、と思った。大澤さんも言うように、これはすごく退屈な可能性がある。そこで、どう考えているかというと、死なないんだけれど、食べたっていいじゃないか。だっておいしいから。それから、男女関係もあっていいじゃないか。すぐまた処女に戻ってしまうわけだから、妊娠・出産はない。というふうに、官能や感性的快楽を全面解放しているのが天国です。これはこれでそれなりによく考えられている。

大澤　そうですね。ふつうに考えると「イスラム教の天国、思いっきりいいな」みたいな感じです。しかし、ほんとうにそんなにいいのか、疑問ももちます。
僕はイスラム教の天国のことを思うと、『不可能性の時代』（岩波新書、二〇〇八年）という本に書いた、「〇〇抜きの〇〇」というのを連想してしまうのです。「〇〇抜きの〇〇」というのは、「アルコール抜きのビール（ノンアルコール・ビール）」「カフェイン抜きのコーヒー」等のことです。

快楽をもたらす物というのは、たいてい危険を伴っていたり、同時に苦痛を与えたりもするわけです。お酒はおいしいけれども、飲み過ぎると酔っぱらって困ったり、アルコール中毒になったりする。セックスは快楽をもたらすけれども、心身にかなりの負担がかかるし、運が悪ければ性病の危険もあったりする。ミルクやクリームはおいしいけれども、食べ過ぎると太ったりして困る。というわけで、快楽の原因になる物は、同時に苦痛や危険の原因にもなる。その危険や苦痛の部分だけを取り除いて、快楽の部分だけを純粋に享受しようとして発明されたのが、「○○抜きの○○」です。

イスラム教の天国というのは、「○○抜きの○○」で埋め尽くされた世界、という感じがしますね。いくら飲んでも酔っぱらわないお酒とか、いくらセックスしても処女のままでいてくれる美人とか。

しかし、これはこれで、ほんとうに楽しいのか、ほんとうの快楽が得られるのか、正直なところ疑問です。というのも、苦痛をもたらす部分と快楽の原因となっている部分というのは、究極的にはまったく同じなのです。苦痛や危険を取り除こうとすれば、必然的に、快楽をもたらす部分をも棄てることになる。たとえば、いくら飲んでも酔わない酒なんて、飲んで楽しいのか疑問です。いくらセックスしても処女に留まる女性にとって、「処女」ということに価値があるのか疑問です。「○○抜きの○○」というのは、実は、形容矛盾というか、自家撞着的な事物です。「ノンアルコール・ビール」というのは、結局、「アルコールを抜いたアルコール」と言っているに等しいし、「絶対に安全なセックス」というのは、「セックスとしての本質をもたないセックス」というに等しい。だから、イスラム教の「天国」は、ものすごく楽しそうに見えて、実は、まったくつまらないのではないか、という予感もしますね。そのくらいだったら、仏教のようにいさぎよく、ニルヴァーナにしてしまって、快楽＝苦痛の炎を全部消したほうがよいかもしれない。

それから、僕はユダヤ－キリスト教の神様というのは、仏教の観点から見ると煩悩だらけというか、一〇〇％煩悩で生きている感じがするんです。もう、しょっちゅう怒るし、しょっちゅう嫉妬するし――それは、完璧な煩悩の固まり。神がブッダから最も遠いところにいる。ユダヤ－キリスト教と仏教では、だから基本的な設定、つまり、何が困ったよくない状態で、何がめざされているのかということが、一八〇度違うのではないか。そのように思うことがあります。

いろいろな本を読むと、どうしても結論的な違いや概念化された違いだけが問題にされているんだけれど、ほんとうはそういう概念がつくられたり、そういう実践の体系や制度が整えられていく、もとにあるベーシックな感覚、言葉になる以前のベーシックな感覚みたいなところに非常に大きな違いがあって、そこをおさえていくといろいろな宗教のポイント、なぜそんなことやるんだろうかとか、なぜそういうふうに考えるんだろうかとか、あるいは、どうしてこんな違いが出るんだろうかということがわかってくる気がするんです。私たちの対談では、そのあたりをできるだけわかるようにやっていきたい、と考えています。

人が争う理由

大澤 橋爪さんがおっしゃるように、仏教は人間中心主義です。一神教は神中心主義で、人間は崇高なる神と比べたら、まったく価値がないゴミみたいなものです。このように、観念のレベルでみると、仏教と一神教は、人間中心か神中心かという、ものすごくはっきりとした対照があります。

しかし、この観念が、日常の社会的な実践や態度にどのような結果を残したかということを見ると、逆説というか、一種のねじれがあるように思うのです。仏教は観念のレベルでは人間中心主義ですが、人間の日常の行動、社会的な行動という点では消極主義的なものにつながっている。逆に、キリスト教の観念のレベルでの神中心主義が、日常の社会的実践における、能動主義に転化した。少し説明いたします。

まず仏教のほうから。最もわかりやすく、今述べた側面が現れるのは、欲望＝煩悩に対する否定的な理解ですね。人間は、さまざまな欲望をもちますが、その欲望はほとんど満たされません。「八苦」の中のひとつも、「求めているものが得られない苦（求不得苦）」ですね。こういう状況で、仏教は、どうしたら欲望が満たされるか、どのようにしたら希望がかなえられるのか、という方向では考えません。欲望そのものを消してしまう、という方向を提案するのが仏教です。つまり、仏教からは、欲望していた物を得ようとする能動的な主体は出てこなくて、欲望そのものをミニマムなものにする消極的な態度が出てくるわけです。

もちろん、冒頭でも述べたように仏教は非常に多様で、今後、論ずることになる大乗のことも視野に入れると、いろいろな態度が仏教からは出てくると言わざるをえなくなりますが、しかし、最も基本にあるのは、やはり、人間的な欲望に対する否定的な態度ではないか、と思います。仏教は、人間中心主義であるのに、いやそうであるがゆえに、人間が生きる上で発生する欲望に対しては否定的で、消極主義的になる。

これと反対になるのが、またしてもキリスト教です。とりわけプロテスタントです。キリスト教の中でも、人間に対する神の超越性を最も強調するのが、カルヴァン派、予定説を標榜するカルヴァン派です。これは、神中心主義の最も徹底したヴァージョンだと言ってよいかと思います。

しかし、ウェーバーによると、この神中心主義から、きわめてアクティブな態度、たいへん行動的な人格というものが出てきた。神中心であるがゆえに、人間がかえって能動的になる、という逆説がここにはある。もちろん、カルヴァン派は、現世利益を約束するような宗教ではありませんから、人間がこの世で抱く欲望に対して肯定的なわけではありません。究極の目的である、「神の国」への入場権でさえも、約束してはくれない。どうしたら、神の国に行けるかを教えてくれるわけではない。カルヴァン派から出てくるのは、やはり一種の禁欲主義です。しかし、その禁欲主義が、行動のレベルでの消極主義にはつながらない。むしろ、行動においてきわめて積極的な態度がそこからは出てきたわけです。

したがって、人間中心主義からは人間の活動に関して消極的態度が、神中心主義からは積極的な態度がもたらされた。このような逆説があったように思うのですが、いかがでしょうか。

橋爪 仏教とキリスト教は違う、ということですね。

不完全や限界がどちらかにあるかと言えば、それは、片方を基準にもう片方をみるから、不完全や限界にみえるんじゃない？　まず、キリスト教がそんなに積極的かと言えば、大部分の時代、ほとんどの場合、積極的でも何でもなかったと思う。

大澤　そのとおりですね。確かに。

橋爪　ウェーバーが論じたのは、もともと駄目でどうしようもなかったキリスト教が、なぜある時点で、積極的なエートス（行動様式）に満ちてふるまうようになったか、その条件を突き止めた、ということなんです。その条件の構造を見てみると、

①　人間には価値がない。

②　人間に価値があるのは、Ｇｏｄが認めた場合である。

③　人間が世界に積極的に関わるのは、神の計画の一部を代わって実行する場合に限られる。

④　神はすべての人間を支配している。

⑤　実行為は、政治・経済・社会的である。

となります。

これに対して仏教は、以下のような構造になっていると思います。

①　個人は不完全である。

価値がないかといえば、価値があるんです。完全になることができるから。

② 不完全であるのは、生物種の個人だから。「個体だから死んでしまう」という意味で、不完全なんです。必ず世界よりも小さいんです。

③ 完全になる方法は、瞑想である。

この瞑想の手段として、女性と接触することを否定しているでしょう。家族生活を営まないことが、世界の全体性に達するためのポイントですけれど、どうしてかというと、生物種であれば必ず配偶をしたり家庭をもったりするのです。ふつうの個人は、必ずそういうふうに行動するのだけれど、それは同じことの繰り返しで、世界の真実に至る究極の方法ではない。いったんそれを断念することによって、逆転ホームランのように世界を手に入れよう、みたいなことなのです。これは誰にでも開かれている。と、こういうふうになっているわけです。

仏教が欲望を、煩悩と否定的にとらえるのは、それがどこまでも肥大して、他者との軋轢(あつれき)をうみだすからです。人間の生存の条件を整えるのではなく、むしろ破壊するようにはたらく。

「覚り」は、欲望のそういう無秩序なあり方を制御することを可能にする。

仏教の一番大事な点は、Aさんが覚ることとBさんが覚ることとは両立する。邪魔しあう関係にない。だから人と人が争う理由はない、ということです。キリスト教は、人と人が争う理由になりうると思う。キリスト教には、許されない考え方、というものがあるから。考えようによっては、キリスト教のほうに欠陥があるんじゃないですか？

大澤　キリスト教は、人間の争いの理由になりうるけれども、仏教にはそれがない、というのは興味深い指摘ですね。

今のお話で思い出しました。第一章で、ウェーバーの倫理預言者と模範預言者という二項対立に言及しました。確か、ウェーバーは、前者を「神の道具」、後者を「神の容器」と言い換えていますね。キリスト教だと、人間は神の計画の一部で、神の道具なんです。神の持ち駒みたいなものです。それに対して仏教は、神という言い方がややミスリーディングですが、一種の完成に向かってだんだん満たされていく容器のようなものとして、人間をイメージする。容器はいくつあってもいいですから、そのことは争いの原因にはなりませんね、確かに。

サンガの逆説

大澤　先ほど橋爪さんから、出家と在家と分かれるということが仏教のもともとの本質と見なせるかどうか疑わしい、という指摘もありましたが、やはり、ここで出家やサンガ(僧)ということについて少し質問させてください。「仏法僧」が三宝とされているように、ブッダや真理と並んで、サンガが敬われていたということもあります。また「僧」というカテゴリーが存在していることは、他の世界宗教と比べたときの仏教の特徴でもあります。ユダヤ教やイスラム教や、あるいは儒教にも、「僧」に対応する役割はありません。キリスト教には、「僧」に類するものがありますが、しかし、仏教のように重要な意味をもつわけではない。つまり、僧がいなくても、キリスト教は成り立ちます。そうすると、仏教における僧(サンガ)の重要性は、際立っています。

出家して、サンガに入る、というのが宗教的・仏教的に最も純粋な生き方ということになるかと思います。出家者は、サンガで修行するわけですが、別に苦行がなされるわけではない。もちろん、逆の「楽行」がなされるわけでもない。釈尊が苦行によっては何も得られず、菩提樹の下の瞑想で覚ったので、「不苦不楽の中道」がよいとされているからです。釈尊は、極端な苦行を否定した。

先ほどから話題にしたように、「苦」からの解放を目指しているのに、インド人は、妙に苦行が好きです。僕が思うに、これは、善因善果が必然的に成り立つとする因果論をベースにした業(カルマ)論から来ている。何も悪いことをしていない人が、率先して苦行を積むことは、言ってみれば、借金もしていないのにあらかじめ返済をするようなものです。ということは、結局、「貯金」するに等しいので、善い結果が期待できるわけです。こんな感覚がベースになって、苦行が好まれているような気がしますが、どちらにせよ、釈尊は、苦行に偏することを否定し、中道を主張したわけです。

どうして、仏教において、出家し、サンガに入ることが特によいことなのか。僕の直感ですが、次のようなことではないでしょうか。先ほどから話題にしているように、仏教では、「生」そのものに「苦」はつきまとうという前提がある。この苦と一体化している生からの解放ということが、仏教というものを成り立たせる基本的なベクトルとなります。このベクトルを、真の解脱の前に、個人の生の内部で働かせるとどうなるのか。それは、生をカッコに入れた生というような屈折をはらむ生になるのではないでしょうか。具体的に言えば、それは、生きるということに必然的に伴うこと、つまり生産活動とか、セックスをしたり子どもを生み育てるとか、ということをしない生、ということになります。それこそが、出家すること、そしてサンガをつくり営むことではないでしょうか。

さて、ここからが、橋爪さんに尋ねたいことです。僕には、仏教のこうした側面に、やや釈然としないものがあるのです。最も宗教的に純化した人たちが出家するとして、その出家者の共同体であるサンガは、宗教的にそこまでは純粋には生きられない人たち、つまりは在家の人たちに依存しなくては、やっていけない。橋爪さんが前に述べられたように、サンガでは、経済活動はまったくしてはならない。しかし、サンガでの修行者も生きているわけですから、結局、外部に普通に労働している在家者がいて、彼らから生きるための糧を贈与してもらわなくては、サンガはやっていけないわけです。その贈与が布施ですね。

サンガと在家者の間には、二律背反的な関係があるように思います。一方で、サンガは、在家者たちから分離して、在家者との関係からくるさまざまな煩わしさから解放されていることに意味がある。しかし、他方では、今述べたように、サンガは在家者に依存せずにはやっていけない。この二つの背反する要請を満たそうとすると、結局、サンガは在家者と最小限のコンタクトをとる、ということになります。それが、布施、非常に限定されたかたちでなされる布施ではないか、そんなふうに推論されます。

ともあれ、僕としては、サンガが、在家者から自分たちを隔離しながら、結局は、在家者に依存せずにはやっていけないという仕組みに、仏教の限界というか、弱点のようなものを感じてしまうのです。

橋爪　そうかなあ。当時の時代状況も考えてみたほうがいいのではないか。

思考の純粋性を担保して、真理に近づいていくために、どういうふうな構えをとるかというと、ふつうの社会生活の、いろいろな、雑駁な要素を切り離そうとするのは自然なことです。孔子も学校をつくった。プラトンも学校をつくった。学校とは、相対的に隔離された空間をつくるという意味ではないですか？

現代にも大学というものがあるけれども、何をしているかというと、政治とか経済とか宗教とかそういう、社会の中にあるさまざまな勢力から切り離されて、純粋に、アカデミックに研究をすることになっている。考え方はほとんど同じなんです。ふつうの社会活動と切断したところで、自分たちが特別に行動する。それを仲間で集まって行なうことと、おおぜいで追究すべき究極の真理があるんだという主張とは、ほぼ同じことなんです。

ゴータマ・ブッダを中心としたグループの人びとも、そういう社会と分離した運動を始めた。社会と分離するため、ビジネスを拒否し、結婚を拒否した。でもこのため、かえってあるかたちの依存と連携をうみだすものにもなった。でもそれを言えば、たいていの知的活動をする自立的な集団も、やっぱりそうなのです。

ビジネス禁止で、托鉢するとは、どんな感じかというと、食事にありつけない可能性がある。食事にありつけないからといって、盗んでも駄目。自分でつくっても駄目。腹をすかせて、飢えるしかない。飢える覚悟をするのが、出家です。

二、三日だったら、飢える、ですむけれど、一週間から二週間になったら、死にそうになる。死にそうになったからといって、盗むのは禁止。出家をやめて還俗（げんぞく）するしかない。でも、真理を追究する道をめざすのなら、還俗しない。で、死ぬんです。

死と背中合わせで、明日をも知れない場所に身を置いて、テンションを高めて、生存をかけて真理を追究するのが、サンガの本来のすがただと思う。食事を在家の人からもらってだらしない、とか思ってはいけない。

もちろん、サンガは堕落します。汗水たらして働くよりも、出家してお坊さん然としていれば、楽でただ飯がくえるかも、と考えて出家するという不届き者が出てきますが、本来はそうでない。

出家のシステムが、在家社会になすすべがなくみえるのは、だから、限界でも何でもない。いまのアカデミズムとよく似たものを、未熟ながら実現する、当時の手っ取り早い方法だったのです。

サンガの個人主義

大澤　確かに、「在家にパラサイトして、ただ飯食ってるんじゃないよ」みたいな状況ではないですね。在家の人に、別に布施をする義務があるわけではないので、出家者は、運が悪ければ、飢え死にです。出家は厳しい生き方です。出家には、だからたいへんな覚悟がいります。しかし、それだけに、というかそれゆえに、出家には、やはり、サンガが在家に決定的に依存せざるをえないという構造には、やはり、仏教というものを維持する上での、内在的なウィークポイントのようなものを感じます。

　学校や大学は、確かに、真理を探究するための隔離された施設ですが、そこで見出される真理は、社会の全体にとって、何らかの意味で価値があります。しかし、サンガの出家者は、自分自身のためだけに真理を探究し、覚りを目指しているわけです。そこに違いを感じます。

　このこととの関係で思うことは、仏教は、基本的に個人主義だということです。よい悪いは別にして、仏教は、少なくともその原初のあり方においては、個人主義的にできているように、僕には見えます。覚りは、純粋に自分自身の解放のためのものです。善業を積めば、少しずつポイントが貯まって、ブッダの境地に少しずつ近づいていくわけですが、その「善果」は、自分自身に出るのであって、他人のためになるわけではない。

　他の多くの宗教は、直接的もしくは間接的に、共同体とか他者とかに関わっています。ユダヤ教やイスラム教では「律法」が重要です、それは、当然、共同体の生活に関わっている。儒教は、特に孟子以降の儒教は、まずは政治に関心があり、個人の運命についてはあまり関心を寄せません。キリスト教の隣人愛は、共同体に関係するものではありませんが、しかし、もちろん、他者へと向けられています。

仏教に、キリスト教の隣人愛に似たものを探すとすると、それは「慈悲」ということになります。しかし、慈悲は、どう見ても、キリスト教にとっての隣人愛に比べると、重要度が落ちます。それに、慈悲という概念は、仏教のほかの要素との関係で、収まりが悪くて、どこかとってつけたようなところを感じてしまいます。慈悲という概念は、オリジナルな仏教にはほとんど重視されていなくて、仏教の発展の中で、後から付け加わったのではないか、と僕は想像していますが、どうなのでしょう。

後の展開と言えば、大乗仏教が出てきて、それとの関係で「菩薩（ぼさつ）」というようなことが言われるようになったとき、仏教にも、個人主義とは違った要素が入ってくるように見えます。菩薩については、後でまた集中的に議論したいのですが、ともあれ、こういう変化が生ずるのも、本来の仏教がたいへん個人主義的だったからではないか。そして、個人主義者の集合としてサンガはあったのではないか。僕はこのように理解しているのですが、いかがでしょうか。

橋爪　自己啓発セミナーというものがありますね。

自己啓発セミナーは個人主義的なんです、みんなでやるけれど。その結果、「うん、おれは生まれ変わった」という境地をつかむ人びとが続出する。どうなるかというと、もとの会社に戻ってばりばり頑張ったりする。

仏教ははじめそういうもので、一定期間集中的にトレーニングをして、多くの人が最終段階に達した。のちに、無上正等覚（ブッダの覚り）と阿羅漢*（小乗の覚り）とが分かれて、めったに最終合格証書は出ないことになったけれど、それはゴータマ・ブッダが考えていたことではないだろう。一番最初のサンガは、あっという間に三百人、五百人の人びとが覚っていく、いまのべた自己啓発セミナーみたいなものだったと思うのです。

個人主義的なのは仏教の本質なんですね。それでいいんです。

けれども小乗仏教は、変質したと思います。

ひとつは、はじめの想定とはだいぶ違って、サンガが不動産をもつようになった。祇園精舎*なんていう建物（僧坊）とかが寄付されて、それをサンガが所有することになった。ここはかなり議論があったところだろうと思うんですが、とにかくそうなった。そんな不動産や定期的な寄付があったら、生きるか死ぬかの瀬戸際で個人主義的に頑張るのではなくて、サンガに寄生して過ごす人びとが出てきて、サンガが俗世間化するわけです。出家したはずが、非営利法人みたいな実社会の組織に近くなった。

それならどうしたらいいかというと、サンガでない場所にあらためてフロンティアをつくるしかないわけだから、大乗にならない？　そういう意味で、小乗とは異なる大乗がうまれるのは、必然的な移りゆきだったと思います。

大澤　中世ヨーロッパの托鉢修道会でも、同じようなことが起きますね。アッシジのフランチェスコに代表される、托鉢修道士は、すべてを放棄する。フランチェスコなど、ほとんど素っ裸になる。しかし、托鉢修道会は、結局は、莫大な富を獲得して、裕福になってしまうわけです。修道会に喜捨する人がたくさんいたからです。祇園精舎のような皮肉な結果は、わりと一般的に起きることなのかもしれません。

無常ということ

大澤　一切が無常であるという認識、「無常」という観念もまた、仏教の全体を特徴づ

＊阿羅漢　[arhan (s), arahant (p)]　羅漢とも。漢訳は「応供」。尊敬・施しを受けるに値する聖者を意味する。原始仏教・部派仏教では、修行者の到達しうる最高位を示す。もとは、釈尊の別称のひとつであった。

＊祇園精舎　古代中インドのコーサラ国の都シュラーヴァスティー（舎衛城）の南に、スダッタ（須達・給孤独）長者が私財を投じて、ジェーダ（祇陀）太子の園林を買い取り、釈尊とその教団のために建てた僧坊の名。祇園は「祇樹給孤独園」の省略形。

けている通奏低音のようなものだと思います。さらに、無常ということは、先ほどから論じている苦の根拠、少なくとも根拠の一つです。ですから、ここで、無常ということについて少し考えてみたいと思います。

まず仏教の観点からすると、無常は、論証する必要もない原初的な事実だと思います。すべて生起したものは、いかなるものも消滅する（生者必滅）。有為法は、すべて必ず滅びる。これは、仏教にとっては、現象学的な直観として得られる、疑いようのない認識でしょう。

しかし、われわれとしては、これをただ「ああそうですか」と受け取るわけにはいかない。どうして、仏教徒には、「無常」ということが疑いようのない真実と感じられるのか、その理由を問いたくなるわけです。同じ世界を体験していても、ある人には、それが無常に感じられるし、ある人には、逆に永遠に感じられる。ある人にとっては、世界は始まりがあって終わりがある。ある人には、世界には始まりも終わりもない。こうした見え方の相違を規定しているのは、何らかの社会的な事実です。つまり、無常が原初的な事実と感じられる原因を、知識社会学的に説明できるはずだと思うのです。

先ほど、『物の本質について』を著したローマの哲学者ルクレティウスについて、ごく簡単に論じました。彼の思想は、先ほど橋爪さんが説明してくださったような仏教の考え方と一脈相通じるものがあります。僕は、そのように述べたかと思います。しかし、彼は、諸行無常ということには反対したと思います。ルクレティウスの考えでは、世界を構成する要素である原子は、永遠で、生まれもしなければ消滅もしない。

一切の現象が無常であると見える感受性と、逆に、そこに永続するものを見てしまう感受性。仏教は前者です。なぜ、無常が強調されるのか。その原因はどこにあるのでしょうか。


橋爪　「覚り」が強調される社会がどんな社会か、想像してみましょう。

そんな社会にもおおぜいの人びとがいる。社会秩序があり、権力があり、経済があり、政治があり、道徳がある。そこで生きていくために、ふつうの人びとは常識的なことがらをすべてわきまえているはずです。そして、それとは違った「真理」があるとも確信しているわけです。それは、社会生活を過ごすなかで自然に獲得することのできないものので、ふつうの人びとには隠されている。しかし努力と条件によって、ある人びとはその「真理」にふれることができる。そしてそれはきわめて貴重なもので、この社会の中でえられる富や権力や栄誉よりも、はるかにはるかに、価値のあるものである。こういうことですね。

カースト制のもとで、バラモンたちがこのように考えていたのは理由のあることだった。価値ある「真理」にアクセスできることは、バラモンカーストの存在理由そのものです。バラモンならば誰にも、アクセスの可能性は開かれていなければならない、ほんとうに覚る人はわずかだったとしても。

さて、このバラモンの「覚り」が、それ以外のカーストの人びとにも魅力あるものに映った場合に、それを表現する方法として、「無常」があるのではないか。真理の外側には現象世界があって、それには実体も価値もないという主張です。この社会に実体も価値もないと主張したときには、カースト制が無意味化されている。誰もがそういう認識をもてるならば、バラモンの優位も否定されている。

なぜ無常なのか。いくつか理由があります。

ひとつは、人間は生物種であって、死んでしまうこと。人間個々人は、固定的な実体ではない。インド社会を考えてみると、人びとは輪廻しているのだが、輪廻とはどういうことを言っているかというと、人間も動物も、個体として置き換え可能だ、ということです。人間も動物も、つねに代数学的な置き換え（置換）を繰り返していて、置き換え（置換）を経て、カースト制やインド社会の秩序が、そのままに維持されている。変化するものがあるから、その変化のなかで、不変な秩序が浮きだしてくる。

仏教の縁起論もだいたい同じで、現象界はすべて変化する。置き換え（置換）が行なわれているんだけれども、この宇宙の成り立ちにはひとつの法則性があって、すべてが変化するにもかかわらず、それは不変である。初期の仏教はだいたいこんなふうに言っている。その不変な部分を、真理なり法なりといっていて、それは観察していればわかるとする。観察し思考する勇気をもって、観察し思考すれば、誰でもわかる結論である。こういう構造になっているわけです。

まとめると、無常というのは、変化／不変をあわせてのべる言葉。インド社会の特徴に根ざした考え方なんです。

仏教の核心

大澤 最初のほうでも言いましたけれど、インド社会、インドの生態学的環境の中で獲得された、自然な認識や世界観や人生観、というものがあると思うんです。仏教は、そうしたものを前提にして、まずは生まれています。そのような、古代インドで生まれた世界観等の中には、仏教が仏教であるために重要なものも含まれていたと思います。

たとえば、「輪廻」です。解脱とか涅槃は、輪廻に対するアンチテーゼですから、輪廻ということが前提になっていなければ、本来は、意味をなさないわけです。

ところが、仏教は、中国や日本にも伝播していきます。中国人も日本人も、本来、輪廻なんてことは前提ではない。それでも、中国や日本で、それなりに仏教は普及しました。特に、中国は、日本に仏教を伝える媒介項として、非常に重要だった。中国で、仏教がそれなりに咀嚼（そしゃく）されていなければ、日本に仏教が伝わることもなかったでしょう。

さて、そうすると、仏教にとって絶対的な前提であると見なされていた「輪廻」がなくても、仏教には、それなりに人びとの心をとらえるものがある、ということになります。そうすると、輪廻は、仏教にとってどちらでもよい偶有（ぐうゆう）的な要素だったということになるのでしょうか。輪廻以外にも、いくつも、似たような要素や概念があるに違いありません。

橋爪　われわれが、仏教にとって中核的だとか本質的だとかと思っているもののかなりの部分は、実は仏教にとって付随的なものにすぎなくて、なくしたり置き換えたりできる。それは、仏教にコミットする当事者にとっては意外かもしれないが、そうなのだと思います。

たとえば、出家をすること。ちょっと見たところ、仏教にとって本質的に思えるわけですが、しかしよく考えてみると、出家は手段であって、目的は覚りをうること。その目的のために出家して修行をし、精神集中をする。修行のために、出家したほうが便利だからなんです。

でも考えてみれば、釈尊ほどのひとであれば、出家しなくても覚れたはずだ。出家は、覚りにとって必要でなかったと考えなければならない。覚れるのであれば、出家しなくても別にかまわない。こういう論理をもともと内包していたわけだから、出家主義の部派仏教に対して、大乗仏教が出てきてもふしぎはない。

同じように、無常とか輪廻とか苦とか、仏教を修飾しているいろいろな基本概念とされるものは、取り外してしまえると私は思う。なぜかと言えば、仏教はドグマでできていないからです。ドグマでできていないから、本質的なところは最初に言ったように、ゴータマ・シッダールタという個人が、自分の力で「覚り」（最高の真理）に到達した、だから、私もやればできる。これだけが本質で、これ以外の部分は全部、派生的なことがらだと思う。

本質がここまでシンプルなので、仏教は、インド社会と異なる文脈のなかに置かれても、生命をたもつことができるのです。

ミニマリストと哲学マニア

大澤　先ほど、自己啓発セミナーに託してお話をなさっていましたが、それはなかなかおもしろい喩えだと思います。橋爪さんも何度か指摘されたように、僕らが仏教の中で非常に重要だと見なしてきた要素の中にも、もしかすると釈尊にとってはそうではなかったものも、けっこうあるような気がするんです。

仏教は、いろいろなかたちで展開し、やがて、複雑で抽象的な形而上学（けいじじょう）を構築するようになりますね。しかし、僕は、釈尊という人はほんとうはものすごくプラクティカルな人だったのではないか、という気がするのです。釈尊は、輪廻からどう解脱するか、みたいに抽象的で一般的に問題を立てているわけではないような気がします。ひとりの人間が、それぞれのときに、何か悩みがあったり困ったりして、相談にきたときに、その人の具体的な問題に即して釈尊は考えていたのではないか。

釈尊のそうした傾向をよく示しているのが、有名な「毒矢の喩え」です。目の前に、毒矢に射られた人がいるとして、その毒矢を射た人は何者なのか、どのカーストの出身者か、等々のことをまずは知りたい、なんてことをやっていたら、射られた人は毒で死んでしまう。そんな抽象論を云々する前に、さっさと矢を抜き、医師を迎えるべきだ、と釈尊は言う。この喩え話はよく知られていて、緊急の具体的な問題をそっちのけに、抽象的な論議をしている人を戒めたものです。

このことを、もっと端的に主張しているのが、「十難無記（じゅうなんむき）」ですね。十難というのは、「世界は時間的に有限か無限か」「世界は空間的に有限か無限か」「身体と霊魂は同一か異なるか」「如来（真理達成者＝ブッダ）は死後にも生存するのかしないのか」といった、いくら考えても真偽が判別しそうもない、十個の命題・難問のことですね。そうした命題について見解を求められたとき、釈尊は、「無記」、つまり何とも回答しない、ということで通した。永遠に答えの出ない、こうした形而上学的な問いに、関わっている場合ではない、ということを態度で示したものと思います。

ちなみに、十難として挙げられている命題のいくつかは、カントの『純粋理性批判』の超越論的弁証論に出ている命題とよく似ている――というかほとんど同じです。カントも、これらについてアンチノミー（二律背反）だとしている。アンチノミーということは、まさに回答不能な難問、答えがない難問、ということで、この点で、釈尊とカントは同じ結論に達したということです。ただ、カントは、釈尊のように「無記」で通さず、回答不能であること自体を証明しようとしたわけですが。

ともあれ、釈尊という人は、何かメタフィジカル（形而上学的）な体系の構築を目指すようなタイプの人ではなかったのではないか。それぞれに生きている人が、その生きている中で遭遇する個々の具体的な問題や悩みに対してどう対応するのかという形式の説法、つまり対機（たいき）説法が、彼の活動の中心だったように思います。

しかし、そうすると疑問も出てきます。どうして、このようなプラグマティズムからスタートした仏教が、やがて、壮大な形而上学的コスモロジーを形成するようになったのか。その形而上学の精緻さや壮大さは、西洋哲学のそれに十分に匹敵します。原点にいた釈尊と比べたとき、「ずいぶん遠くに来たものだ」という印象をもつ。どうして、これほどまでに変質したのか、ふしぎに思います。

西洋哲学と比較してみます。教科書的にその原点を古代ギリシャに求めるとすると、西洋哲学の場合には、プラトンにせよ、アリストテレスにせよ、最初からかなり形而上学的な抽象論がかなり優位になっています。ですから、そこからやがて、壮大な形而上学がどんどん出てきても、それほどふしぎではない。しかし、仏教の場合には、事情がだいぶ違います。もっとも、西洋哲学の場合も、プラトンの前のソクラテスから考えると、対機説法的な具体性がもともとはあった、と言えなくはありませんが。

橋爪　それは、インドにはそういう哲学マニアみたいな人が、昔から山ほどいるんです。彼らはオタクで、自分で自分の思考能力や想像能力に陶酔している。ますます複雑で素晴らしいことを考える、ということを自己目的にする。何か素材があると、それに食いついて、生涯をかけてばかでかい構築物をつくっていくわけです。

お釈迦さまはそういう人びとと正反対で、単純を好むミニマリストだった。けれども、壮大なオタクの構築物は、ばかばかしく価値がなく、どうでもいいと思っていた。けれども、そういう信念あるミニマリストがいると、かえってあとからオタクが寄ってくる。お釈迦さまの言っていたことはこうだったんじゃないかと、十二縁起だとか何だとか、煩悩の種類を分類したり、意識の種類を分けたり、ほんとうならどうでもいいようなことに血道をあげる。

仏教はドグマではないので、そういう努力を阻止しない。アビダルマの教説は、それなりによくできていて、素晴らしいとは思いますよ。仏教は、そういう思考実験を奨励するんです。「人間、ものを考えるのは素晴らしい。ビジネスや権力や欲望の追求よりもいいことだ」「純粋に知的にものを考えなさい。その先に覚りがある」と言っている。いわばオタク応援団なんです。「覚り」をえれば、生まれたばかりの赤ん坊のように、ゼロに戻って世界に対する状態になるのだろうけれど、そこに至るあいだには、オタクの道もあっていいようになっている。そうやって集まった、インド趣味むき出しの、オタクの固まりが部派仏教だと思います。

大澤 僕も釈尊が、そういう形而上学的な思考に人が走るのを戒めるようなことを言うのは、逆に言えばそういう人がいっぱいいたからだと思うのです。そういう知的ゲームが、当時のインドの長い流行だった。それに対して、釈尊は大いなる否定をしたんだと思うんです。

ただ逆に、否定したものがまさに否定したことによって実現してしまう、ということが人間の歴史の中には往々にしてあるものです。釈尊の場合、ある意味ですごくプラクティカルなことで具体性のある問題にだけ応ずるように語った。では、そうした具体的な対応の根底にある、そもそも覚ったもの一般は何なんですかと聞かれたときに、それは「無記」、つまり何とも答えなかった。それに「○○だ」と答えたら、それは必ず嘘になってしまうわけですから、そこを言わないことこそが覚りだとなるわけです。

しかし、逆に言うと、言わなかった空白の部分は、どういうふうにでも埋められるようになってくるのです。だから、彼が語らないことによって否定した部分が、あとにどのようにも展開しうる空白のマス目のように機能して、結果的には、釈尊がむしろ拒否したような形而上学の複雑な体系として成長していった。そういう精神史のアイロニーみたいなものが、ここにも効いているという感じがします。

橋爪 まったく同感です。

積極的自由について

大澤 これはもう釈尊以来の伝統だと思うのですけれど、仏教は、現代思想の言葉で言えば、一種の徹底した構築主義に基づいている。つまり、客観的な実在に見えるもの、世界の中のすべての物は、あなたの心が作っている、という、「心のあり方」を中心にした見方は、仏教のほぼ一般的な特徴ではないでしょうか。つまり、釈尊自身も含め、仏教の歴史の全体を貫く共通の特徴として、心中心主義のようなものがあるように思います。

この傾向を基礎に、知の全体を体系化し、大きな哲学的建造物にすると、唯識説になります。『華厳経』*(たぶん、この経典が編纂されたのは三世紀頃だと思いますが)の中の、「三界は虚妄にして、但だ是れ一心の作(作るところ)なり」という有名な句は、心中心主義のアイデアを端的に表しています。釈尊は、唯識説のような七面倒くさいことは言いませんが、現実そのものに引きずられるのではなく、人間の心のもちようによって問題を解決していくという、基本的な傾向性をもっています。

この「心の重視」「心のあり方によって問題を解決する」という仏教の特徴を、西洋哲学の理論と比較しながら評価してみたいと思います。ここで参照してみたいのが、イ

＊華厳経 [Buddhāvataṃsaka-nāma-mahā-vaipulya-sūtra (s)] 華厳経は「大方広仏華厳経」の略。大乗を代表する経典のひとつ。内容は、覚りを開いたばかりのブッダの境地をそのままに表現したものとされ、ここでのブッダは歴史上の仏を超えた絶対的な毘盧遮那仏(びるしゃなぶつ)と一体になっている。本経にもとづいて中国で華厳宗が成立。日本では南都六宗のひとつとなった。

ギリスの二十世紀の哲学者、アイザイア・バーリンの自由論です。彼は、自由の二つの概念、「消極的自由 negative freedom」と「積極的自由 positive freedom」という二つの概念の対について論じたことで知られています。この概念を発明したのは、ほんとうはバーリンではありませんが、この概念の重要性をはっきり示したのはバーリンなので、自由の二概念と言えばバーリンが引き合いに出されることになっています。

まず、この概念の定義をはっきりさせておきます。消極的自由というのは、他者に邪魔されていない状態を指す。それに対して、自分が自分をきちんと制御できている状態、自分が自分自身の主人になっている状態が、積極的自由がある状態です。消極的 negative 自由と積極的 positive 自由と並べると、いかにも、積極的なほうが良さそうに聞こえますが、バーリンは、われわれが擁護すべきなのは消極的自由のほうであって、積極的自由ではない、積極的自由には大きな害がある、ということを論じました。この概念の対を使って、仏教の心中心主義を位置づけてみたい、というのが僕の意図です。

消極的自由と積極的自由の違いを理解してもらうために、少し例を出してみます。たとえば、昨日の僕が、こう考えていたとします。「明日は橋爪さんと大事な対談だから、早寝早起きして、心身の調子を整えておかなくてはならない」と。そう考えていたのに、つい、深夜までくだらないテレビ番組を見てしまい、寝不足で、調子が悪くなってしまったとします。この例では、誰か他人が強制して僕を眠らせなかったり、テレビを見せたりしたわけではありませんから、僕の消極的自由は問題なく確保されています。しかし、僕は、きちんとセルフコントロールできていなくて、やるべきことをやることができなかった、という点では、積極的自由はない、と見なされるわけです。

バーリンの解釈では、西洋の思想家の中でも、消極的自由を支持した人と積極的自由を支持した人の二種類がいた。どちらかというと、英米の経験論の系列の人、ロックとか、アダム・スミスとか、ジェファーソンとかは、消極的自由派で、大陸合理論系の人、カントとかヘーゲルとかマルクスとかは、積極的自由派です。

どうして、バーリンは積極的自由を求めるべきではなく、消極的自由で満足すべきだ、と主張したのか。その理由が重要です。消極的自由があるかどうかを判定するのは簡単です。外から強制したり、妨害したりしている他者がいるかどうかを見ればよいわけです。先ほどの例では、誰かが、銃かなにかで僕を脅迫して、「休んじゃいけない、テレビを見ていろ」と命令しているならば、消極的自由が侵されているわけですが、僕が一人で勝手にテレビを見ているならば、消極的自由があるわけです。しかし、積極的自由があるかどうかを判定するのは、実は難しいのです。

積極的自由がある状態とは、僕がまさに欲望すべきことを欲望し、その欲望に合致した行動を選択しているときです。しかし、何が欲望すべきことなのか、決定するのは難しい。たとえば、先ほどから使っている例でも、よく考えてみると、僕は見たいテレビ番組を見るべきだったのか、それともよい対談にするために、早めに就寝すべきだったのか、どちらが「正しい欲望」なのかわからないわけです。

だから、積極的自由の概念に依拠していると、どんなかたちでふるまっている人に対しても、批判することができます。「おまえは、楽しくテレビを見ているが、本来はテレビを見るべきではなかった」「積極的自由をもっているならば、テレビなど見るはずがなく、早い時刻に就寝したはずだ」と。するとやがて、「私は（あるいはわれわれは）人びとが何を欲望すべきかわかっている」「本来の正しい欲望が何であるかわかっている」と主張する権威ある人物や集団が出てくる。

こう言いつつ、バーリンの念頭にあるのは、ファシズムやスターリニズム、特に後者です。外から見ていると、スターリニズムの下では、人民が抑圧されていて、自由が奪われているように見える（このときの「自由」は消極的自由です）。しかし、共産党の立場からすると自由が奪われてはいない。共産党は、人民や労働者が、何を欲望すべきか、何を目指すべきかを知っている、という立場をとります。その正しい欲望は、「歴史の真理」「歴史の法則」に合致する欲望です。共産党は、「人民は間違ったことを欲望しているので、それに介入し、正しいことを欲望するように指導しているだけだ」と主張するのです。このように、積極的自由の擁護ということを根拠にして、逆にかえって、自由の抑圧が正当化されうるわけです。だから、バーリンは、人びとのやっていることの大半がつまらないこと、低俗なことに見えたとしても、消極的自由を確保することに徹するべきだ、と言う。

さて、ここで重要なのは「仏教」です。バーリンは、はっきりとは言ってはいないのですが、仏教もまた、彼の目からするとあまり賛成できない積極的自由派に含めているのです。ただし、仏教が積極的自由を確保するやり方は、カントとかヘーゲルとかの西洋の思想家が考えていたこととは違う。スターリニズムの下での共産党のやり方とは違うのです。そうした、西洋の思想家や体制とは正反対の方法で積極的自由を確保する方法があって、それが仏教のやり方だというのがバーリンが暗に言っていることです。そのやり方が、仏教の心中心主義と関係があるのです。

橋爪　なるほど。

大澤　仏教版の積極的自由とはどういう状態なのか。バーリンは、「内なる砦(とりで)への撤退」という表現を用いていますが、念頭に置かれているのは、仏教です。積極的自由がない状態というのは、誤った欲望に屈しているときです。しかし、今述べたように、「正しい欲望」を決定するのは難しい。もしかすると、「正しい欲望」などというものはないのかもしれません。

そこで、欲望=煩悩を小さくしたり、少なくしたりして、最後には消してしまったらどうでしょうか。たくさんの読者に求められるようなよい対談をしたいとか、何かのテレビ番組を見たいとか、そういった諸々の欲望を消してしまうわけです。欲望の数や量を減らしていけばいくほど、少なく、小さな欲望で満足すればするほど、つまり少欲知足の状態になると、欲望に翻弄(ほんろう)される度合いは小さくなる。最後に、すべての欲望を無化することができたとしたら、欲望にまったく翻弄されていない状態が実現したことになります。それは、定義上、積極的自由が実現したことになる。これが仏教版の積極的自由です。

しかし、これがほんとうの自由だろうか、とバーリンは問うわけです。むしろ、それは、自由の反対物、自由を失った状態ではないか、と。もちろん、仏教の側からすると、自分たちは、「消極的自由/積極的自由」という基準でものを考えてはいない、そういう基準の中で評価されるようなものを求めているわけではない、ということになるでしょう。

けれども、バーリンの提起している問題は、検討する価値はあると思います。別に、積極的自由とか消極的自由とかという概念を使わなくてもよいですが、仏教において目指されている状態は、人間にとってよい状態なのか、と。

あらためて整理すると、次のような比喩になると思います。まず、消極的自由があるというのは、たくさん扉がある部屋に入っているようなものです。どの扉にも鍵はかけられていないので、どれを使って外に出てもよい、という状況です。ただし、扉の大半は、どうでもよいようなつまらないところに開かれているだけかもしれません。

積極的自由を擁護する哲学者がイメージしている状態とは、人はやはりたくさん扉のある部屋にいるのですが、常に、唯一の「正しい扉」から出ていく、という状況です。しかし、実際には、人は、必ずしも、その「正しい扉」を使わない。すると、権力者はしばしば、正しい扉以外のすべての扉に鍵をかけて、それらからは出られなくする。このように積極的自由は、ただ一つの扉だけを使えるようにする強制に転化してしまう。

最後に仏教的な意味での積極的自由について言えば、扉のない部屋に入るようなものです。もう少していねいに言うと、心を鍛錬すると、やがて、いずれかの扉から外に出たいという欲望自体が消え去る。そうなると、いくら扉があっても、それはただの壁と同じものになる。したがって、事実上、扉がひとつもない部屋に引きこもっているに等しくなります。だから、バーリンは「内なる砦への撤退」と言ったわけです。これは、人間にとってよい状態でしょうか。扉がたくさんある部屋よりも扉が事実上ない部屋に置かれるほうがよい、ということになるでしょうか。橋爪さんのお考えはどうですか。

橋爪　じつに興味ぶかい議論だと思います。

バーリンという人の立てた問題は、大きく言えば、キリスト教的問題圏なんです。キリスト教と仏教を対比させて言うならば、キリスト教のベースは存在論です。個別のものがすべて、存在している。なぜかと言えば、世界をＧｏｄが個別に造ったからです。この事実は確かなので、個別のものは確実に存在している。そしてこれは概念化されていて、名称によって呼ぶことができるのです。そういう存在のひとつとして人間がいて、個人がいて、自分があって、神との関係をもつ。価値があり、義務があり、自由があり、制限があり、……。こういう問題圏なんです。

その最初の出発点が、仏教にはない。というよりも、仏教は別な発想系列になっている。

仏教には、Ｇｏｄがいないということを言いました。言葉はあるけれど万全でない、ということを言いました。世界の根底が、存在でできているとは言えない。言葉で呼ばれているものは、存在かどうかわからない暫定的なもの、という位置づけなのです。そこで人間も社会も、この私個人も生命も、思考の素材となっているものはすべて、とりあえずの暫定的な存在であり、言い換えると現象なんです。永続性や実在性が保証されてはいないのです。

これは大きなパラドックス（逆説）を生む。日常の中では、お金や食べ物や権利や地位や……は、みな実在性をもっていて、人間はそれを大事なものと思っているんだけれども、それを正しく考えていくと、それらはすべて根拠がないわけだから、錯覚であり、幻想であり、煩悩であり、無明（むみょう）*である、ということになる。日常の価値観と、プラスマイナスがひっくり返ってしまう。

日常の社会経験が根拠をもっていないという点が、その認識の出発点なんです。

ではこの先を、どうやって格闘していくか。釈尊も、部派仏教も、大乗仏教も、それぞれに精一杯格闘した。その詳細をのべることは大きすぎる話になるのでさておくとして、これらの格闘が、バーリンの言うように、積極的自由を貫いているようでいて、その実は内面への撤退になっている、ということなのかどうか。

私はそうではないと思う。

***無明** [avidyā (s), avijjā (p)]　存在の根底にある根源的な無知をいう。真理に暗い無知であり、最も根源的な煩悩。無明は迷いの根本で、十二因縁の第一支に置かれた。

「覚り」とはどういうことか

橋爪　まず仏教には、心などという実体はない。外面も内面もない。

ゴータマ・ブッダの「覚り」がどんなものか、割り切って言ってみると、ある意味恐ろしい。私が自分を人間であると思っていること自体が、無明である。自分を人間だと思っているのは、錯覚なんです。その真実に目覚めたゴータマ・ブッダは、自分を人間として認識できるかどうかというと、できない。心もない。内面もない。「すべてが明確に、過不足なく、自分として現象している」ということがわかる。自分と現象が一致してしまえば、矛盾がないわけだから、無明も欲望も何もないはずだ。

そういう究極的なところへ出てしまえば、どうなるかというと、一種陶然とした状態になるわけだけれど、やがて覚りから覚める。「覚り」の体験を記憶したまま、もとの自分として目が覚める。そうすると周囲から見て、彼は相変わらずゴータマ・シッダールタという修行者で、じゃあどうしようということになる。もとの自分として生きていくことを、もう一回選択する。

「覚り」の場所まで行って、そこから戻ってきて、それで道端で飢えた子どもがいたらどうしよう。母親を捜す仔犬がいたらどうしよう。自分は殺人鬼で何とかしてくださいと助けを求めに来たらどうしよう。ブッダはそれらを、個別に解決していくんだけれども、覚っていないときとは明らかに違った解決策が出てくる。さすがはゴータマ・ブッダだ。こういう話なんです。

これは撤退か。私は撤退ではなく、明らかな「積極的自由」だと思う。

大澤　なるほど。確かにシッダールタの場合、先ほど言ったように、ある意味プラクティカルに、積極的に、個々の具体的な問題を解決しようとしているわけですから、バーリンの心配するような状況とはむしろ逆かもしれません。覚った者、つまりブッダが、覚りの記憶を保ったまま、もとの場所に戻ってくるというところが重要ですね。バーリンの心配しているのは、簡単に言うと「内なる砦」に撤退して、つまり引きこもって、さまざまな具体的な問題に対して無関心になってしまう、ということです。そういう方向にいく仏教徒もいるような気がしますが、釈尊の場合はむしろ逆のタイプかもしれません。

橋爪　こんな感じではないでしょうか？

たとえば大澤さんのところに、社会学者になりたいんですけどという学生が十人ぐらい来て、勉強しているとする。大澤さんは、どうせろくな社会学者にならないよと思って、実はやる気がないんだが、しかし彼らから目標を奪ってしまうともっと自堕落な人間になってしまうと思って、気の毒に思い、親身な指導をしている。これは、暫定的な師弟関係なんです。本質はそこにないいんだけれど黙っている、というような。

お釈迦さまが覚ったあと、実際の場面で人びとに対した対し方は、実はほんとうの正解ではないいんだけれども、「とりあえず」そうしている。

大澤　方便ということがありますからね。直接には、真の境地には到達できないので、暫定的に見れば誤った境地を目的とさせることで、その副産物として真なる境地に到達させる、というのは仏教の得意技ですね。「二諦（にたい）」とか言って、究極の真理と、とりあえず世俗に成り立つ相対的な真理とを分けるのも、それに関連しているのかもしれません（この二つの真理説については三百四ページ参照）。

それにしても難しいですね。仏教に、ある種の主知主義と言いますか、認識の重視ということを感じることがあります。たとえば、先ほど、ちらっと話題に出た十二縁起（十二因縁）という説がありますね。これは、苦が生ずる因果関係をたどったもので、十二個のステップがあるからそう呼ばれるわけで、かなり煩雑で、釈尊がこんなこと考えていたとは思えないのですが、ともかく、その因果関係の起点、つまり究極の原因が「無明」ですね。つまり、本来的な無知が苦の原因です。ということは、正しい認識をもつことが苦からの解放につながる、ということでもあります。

しかし、正しい認識とは何なのか。何を認識すれば正しいということになるのか。結局、何か現象が「ある」と認識したとたんに、それは誤った認識であり、無明だということになります。とすると、認識すべき何ものもないということを認識するというような逆説にまで至る。そうした逆説的な状態を、精緻に説明しようとした理論が、唯識説であったり、ナーガールジュナの空論であったりするのでしょう。

ここまでは、まだ論理の筋は成り立つとは思うのですが、しかし、その先がありますね。認識すべき現象・対象は「ない」ということ、世界の空性が認識されたとしても、なおそのことを認識している主体が「ある」のではないか。まさに認識しているということが、そのような主体があることを前提にしてしまうのではないか。この逆説が解けないものとして残ってしまうように思うのですが、いかがでしょうか。

橋爪　認識する主体というのは、ないんじゃないの。

大澤　難しいですね。認識する主体がないということを認識する、というのはどういうことでしょう。

橋爪　認識作用はあるけれど、主体のほうはない。

でも大澤さんが覚ったとして、認識主体がなくなると大澤さんはいなくなる。けれど、それだとまわりの人が困るから、当分は大澤さんの顔をしていよう、みたいな。

大澤　何かこの種の論理って、つきつめていくと同じような形式の逆説につきあたりますね。たとえば、輪廻から解脱するという設定を採用したとき、いったい「誰が」「何が」輪廻して、解脱するのか、という問題がありますね。輪廻する主体、そして解脱する主体が問題になる。しかし、そんな「主体」がある、といっている間は、ほんとうの意味では解脱したことにならない。

あるいは、仏教でしばしば言われる、「無我」（自我がない）、「非我」（自我ではない）といったことについても似たような逆説を感じます。さまざまな執着を脱し、我執（がしゅう）を棄て、自我がないと感じ、そう主張したとします。しかし、このとき、自我を棄て、自我を超えるところの、究極の真の自我のようなものが前提にされてしまうのではないでしょうか。自我を否定する自我のようなものが前提にされるのではないかという疑問をもちます。

否定すれば否定するほどその反作用として、本来だったら否定されるべき実体や主体が、前提として措定（そてい）されてしまうという構造ですね。これはほんとうは仏教に限らない問題なのですが、仏教では、否定の作用がすごく強いので、その否定の果てに、やはりいま言った、否定しても否定しきれない残余として、ひとつの実体や主体が立ってしまうという構造が、至るところにはらまれている。そういう感じがするんです。

橋爪　そういう疑問はやはり、考え方が、キリスト教系列なのだと思うんだけれど。仮に、すべての実体は実体をもたない、と誰かが強く主張しているとする。ならばおまえは、実体なのか実体ではないのか、と聞きたくなるところだけれど、それは聞かないとして、彼が徹底して自分の実体性をも否定しつつ、そういうことをさらに言いまくっていたとすると、彼の言うことを一〇〇％受け取ったとしても、そういうふうに言いまくっているという事実に、実体性がありそうな気がする。

でも、これ（実体性）は名づけることができないものなので、厳密に言うと、効果（イフェクト）なんです。実体（サブスタンス）ではない。蜃気楼みたいなもので、ほんのり浮かんでくるものです。ブッダという存在も、そういうものかもしれない。

それは、咎（とが）められないと思う。この世界が、そういう蜃気楼のような存在をうみだしてしまう構造を、人びとが「ブッダがいるようだ」と思うという構造を、もっているのだから。

大澤　とても難しいところですね。「キリスト教系列」と言えば、キリスト教神学は、「否定」が逆に肯定を引き寄せてしまうということを積極的に活用していますね。それが否定神学です。これについては、後で、ナーガールジュナとの関係で少し話題にいたします。

問答か瞑想か

大澤 最初にも言ったように、釈尊の覚った真理は、「これこれしかじかである」とはっきりと言ったとたんに嘘になってしまう、そういうタイプのものですよね。極論すれば、それは、言葉にできるような内容をもたない。そういう意味で、「私が覚ったことは○○だ」と教えることもできません。

このことを踏まえたとき、比較してみたくなる参照項は、古代ギリシャの哲学者ソクラテスです。ご存じのように、彼は著作を書かず、ただ議論した。彼は、一種の教師としてふるまったわけです。ただし、それは、一風変わった教師で、その変わっている点が興味深くて、釈尊のケースと比較したくなる点です。

普通、何かを教えるということは、教えるほうが真理を知っていて、教えられるほうがそれを知らないことが前提です。しかし、ソクラテスは、自分は真理を知らない、という立場で教えた。実際、彼は、何が真理であるかわかってはいなかったわけです。強いて言えば、彼は、自分が真理を知らないということを知っている。

真理を知らないのにソクラテスはどうするのかというと、結局、問うだけです。相手と問答をするわけです。そうすると、相手もまた、自分はまだ何も知らなかった、ということを発見する。これが、ソクラテスの問答法のテクニックなんですよ。たぶん、たいていの人は途中で怒り出して、ときにはぶん殴られたりもしたでしょうし、想像するほどきれいにいかなかったと思います。

　ソクラテスは、「おまえはほんとうのことは何も知らないよ」などと直接言うわけではなく、問答で相手を自己矛盾に導いて、その人は、自分は何もわかっていなかったことに自ら気づく。結局、対話の相手は、「私は真理をわかっていない」ということを自分で知ったことになるわけなので、ソクラテスは、自分がその結論を授けたわけではなく、そこへ到達するのを助けただけだとして、この問答のテクニックを、自分の母親の仕事に託して「産婆術」と呼んだのです。こちらからは何も積極的には教えず、しかも、相手が到達するのは、ある意味で、はっきりと言葉にできる真理の空虚性です。

　このやり方を、釈尊と比べた場合にどうですか。ソクラテスの問答法と釈迦の説法。どこか類比的なところも感じます。

橋爪　仏教者も問答すると思うけれども、それはメインではない気がする。メインは瞑想なんです。

大澤　問答自体がある意味でよくないこと、ということになりますか。そうでもないですか。

橋爪　問答？　やってもいいと思う。やってもいいけれど……。

問答をするときには、ふつう、言葉と実在が対応していて、世界はなにかの実体によってできている、と想定している。ギリシャ人は形而上学的だったり抽象的だったりするけれど、それは、世界を成り立たせる実体がどういうものなのかについて、いろいろな説があったということです。彼らの考えでは、実体に基づいて現象ができている。現象を実体だと間違えるひとがいるから、それを論駁（ろんばく）する、というかたちの問答があって、原子論とかがいろいろ主張されるのであって。だいたいにおいて実体が信頼されている。

仏教の場合、その反対に、実体がないということに気がつくことがとても大事だから、そのために問答はするかもしれないけれども、問答の作法とルールが違うはずです。そして、言葉を使う問答より、言葉を使わない瞑想のほうが、知覚・感覚世界と自分の関係について直接観察することのほうが、大事だったはず。

大澤　聞いていて思ったんですけれども、おそらく先ほど橋爪さんがおっしゃっていたことと関係ありますが、問答をやっていくと、真理が直接語られるわけではないですけれど、イフェクトとして真理がたち現れます。

たぶんソクラテスも、自分は真理を知らないということはわかっていても、どこかに真理がある、感覚的な現象界を超える実体を表現するような真理がある、と思っていたでしょう。その真理は、言葉によって積極的に表現できるはずです。そういう想定があるからこそ、「問答」ということが成り立ったのでしょう。言葉によって到達可能な真理がある、という想定がなければ、問答は何を目指すものかわからなくなって、成り立たなかったに違いありません。

仏教の構成は、これとは異なる、ということですね。仏教においては、現象を超えた実体の世界は、まだ到達できていない、ということではなく、そもそも、そのようなものは存在せず、排除されている。「無常」とか「無我」とか、あるいは「空」といったことは、すべて、実体の排除に向かっています。問答は、未だ到達していない実体の世界、到達されていない真理を虚の焦点として展開するものですから、仏教では主流のやり方にはならないのでしょう。

慈悲とはなにか

大澤　いま、仏教においては、問答や対話とかということよりも、個人の瞑想が重んじられている、という話が出ました。それと関係あることで、うかがいたいことがあります。

仏教において、他者との関係を表現する語として「慈悲*」がありますね。一般のイメージとしては、慈悲は、たいへん仏教的な用語だと思われている。しかし、先ほども、少し申しましたが、慈悲は、本来の仏教、初期の仏教の中では、それほど重要なものではなかったのではないか、という印象を僕はもっています。慈悲というのは、仏教のほかの諸概念ともうひとつうまくかみ合っていない。個人主義をベースとする仏教において、慈悲ということが言われなくてはならない必然性がない。そういうことを考えると、慈悲は、もともとの仏教の中では、中心的な価値をもっていなかったのではないか、と推測できます。

　後の大乗の展開の中で、慈悲ということも重要度を高めたのかもしれません。しかし、オリジナルな仏教においては、慈悲はさして重要ではなかった可能性が高い。キリスト教と対応させれば、これも先ほど述べましたが、慈悲は隣人愛に似ています。しかし、隣人愛に類することが仏教の文脈の中で言われなくてはならない理由は、本来、ほとんどなかったのではないでしょうか。

橋爪　なぜ隣人を愛するかと言えば、Ｇｏｄがそう命じるから。命じるから、疑いようもない倫理として、隣人愛は義務づけられる。隣人愛を実践するのが、キリスト教徒とキリスト教徒の相互関係である。

　慈悲はこれに似ているように見えるけれども、いま大澤さんが言ったことには賛成です。大乗は慈悲を非常に重視するが、その前はそれほどでもなかった。

ただ大事な点は、慈悲ははじめから、仏教の論理として内蔵されていたと思う。釈尊を信頼し、私も真理をめざそうと思ったひとが仏教者だとして、仏教者と仏教者の相互関係がどうあるかということは、最初からあったはずだ。それは端的に慈悲なのです。

これはどういう論理かと考えてみると、仏教者と仏教者のあるべき関係は、仏と仏弟子の関係をモデルにするはず。

釈尊が覚ったあと、人間ではないものになってしまった。人間ではないものになって世界と一体化したんだけれども、その後ふたたび人間のかたちをとり肉体の中に戻ってきた。そしてほかの人間と出会う。覚った場合、自分はない。他者はない。自分と他者の区別がない。そこで誰と出会っても、過去の自分として出会うことになる。私は覚っているから優位であり、相手はまだ覚っていないから気の毒な劣位にあるんだけれども、自分であることには違いがないから、自分に対するように手を差し伸べる。

覚っていないというネガティブなことでは悲しみであるわけです。だけど、自分であ

＊慈悲　慈悲の「慈 maitrī (s)」は「mitra (s) 友」から派生した「友愛」の意味をもつ語で、他者に利益や安楽を与えること（与楽）と説明される。一方、「悲 karuṇā (s)」は他者の苦に同情し、これを抜済しようとする（抜苦）心のはたらきを表す。

るから慈しみであるわけで、「慈悲」と呼ぶわけでしょう、中国語の場合ね。

これは「愛」とは違います。「愛」というのは相手を肯定することなんだけれど、なぜ肯定するかというと、キリスト教の場合、価値がないけれど肯定する。価値があるのはGodだけだから。隣人は価値がないんです。でもGodが、愛せよと言った。だから愛する。

「慈悲」の場合には、相手は、覚る可能性があるのです。仏性（ぶっしょう）がある。つまり相手には、ささやかだが、価値がある。この点が異なると思います。

大澤　「愛」という言葉は、仏教ではあまりよい意味ではないですよね。「愛欲」に連なる語で、欲望に近い意味です。

今、橋爪さんがキリスト教の愛と仏教の慈悲に関して対照させたことは、非常に明快でおもしろいと思います。そこで僕なりにまとめると次のようになります。

愛には、限界というか困難があります。愛は、もともと、自分にとって身近であったり、価値があったりするような他者や物に向けられるからです。愛は、本来、自分にとって近い他者にのみ執着し、他を排除する性質をもっている。仏教が、愛を欲望・煩悩に結びつけて、これを斥（しりぞ）けているときは、愛のこうした排他的な側面、差別化する側面に目をつけているのではないでしょうか。

このような愛は、正義とか公平性ということに反する。気に入った人、身近な人を優遇したのでは、正義とは言えない。愛は、人間の広い共同性とか、人間の複数性・多数性ということを成り立たせることができません。正義は、第三者――というか神の観点からした公平性に関わっているので、身近な人への愛とは対立します。そこで、ユダヤ教では、法を重視する。法は、だから、原初的な愛へのアンチテーゼという側面があったと思います。

キリストの隣人愛というのは、その法に対する、さらなるアンチテーゼです。もともとの素朴な愛に対しては、否定の否定になっています。そういう愛は、もとの愛とは、まったく裏返しのものになる。つまり、キリストが説く隣人愛は、近い人への愛ではなく、敵のような最も遠い他者への愛になる。あるいは、価値ある他者への愛ではなく、罪人のような最も価値のない者への愛になる。こんなふうに、隣人愛の成り立ちを考えてみたらどうかと思うのです。

この隣人愛と、今、橋爪さんが解説された慈悲とは対照的です。「慈」というのは、ある意味で、最も近い他者への愛です。いや、「最も近い」というより、距離ゼロの他者への愛といったほうがよい。というのは、橋爪さんが今明快に説明されたように、ブッダは、すでに、自己も他者もない、自己と他者の区別がないという境地に入っていますから、普通に見れば最も縁遠い他者ですらも、ブッダにとっては、自分自身なのですね。その他者は、実は自分自身なのだから、それに対しては「慈」の感情を抱くのでしょう。

それから、「悲」というのは、他者にある「価値」を認めるからこそ感じる愛ではないか、と思いました。その他者にも、ほんとうは仏性があって、覚る可能性を秘めているのに、まだ覚っていない。その意味では、ブッダから見ると、劣位にあるわけですが、「ほんとうは覚りに至りうるはずなのに……」と思うから、「悲」の感情がわいてくるわけです。その「覚りうる」というポテンシャルが「価値」ですね。

要約すると、キリスト教の愛は、最も遠く、価値がない他者に向けられる。仏教の慈悲は、距離ゼロの他者、仏性という価値のある他者に向けられる。このような対照性がある、というように僕は理解いたしました。

第三章
大乗教へ

仏塔信仰起源説

大澤　慈悲が、大乗仏教の中でより重要になってくる、という話が出てきたこのタイミングで、大乗仏教の話に入りましょう。ここまでは、仏教全体に共通する特徴、それから初期仏教・部派仏教について考えてきました。これから、大乗仏教のことを視野に入れていきたいと思います。

まず、教科書的なことを確認しておきましょう（これらのことは、後で、再検討されたり、修正されたりするかもしれませんが、暫定的な確認です）。大乗というのは、大きな乗り物という意味です。大乗仏教の、やや自己宣伝めいた部分もある特徴は、自分自身の覚りや救済だけではなく、他の人びとを救済し、他の人びとを覚りに至らせるということをも任務とするような教え、つまり「自覚覚他（かくた）」の教えということになります。こういうことを特徴とする、仏教の新潮流が、紀元前後くらいから出てきます。この大乗仏教は、それ以前の仏教を、自分の救済や解脱のことしか考えない利己主義で、そのため多くの衆生を乗せることができない小さな乗り物、つまり小乗と呼んで軽蔑したわけです。

大乗仏教の登場こそ、仏教の思想史の中での、最大の転換点です。今、ごく大雑把な大乗仏教の特徴を述べましたが、その他にも、さまざまな点で大乗仏教と部派仏教は対照的です。それらのことは、後の議論の中で少しずつ明らかにしていくとして、その前に、歴史的な事実について検討しておきたいと思います。

この仏教の新潮流、大乗仏教は、どのようにして生まれたのか、ということです。これについては、平川彰さんが唱えた、「大乗仏教仏塔（ストゥーパ）信仰起源説」というのが非常に有名です。ストゥーパというのは、釈尊の遺骨、つまり仏舎利を祀る塔ですね。お墓にある卒塔婆（そとば）やお寺の五重塔は、実はストゥーパですから、理屈からすると、その下に釈尊の骨が埋められているはずですが、実際には、そんなことはないでしょう。ともあれ、釈尊の死後、その遺骨が分骨され、インドの各地にストゥーパが建てられた。それらは在家信者によって管理されていたわけです。そのストゥーパに対しても、布施＝寄付が集まったりして、ストゥーパを拠り所にするような在家の修行者も出てきます。そのような、在家の修行者から大乗仏教は生まれた、というのが、平川説ですね。

この平川説は正しいのか、ということです。正直なところ、そんなにたくさんの論文を読んだわけではありませんが、僕が目を通した少数の論文や本から判断すると、この平川説の限界を指摘し、これを修正するというのが、仏教史研究の最近のトレンドのような印象をもちます。

僕らは歴史家ではないので、平川説とそれを否定する説とのどちらが正しいのかを判定するための実証的な根拠をもっているわけではないのですが、橋爪さんはどう思われますか。平川説の妥当性について。

橋爪　平川彰博士の仏塔信仰起源説を、私は非常に説得力があるものとして読みました。小乗のあと、大乗が出てきた。どんな集団だったかが、よくわからないんです。サンガをつくっていなかったから。具体的な詳しいことが、大乗経典以外にあまり残っていないので、想像するしかない。仮に平川説が正しくなくて、ほかの説のほうが確からしいという結論になったとしても、それもやはり説だろうから、ほんとうのところはなかなかわかり切れないのです。

わかっていることを順番に言えば、第一に、大乗が出てきた当時には仏教は、出家者のサンガを基盤にする部派仏教であったこと。第二に、大乗のグループは対抗意識をもって、部派仏教を小乗（レベルが低く不完全なもの）と主張した。第三に、従来の仏教から見れば、出家者のほうがランクが高く、在家者はそれに劣るものとされていた。そもそも仏教の三帰依（さんきえ）に、サンガへの帰依が含まれているわけです。在家者はサンガに帰依する義務があったはずで、伝統的なあり方に反する。第四に、大乗と小乗の関係があいまいで、「大小兼学」といって、大乗と小乗を一緒に学ぶ例がある。中国僧がそのように報告しています。第五に、大乗仏教は仏塔信仰と何らかのつながりがあった可能性がある。だいたいこんなところでしょうか。だから小乗と大乗は、最初は対立していたかもしれないが、その後マージした可能性がある。

大澤　いつも思うんですけれど、インド人はほんとうに歴史に興味がないようですよね。仏教についてもいろいろな事実がよくわからないのは、インド人に、歴史を記録しようとする意志があまりにも欠けていたからです。

この点で、まったく対照的なのは中国ですよね。中国人は、仏教についてはインドから学ぶわけですが、インドとは異なり、歴史を記録しようとする意志はとても強い。古い中国の歴史書、たとえば『史記』などには、かなり怪しげな神話のようなことも書かれていますが、そうしたことでさえも、少なくとも一部は、史実であることがわかってきています。たとえば、禹が開いたとされる夏王朝など、以前は、ただの神話的な王朝とされていましたが、現在では、遺跡も発掘され、実在したというのがほぼ定説になっている。

ところが、インド人は歴史を記述しなくてはならないという意識をほとんどもたない。釈尊が八十年生きたことはわかっていて、仏伝文学もあるのに、彼の生没年が定められないのもこのためです。そして、大乗仏教の誕生について、はっきりとした事実がなかなかわからないのも、やはり、インド人の歴史に対する無関心のせいでしょう。

大乗仏教の誕生に関しては、とにかく、出家者ではないけれども、宗教的にアクティブな在家者というものも必要ですよね。しかも、そういう人が、単に、数の上でかなりいた、というだけではなかなか大きな結果を残せない。そうした人びとを共同化して、一つの社会的な力とするような触媒のようなものが必要です。

その触媒のひとつ、唯一ではなくて、「one of them」の触媒として、ストゥーパがあった、という可能性はあるかもしれません。確定的なことは、僕にはわかりません。ストゥーパを信仰の拠り所とするということが、救済や解脱を熱心に求めている在家者をまとまった共同の力にする、いくつもの原因の中の一つだった、ということまで、全面的に否定する必要はないかもしれない。

なぜストゥーパなのか

大澤　これも橋爪さんに教えていただきたいんです。釈尊の骨が大切に保持されているわけですが、それが僕にとって、何かふしぎな感じがします。インドの場合は人間が死んでしまえば、つぎに輪廻でどこかに生まれてくることになっています。ですからふつうは、死体は全部粉々にして、最後は川に流します。インダス川に流すのがふつうです。

インドでは日本みたいにお墓があって、子孫がときどきお墓参りに行くという生活習慣は、ないわけです。

それなのに、釈尊に関しては骨が大切に保持され、祀られていた、というのは奇妙な感じがします。ヨーロッパの中世には「聖遺物」というのがありますね。聖人の遺骨とか遺物とかが聖遺物として、信仰の対象になっていた。聖遺物があると、そこは巡礼の地になったりして、人びとが集まってきて都市ができました。釈尊の骨を大事にするというのは、ちょっとこの聖遺物信仰を彷彿させます。それにしても、インドの文化的伝統を考えると、奇妙な印象をもちます。これをどう理解したらよいのでしょう。

橋爪　釈尊が死んだときにすぐ、「八王分骨」といって、仏舎利を分割し、各地にストゥーパをつくった。

そのように速やかに事が進んだということは、それ以前に、偉大な聖者が亡くなった場合にストゥーパをつくって、遺骨を埋葬し礼拝することが、習慣として確立していたと思われる。だからブッダの場合にもそうしたのだと思う。

大澤　そうすると、根拠になる仏教外の習慣や習俗があったということですか。

橋爪　そう思いますね。

そのときにはサンガもあったわけですけれども、サンガの人びとはビジネスをやってはいけないので、葬儀に関与できない。当然のことながら、葬儀は在家の人がやりましょうということになって、在家の人が主導権をもって葬儀を行なった。ストゥーパをつくるのもサンガではできないから、在家の人びとがやった。

仏塔に関してはこのように、在家が主導して、それを維持し、そこで仏伝物語みたいなことをレリーフで飾って説明したり、寄進を管理したりということがあったはずである。こうして、仏塔を拠点にした在家の修行者が、プロの修行者としてうまれた。ここに、大乗＝仏塔信仰起源説の核心があるわけです。

ブッダを探す

大澤　おそらく大乗仏教が成立する歴史的な背景は、いろいろあったと思います。ひとつは、やはり出家者の修行や仏教の教学が専門化したり、煩雑になったりする反面で、布施をする在家者の活動の重要度が増したということが当然あるでしょうね。ストゥーパ云々ということは、このコンテキストにはいる話題でしょう。

それから、長期間の政治的な混乱の中で、社会秩序が破壊され、人びとが苦しんでいた、ということもあったと思います。中国とインドでは、歴史を貫くデフォルトの社会状態が対照的ですよね。中国は、もちろん三国志のように国々が戦争している時期もかなりありますが、それでも、秦以降は、統一帝国がデフォルトの状態です。それに対して、インドは、マガタ国のマウリア朝のようにまれに統一されるときもありますが、ほとんどの期間、細かい国々に分かれ、争いあっています。たぶん、大乗仏教が出てくる時期というのは、「正法(しょうぼう)→像法(ぞうぼう)→末法(まっぽう)→法滅」の後五百歳説が出てくる頃と重なっているのではないでしょうか。

それから、やや細かいことですが、仏伝文学やジャータカが普及する中で、釈尊が覚る前はどうだったのか、特に前生にどうだったのかということへの関心が高まったことも、大乗仏教的な気運を準備したかもしれない、と思います。釈尊の前生の話の中に、献身とか捨身といった、他者救済のエピソードがたくさん出てきますから。

こうした複合的な背景の中で、紀元一世紀前後ぐらいに大乗仏教が成立したのではないか、と考えることはできますね。

橋爪 大乗教が起こってくる背景に、ブッダを探索したいという強い思いがあったと思います。

仏教は、ブッダの覚りを自分も受け継いで、自分の模範としたいということだから、ブッダと直面することが必要です。

けれども、ゴータマ・ブッダは死んでしまって、もういない。どこでブッダと直面できるだろう。

三帰依は、「仏法僧」に対する帰依でしょう。ブッダ、サンガ、そしてダルマ。サンガに対して、布施（ドネーション、寄付）をしないといけないわけです。ブッダとダルマには寄付ができない。だからサンガに寄付を続けることになるんだけれど、サンガのなかにブッダはいるのか。サンガとブッダは同じものなのか、という問題が起こってくる。サンガの側では「僧中有仏（そうちゅううぶつ）」といって、サンガの中にはブッダはいるんだと主張する。だけどそのブッダは、肉体がなくなって、全部、仏説（スートラ、経典[*]）に化けてしまった。経典は、初期は口伝で、出家者のあいだで言い伝えられていたけれど、在家者の人びとに対して親切に教えてくれるというわけではなかったんだろうと思う。

そうすると、サンガの外側に仏塔がある。仏塔には確かにブッダの骨がうずもれている。仏塔のほうに寄付したほうがいいのではないか、ということになる。

でもストゥーパは、墓ですから、そこにはブッダはいない。

それでまず「過去仏」というのが信じられて、過去仏のストゥーパも建てられた。ブッダにはその教化範囲があり、同時に複数のブッダが存在することはできない、と信じられていた。フランチャイズ制度のようなものです。過去なら、時間差があるから、違ったブッダがいてもよい。

が、やがて「現在他仏」、すなわち、四方八方に釈尊とは違ったブッダがいるのではないかという考え方が出てきました。教化範囲の外側に、島宇宙みたいに、別な教化範囲があって、別なブッダがいる。部派仏教ではもともとそういう考え方を認めなかったのだけれども、現在するブッダと交流したいという人びとの願いが強く、あちこちのブッダを観る「三昧(さんまい)」*の修行法もあらわれた。そして、それに根拠を与えるような大乗の経典が書かれていったのではないか。

こうした動きは、ブッダとインドの民衆のあいだを、特に在家者の民衆のあいだを、再組織する運動だとみることができる。

大澤 一神教だったら、偶像崇拝だと言われそうな状況かなと思いますね。

橋爪 キリスト教の場合、Ｇｏｄは死なないで、いまもいるでしょう。イエス・キリス

＊スートラ [sūtra (s), sutta (p)] もとの意味は、糸やひも。(ヴェーダ文学の)経典、戒律集。仏教においては、ブッダの教えを文章にまとめたもの。漢語の「経」は織物の縦糸を意味し、物事の根本義、古代の聖人の言葉をさす。

＊三昧 [samādhi (s, p)] 雑念を離れて心がひとつの対象に集中し、散乱しない状態をいう。この状態に入るとき、対象が正しくとらえられるとする。大乗経典では種々の名称を付した数多くの三昧が説かれた。本文にある修行法は「現在仏現前三昧(般舟(はんじゅ)三昧)」。

トも復活して昇天し、神の右側にいる。そして聖霊が至るところを飛び回っていて、一般の人びととＧｏｄとのあいだのコミュニケーションは途切れることがない。だから、それをことさら求める運動は生まれない。

教会は、サンガみたいなものなのか。教会の中にＧｏｄがいるのか。厳密に考えてみると、教会の中にＧｏｄはいないのです。教会は執り成しをするだけで、いわば代理店。本店は、天にある。それに、Ｇｏｄは死なないから、その墓（ストゥーパ）にあたるものもない。ゆえに、教会を否定する「大乗キリスト教」なんていうものは、出てこない。だけど仏教の場合には、サンガは代理店ではないのです。そうすると、サンガを飛び越してブッダと関わろうという、大乗というものが出てきうる。

大乗が出てくるとどうなるかというと、カースト制のもとにあるインド社会で、世俗の職業に励むインド人全員が、仏教徒になる。サンガがインド社会全体に拡大するわけで、むしろ仏教が、ヒンドゥー教に対して攻勢をかけているとも言える。

ダルマとはなにか

大澤　橋爪さんから三帰依の話が出たので、大乗について深入りする前に「ダルマ」とは何か、ということを検討しておきましょう。三帰依の対象を三宝という。仏法僧がそれです。この三つが（大乗に限らず）仏教一般にとって最も重要な要素ということですね。仏（ブッダ）と僧（サンガ）については論じましたから、法（ダルマ）という言葉の意味もはっきりさせておく必要があります。

三宝の中のダルマは、ブッダの教えという意味だと思います。しかし、ダルマという語にはもっと広い意味、さまざまな用法があります。というか、そういう広い意味を反映させるかたちで、ブッダの教えがダルマである、と言われたという面もあるかもしれません。

ダルマは、仏教にとって最も重要な言葉の一つですが、それは何を意味しているのか。漢字では「法」をあてますが、「法律」という意味とは少し違う。仏教辞典のようなものには、もちろん解説が載っていますが、そこにある多数の用法を貫いているもの、それらが一律に「ダルマ」と呼ばれるゆえんを理解するのは、難しいですね。

ダルマのひとつの、おそらく中心的な意味は、永遠の法則とか、万古不易（ばんこふえき）の真理といった意味かと思われます。

単純に「存在する事物」「存在する対象」というような意味で、この語が使われている場合もあります。四法印（三法印）の一つの「諸法無我」というときの「法（ダルマ）」は、存在する事物ということでしょう。事物は実体がない（無我）という意味ですから。

あるいは、一般の人には耳慣れない用語として、有為法と無為法なんていう言い方がありますね。辞典には、有為法は、「作られたもの」で、無為法は、「作られたものではないもの」となっているでしょうけど、この「作られたもの」というのは、日常の語法よりずっと広い。普通は、家は作られたものだが、石ころはそうではない、となりますが、仏教の観点では、ほとんどのものは、心がつくったものですから、存在するものの九九％は有為法です。無為法は、ごく例外的なもので、虚空とか涅槃とかの永遠の実在ですね。

また、先取り的に予告しておけば、後でブッダの身体、仏身について議論したいと思っていますが、ブッダの身体とダルマの関係ということが重要になります。ダルマとの関係で、仏身は、二つとか三つとかに分類される。

というわけで、ダルマの意味はとても広そうで、それが何であるか、その全体を貫くものは何であるか把握するのがとても難しいのです。ダルマとは何でしょうか。それを辞典風に定義するとしたら。

橋爪　仏教辞典に何と書いてあるかは、仏教辞典を見てくださいね。

私の辞典には何と書いてあるかというと、X。大文字のエックス、と書いてある。方程式の未知数です。

Xが何であるかは、ゴータマ・ブッダが知っている。ゴータマは覚ったから。覚っていないひとは、Xが何かわからない。でもゴータマ・ブッダが覚ったということを信じているわけだから、Xは答えがあって、実在する。それにダルマと、名前をつけてあるんです。

中身はだから、わからない。わからないから、ない。そこで代名詞として、変数として、Xというものがある。こう考えたら過不足なく理解できると思う。

大澤 それはいきなりアドバンストコース的な答えですね。

橋爪 そう？　ひと言で言うと、お釈迦さまが覚ったのが、真理で、ダルマです。では、何を覚ったの？　あなたも覚ればわかりますよ、なんです。

大澤 なかなか難しいですよね。「ダルマ」というのは仏教の思想の中で一番重要な言葉です。たとえば西洋の思想の中で、最も大事な言葉をひとつ選ぶとしたら、「存在」だと思うんです。ギリシャ哲学の中でも「存在とは何か」が問題になっていますし、キリスト教が浸透してきたときには、神と存在はほとんど同じと言ってもよいほどです。神学から解放された世俗化された西洋哲学も、存在という主題を継承しました。

仏教のダルマも、存在に近い含みはありますが、しかし、大乗仏教では、法は空である、なんてことも言われることがある。つまり、客観的な事物や人間の心理作用のすべてを含む存在は空である、とか言われる。この場合は、ダルマは存在の否定ですね。とすると、ダルマがある、とか、ダルマは○○である、といったらそれは間違いであることになって、ダルマがますますわからなくなります。

橋爪　そんなに難しいことかな。

だって、ブッダが世界をどう見たか。これがダルマであり、Xである。それだけです。

大澤　なるほど。橋爪さん、すでに覚ってらっしゃる（笑）。

橋爪　大事なことを言えば、ダルマは、人格でない。それからダルマは、存在でない。それは、知識に写し取ることができるんですけれど、知識として写し取られる前から、客観的にある（あると言うと、存在のようで、語弊があるが、そう思わなければ修行ができない）。だから、ダルマとブッダは、別々なんです。このように立てられているという点が大事でね。ダルマを、ブッダが認識し、覚った、と理解する。

よく考えてみると、ブッダがいなければ、ダルマは誰にもそれがあることがわからなかったわけだから、実はブッダとダルマはひとつのものだと言ってもいいんです。ひとつのものなんだけれど、私たちが知っている人間としての釈尊という人と、その精神活動の中身とを分けて、別々の名前をつけているわけです。

大澤　そうすると、言い方は正確ではないかもしれませんが、暫定的にダルマがあるということにして、そのあることの保証としてブッダがいる、という感じでしょうか。ブッダなしにダルマがあるかどうかについて、僕らは確証をもてない。

橋爪　そう。ブッダなしにダルマはない。ダルマなしにブッダはない。

大澤　とすると、それ自体として（アン・ジッヒ an sich には）、ブッダとダルマは独立なのだけれども、われわれにとっては（フュア・ウンス für uns には）、両者は双対（デュアル）なものとして現れる、ということでしょうかね。こう考えると少し整理がつきますが、難解ではありますね。

橋爪　大学院のレベルになっちゃった?

大澤　でもおもしろいんじゃないでしょうか。

橋爪　でもこれ以上、簡単に言えないよ。

大澤　前にキリスト教の話を二人でやったときに話題にしましたが、ヨーロッパの中世の神学では、「神の存在証明」というものをやりますね。これは、ある意味で、変なことです。神こそは、存在そのもの、最も確実な存在だからです。それでも、あえて、神の存在をカッコに入れて、存在証明をしてみるわけです。普通は、証明を要求するのは、確証をもてないからですが、神の存在証明においては、最も自明で確実なものについて証明していることになります。

そこで、質問ですが、このアイデアを仏教に転用することはできますか。つまり、ダルマの存在証明というようなことが、仏教で成り立ちうるか、ということです。

橋爪　ダルマがないとする。じゃあ、ブッダはブッダでない。私はブッダをモデルにする必要がない。私はただこの人生を生きていきましょう。だから、仏教徒でなくなり、ただのインド人になり、終わりです。

大澤　キリスト教徒の場合、それでもいちおう、存在証明してみましょうということでやるわけです。もちろん存在証明をしたら、存在しなかったことになるはずはないわけですが、それでもあえて、存在について懐疑しているかのようにふるまって存在証明を試みる。

ダルマについて、そういう屈折はなしですか。最も確実なものについて、わざと懐疑するというような屈折は。ダルマはもちろんあるのでしょうが、しかし……と。

橋爪　なぜダルマがかくも疑いえないかというと、インド社会ではバラモン教、ヒンドゥー教が主流でしょう。そのインド社会の大勢を占めているバラモンたちが、ダルマがある、と言っているわけです。だから、ダルマがないと言うのは、反政府運動、反体制運動、アナーキスト（無政府主義者）なのです。仏教もここまでは言わない。

大澤　ただ仏教では、ダルマの内容を変えてしまうという感じですね。

橋爪　ダルマがないと言い出すと、たとえばイスラムになる。六師外道（ろくしげどう）みたいなのは、みんなダルマがあって、その解釈や修行法が違うわけであって、おおむねバラモン教、ヒンドゥー教からのスピンオフの中に入っているんじゃないかな。

大澤　ダルマまで否定してしまうと、スピンオフどころかあっちの方向、別のところに飛び出してしまう。

橋爪　たとえばイスラムのように、非常に遠いところに行ってしまう。

大澤　別の太陽系のようなところに行ってしまうと。太陽系でいるためには、ダルマという太陽の重力圏の中に留まり、太陽＝ダルマのまわりを公転していかなくてはならない、と。

橋爪　だから、ダルマを否定することは、ヨーロッパで言えば「存在」という概念を否定するようなことで、なかなか大変だと思いますけれど。

そもそも大乗とは

大澤　大乗の話に戻りますけれども、いまは大乗仏教が成立した話をしていますが、その前に、そもそも大乗とは何なのか。大乗教の定義です。先ほど、僕は、どんな教科書にもあるような定義を暫定的にしておきましたが、もう少し深めて、大乗仏教は、それ以前の仏教、部派仏教とどう根本的に違うのか。

部派仏教というのは、仏滅の後、サンガが、戒の解釈とか教理の解釈などの違いが原因で分裂し、いくつも部派ができたから、そう呼ばれるわけです。まず、仏滅後、百年くらいたって、上座部と大衆部の二つに分かれる。これを根本分裂というわけです。そのあと、さらに細かく分裂する（枝末分裂）。そうしてできた各部派は、○○部と呼ばれますが、最もよく知られているのは説一切有部。

このように、釈尊が死んだ後、仏教は、細かく分裂したり、変化したりしてきたわけですが、これまでの根本分裂や枝末分裂とは比べようがない大きな革新運動、宗教改革の結果として大乗が出てきた。ふつう、このように言われます。

その大乗というのは何であって、あるいはどこに新しさがあるのか。大乗の定義をするとしたら、どのようにするのがよろしいですか、橋爪さんの辞書でいくと。

橋爪　大乗の中心的な概念は、菩薩（bodhisattva）です。

菩薩とは、仏教の、在家修行者のことです。

仏弟子たちは、サンガで戒律に従って修行していた。このやり方をどこまで重要視するかですが、小乗（部派仏教）はこれをほぼ絶対視している。だけど、出家するとか戒律に従うとかいうことは、仏教の本質かどうかということでいえば、本質ではない。それは手段であり、ひとつの選択肢にすぎない。そこで、戒律に従わなくてもいいし、出家しなくてもいい、という論理を打ち立てようとするのが大乗教。

そうするとまず、ゴータマ・ブッダ（釈尊）がなぜ覚ったのかという、因果論を再構成しないといけない。結論から言えば、在家菩薩として修行し、原因をつくって、その結果、覚った。成仏の原因として、出家は本質的でない、という論理をまず立てる。これは釈尊に前生があるならば、可能です。現世だけでは、二十九歳で出家するまで王子として過ごしていた時期と、出家してからの修行とを比べると、出家の時期の修行のほうが成仏の原因だと思えてしまう。そこで輪廻を利用して、前生があったことにし、前生の長い長い期間に因果が蓄積されたと考えれば、そういう論理が組み立てられる。だから釈尊の前生を、菩薩行（ぼさつぎょう）として位置づける。

このことの効果として、在家の人たちは、自分の現世を釈尊の菩薩行とシンクロさせて、将来の成仏に向かっていま、現世を生きているんだと理解できる。在家のままの自分と釈尊を過不足なく、重ねることができるわけです。これは大変うれしい。でも、自分の成仏が遠い将来にお預けになってしまう。こういう、ちょっとがっかりな効果も生む。

遠い将来の成仏に向けて、現世の在家修行を、高いテンションをもってモラルハザードにならないようにどう維持するかというのが、大乗仏教の一番苦労するところです。それについてのさまざまな工夫のバリエーションが、いろいろな大乗教の分岐だと思う。

大澤　大乗教が出てこざるをえなかったひとつの背景としては、やはり橋爪さんが示唆されたように、出家中心主義というものの限界があったのではないかなという感じがしますね。

ブッダに戻れ

大澤　ここでも、仏教からあえて引いている者から感じる疑問をひとつ挟んでおくと、大乗教ぐらいに思いきった展開をするのであれば、僕は、別に釈尊の覚りに帰らなくてもいいのではないかなという気がするんです。

確かに、多くの宗教改革や革新運動が、教祖に帰れ、というようなことを言います。学問的な思想研究だってそうです。マルクスに帰れとか、フロイトに帰れとか、言われます。

しかし、ほんとうに原点に帰らなくてはならないのは、一神教、啓示宗教の場合ですね。たとえば、イスラム教であれば、ムハンマドに伝えられたアッラーの言葉、そしてムハンマド自身の言行(げんこう)に帰るしかない。なぜなら、神の言葉を人間が変えたり、否定したりすることはできないからです。

しかし、仏教の場合は、いくら釈尊であれ、ひとりの人間で、神ではないわけだから、それほど無理して釈尊の顔を立てなくてもいいのではないでしょうか。大乗教と部派では、そうとう違います。たとえば、先ほど、ダルマが空だというような話をしましたが、ほんとうはそういうことを特に強調するのは大乗のほうで、小乗の説一切有部などは、法はそれ自体として存在しているということを強調しているので、考えようによっては、正反対のことを言っている。そこまで違うことを言うのであれば、大乗は、もう仏教の看板をおろしてしまって、別の宗教として展開してもよかったのではないか。そんなふうにも思いますが、どうですか。

橋爪　仏教とヒンドゥー教の性格の違いを考えてみます。

ヒンドゥー教は、非合理主義なんです。究極の覚りをうるとか、そういう論理学、哲学みたいな活動はバラモンに任せて、残りの人びとはインド社会の現状をそのまま受け入れ神々を拝んでいればいい。インド社会には、その隠れた演出者とも言える大きな神々（ブラフマンとか、ヴィシュヌとかシバとか）がいます。神々を拝むことには、思考のプロセスが欠落している。だから現状肯定的であり、知的には停滞的です。これはインドの圧倒的多数の、農民にふさわしい宗教形態だと思う。

それに対して仏教は、個人主義で合理主義で、自分の頭でものを考えることに大きな価値を置くわけです。それは、いまの言い方でいうと近代的ですけれど、古代インド文明の、商業や工業など、先端的なセクターに対応する自意識の表れです。

大乗教は、小乗のサンガがインドの現状に収まってしまい、何のインパクトも与えていないと批判した。ブッダがもっていた喚起力、爆発力、人びとを刺激する覚醒力、それはこんなものではない。ブッダをサンガから解放し、取り戻して、自分たちと共にある導き手として、インド社会のただなかに臨在してほしい。その宣言が、私は菩薩ですという自覚だと思う。

縮めて言うならば、大乗教は、反ヒンドゥー、反サンガなのです。仏教の範囲に留まらなければ、この運動はできない。だから単純な論理学や哲学の復興運動にはならなかった。それは、在家の人びと、カーストの中ぐらいからそれ以下のインドの大多数の人びとを覚醒させようという、合理主義の運動として起こったと思います。

大澤　真理をめざす場合の例として、古典物理学があったとき、相対性理論を唱えたアインシュタインは、本来アリストテレスが言いたかったことはこんなことなんだ、と言う必要はないですよね。こちらが端的に真理だと言えばいいわけです。だから、大乗が出てきたときに、釈尊に関係づけなくてもよかった気がするのです。いろいろな外道もいるわけだから。仏教の立場から見れば、外道として、つまり新しい立場としてそれを主張する、という手もありえたと思うんです。つまり反小乗、反部派ではなくて反仏教で、そして反ヒンドゥーでという立場で、新しい宗教運動を起こすこともできた気がする。しかしそうしなかったのが、引っかかるんです。もちろんブッダはすごい人なのかもしれないけれど。

イエス・キリストは十字架にかけられて死んでしまった。これ、すごいドラマですよ。釈尊だって仏伝にあるように、いろんなことがあったじゃないか、と言われるかもしれません。でも、キリストとは根本的に違う。福音書のほうが仏伝より波瀾万丈だった、と言いたいわけではありません。少なくとも、福音書よりも、仏伝のほうがずっと長い期間の話です。前生のことも入れれば、釈尊の物語のほうが、福音書のイエス・キリストの話より、はるかにはるかに長い。しかし、イエス・キリストのドラマはすさまじい。なぜかというと、キリストは神（の子）だからです。そのため、イエス・キリストをめぐる出来事は特別の質をもっていて、常にそこに回帰することでしか、革新もできない、というのはわかります。

しかし、釈尊の話は一人の人間の話です。非常に優秀な人であったことは確かかもしれませんけれど、「one of them」の思想家です。あえて、もう何百年もたってから後に、ブッダに帰って、ブッダの思想の一バリエーションとして大乗教というのを定義しなくてもよかったのではないかと、僕なんかは思うのです。

大乗は優れている

大澤　今度逆に、次のように考えた場合にはどうですかね。

最初のほうに、ヒンドゥー教と仏教を対比させたとき、ひとつの対比の参照項として、キリスト教とユダヤ教の組をみましたね。キリスト教がアンチ・ユダヤ教だったという意味と、仏教がアンチ・ヒンドゥー教だったという意味では違う、と。

今度、この文脈で、またキリスト教/ユダヤ教の組を呼び寄せてみます。キリスト教の特徴というのは、先ほど述べたことを繰り返すと、聖典に旧約と新約があることです。キリスト教は、ユダヤ教をただ排除するわけではなくて、旧約というかたちでその中に取り込んで、そして二段ロケットのようなかたちにしていますね。そこがほかの宗教にあまりないと思うんです。

ではそれとのアナロジー（類比）で仏教を考えることはできるかどうか。たとえば初期仏教から部派までの流れは、言ってみれば旧約聖書、あるいはキリスト教のユダヤ教的側面で、その部分をアウフヘーベンして大乗というのがある。そのように考えると、部派と大乗の関係は、ユダヤ教とキリスト教の関係に対応させることができる。そのようにすることはどうですか。

橋爪　そのようにみることはできないと思います。

どうしてかと言うと、小乗と大乗は、経典の違いなんです。

それは、旧約聖書と新約聖書の関係になっていない。なぜか。旧約聖書は律法の書であって、ユダヤ法の法典そのものでもあるわけです。イエスは律法を廃棄し、修正し、完成させていると称しているわけだから、旧約を使ったとしても、それを法律としては無効化しているわけです。

小乗、大乗の場合、小乗は小乗の経典を読みながらサンガで修行したけれど、修行の戒律は律蔵といって、経蔵*と別なテキストのカテゴリーで、独立している。大乗は在家修行だから、小乗の戒律は採用しない。けれども、小乗の戒律と切り離された、小乗の経典を仏説として読むことができる。そのまま、その一部を無効化したりしないで、解釈も保持したまま、端的にブッダの言葉として小乗の経典を読むことができる。あわせ

＊経蔵　[Sūtra-piṭaka (s), Sutta-piṭaka (p)]　仏教の文献は基本的に経・律・論の三つに分類される。その三蔵のひとつ。経は釈尊の直説（とされるもの）のことであり、その全集が「経蔵」。ほとんどの場合、「如是我聞」で始まる。

て、大乗の経典も読むことができる。ひとりのゴータマ・ブッダが、内容的に違ったことを言っているようになっているわけですけれど、それはそのときどきに応じて違ったことを考えていたからだというように解決する。要は、経典の中の優劣という違いで、大乗は自己主張する。

結論。小乗の経典も正しいことは正しいが、大乗の経典のほうが優れている。これが、大乗の態度なわけです。小乗の経典を、否定はしていない。

大澤 より優れた成熟したものと、未熟な段階の違いということですね。

橋爪 釈尊は、覚ってからすべての経典をのべているわけだから、未熟であるとは言えない。釈尊が未熟なわけではなくて、聴衆が未熟なのです。対機説法で、聴衆に合わせて語っているから、いろいろな経典がある。これが仏教の論理です。

大澤 新約と旧約の場合は、新約において否定されるべきものとしての旧約がなければ新約はありえないので、その二段ロケット性は必然的なものです。

それに対して小乗と大乗はこんな感じだと思うんです。相対性理論入門という本があったとして、きっちりやればかなり難しい方程式まで理解できなければいけないんだけれど、まず基本的なことを理解するためには、その部分はかなりはしょって、不正確でも、基本のかたちは説明することができる。相対性理論についての完全な論文やテキストに比べれば、それは劣っているかもしれないけれど、まだ十分な知識や素養がない人にはまずこれから入ったほうがいいのではないかというイメージ。

橋爪　そういう言い方で言うならば、ニュートン力学と相対性理論の関係に似ている。

大澤　近似的には、ニュートン力学でもいける。だけど、厳密に言うと相対性理論になるんだと。

大乗のロジック

大澤　大乗の特徴に入っていこうと思うんです。

社会学的に見ると、サンガ中心主義に対して、サンガとは違うかたちで信者のあり方を考える集団、つまり大乗がある。そこで、信者のやり方として菩薩というものが出てくる。菩薩とある程度関係あることですけれど、教科書的なことを言えば、大乗の特徴というのは、広い意味での「利他」ということが非常にはっきり前面に出た、ということだということになっています。この点はどうですか。

部派までのものだと広い意味で一種の個人主義で、自利主義である。それに対して、大乗では、衆生を救済するとか、社会の全体を浄化するとかといった、利他性に重心が置かれるようになる。だいたい、こんなふうに説かれますが、この点はいかがでしょうか。

橋爪　大乗はそうやって宣伝するんですけれども、大乗だってけっこう混乱しているんです。

大乗も、仏教である以上は、自分の覚りをめざすわけで、その点は小乗とまったく同じでなければならない。でも、小乗をおとしめなければならないから、「利他行」とか「慈悲」と言っている。利他行なんかしているより、修行に集中したほうがいいんじゃないの、と言われることもありうるわけで、それで困って「自利利他円満」と言うわけです。受験と部活と両立します、みたいな話で、両方やるけど頑張るから大丈夫ですと言っている。そんな問題なのか、と思うわけです。

大澤　それは少しわかるような気がします。僕が言ったのは教科書的な説明です、大乗の利他的側面については。でもその部分については、いま橋爪さんが言ったことがわかりますね。とってつけたような違和感が、どうしてもあるわけです。はまりが悪いというか。自分たちがいかに小乗、部派よりもいいかを言わなければいけないので、利他だと言いますけれどもね。

橋爪　学問的レベルははじめのうち、大乗は言っていることはあまり大したことなかったような気もする。小乗に比べて大乗のほうが、率直に言ってだいぶレベルが低かった。

そのうち大乗も盛り返して、立派な経典が多くなった。

大乗の、在家信徒は何をしているか。ビジネスをしている。結婚をしている。そして、物を所有しているのです。サンガの反対です。サンガはビジネス禁止。結婚禁止。所有禁止。この三つの条件がそろうから、自分の頭脳を、高速サイクロトロン、シンクロトロンのように使って、立派な結果を出すことができることになっているのに、ビジネスをして結婚をして物を所有したら、どれも執着の固まりですから、自分の頭脳の性能が悪くなるのは目に見えているわけです。

これを何とか解決しなければならない。ビジネスがなぜ修行なのか。それから結婚、家庭をもつことがなぜ修行なのか。家庭をもつということは配偶者を選び、子どもを育て、そして家庭に責任をもつけれど、家庭の外には責任をもたない。つまり、排除しているわけです。だから、独身者として人類すべてのことをわけへだてなく考えようとするよりも、困難が多い。所有権もまさにそうで、資源のうちあるものを自分のものとし、それは排他性があるから、ほかの人と取り合いになったり……ということがある。

そこでその言い訳（エクスキュース）として、ビジネスは他者の求めに応じるものである、と言う。家庭をもつのは人間としての義務であり自然である。それから、所有権は、それを使ってほかの人に富をもたらすことができる。つまるところ、利他的だから、最初は一見して利己的であってもかまわない、と言っているわけです。

大澤　究極的には利他的であると。

橋爪　かどうかはわからないが、利他的であることが修行なのです。だから、ビジネスと家庭と所有権、つまりこの社会秩序をそのまま承認する。これが、仏教徒としてのあるべきすがただと言っているわけです。

利他行

大澤　考えてみれば、結婚しないし仕事もしないし何も所有しないということは、これが社会の主流になることは絶対ありえません。常に、必然的に少数派であるしかなくて、それによって救済される人は非常にわずかしかない。

そのことに対する不満があるとすれば、やはりこの社会で生きる、社会を営むということと、解脱したり救済されるということは両立できることをはっきり示せないといけないと思うんです。でないと出家中心主義者に対してアンチテーゼはつくれない。そのときに使われるロジックのひとつが「利他」ということかなと思いますけれども。

これも僕が仏教に対する理解が浅いからかもしれないんだけれど、「利他」は、もうひとつ仏教の全体の中ではまりが悪いなと思うんです、それまでの論理との関係で。自分が修行した結果として、自分にポイントが貯まって、やがて解脱する。そうすると論理的に考えて、やはり自業自得しかありえないような気がするんです。もちろん「自」の中に前生の自分も含めていい。自分の行為の果報は自分が受けるというかたちでないとおかしい。

そうすると、他人に功徳(くどく)*を施すというのは変だ、という印象をもちます。廻向(えこう)という考えがありますね。自分の善行の結果である功徳を、他人に回す。自分のポイントを他人に回してやる。あるいは借金を立て替えてやる、みたいな感じがします。しかし、これは本来の仏教のロジックに対しては、かなり逸脱的ですね。別の人が救済に向かう原因を私がつくってあげることはできないわけだから、そういう意味で「利他」という論理は、そもそも本来のロジックからすると非常にはまりが悪いエレメントだなという感じはします。キリスト教だと、キリストが十字架の上で死ぬと、人類の原罪が一挙に贖われますから、大徳政令みたいなことになりますが、仏教には、本来そういう論理は含まれていないのではないでしょうか。

＊功徳 [guṇa, puṇya, anuśaṃsa (s)] 善行に備わった善い性質。そのような善い性質をもつ善行（造像・起塔・写経など）そのもの、善行を成すことにより人に備わった特性、さらにまた善行の結果として報われた果報や利益の意。

橋爪　ただ、お釈迦さまとまだ覚っていない人びとの関係を考えてみると、お釈迦さまがなぜ法を説かなければならないのかということがある。法を説いたからこそ、仏教が始まった。法を説いてもお釈迦さまは、一文の得もないわけです。もう覚ってしまっているんだから。これ、退職後のボランティアみたい。もう利他行以外の何ものでもない。出発点からお釈迦さまの行動の中に、利他行が組み込まれているわけです。

仏伝によると、覚りを説法しようかどうしようかなと思ったらしいが、説得されて、利他行をやりますと決断して、あまたの経典が語られている。すわりが悪いと言うのなら、それはお釈迦さまに言ってくれるかな？

大澤　釈迦がそこでボランティアをやると決心するときに、あまり根拠がないんですよね、考えてみると。釈迦がたまたま人がよかったからボランティアをすることにしましたが、このボランティア活動に仏教に内在する根拠はなかったかもしれない。キリスト教の場合は、キリストがこの世界に出てくるのをやめたり、十字架の上で死ななければ、たぶん、成り立たず、この一連の出来事にキリスト教に内在する決定的な必然性がありますが、仏教の場合には、釈尊が覚ったところで、もう何もしなくてよかったかもしれません。

橋爪　そう、根拠はない。それはとても正しい。

さっきも言ったけれど、自己がない人が、利他行はできません。お釈迦さまは、自己どころか、他者もないと思っているわけです。だけど、かりそめに自己があることにしている以上、そのゲームの中では、かりそめに他者もあるわけです。それで他者にとってみると、自分は実在しているなどと迷妄の状態にあるわけだから、そうではないよとわからせてあげるのは、これは慈悲だな。

第四章

大乗教という思考

釈迦仏は特別か

大澤　第三章で、大乗仏教の全体的な特徴づけと、大乗仏教が誕生した経緯について話しました。これから、大乗仏教のもう少し立ち入った内容について論じていきたいと思います。どんなことを話題にしたいかという見取り図を、あらかじめ、「三宝」に関連づけて述べておきたいと思います。

仏・法・僧の三宝への三帰依が仏教の共通の特徴だということは、第三章でも話題にしました。大乗仏教においても、三宝が重要なことは間違いないでしょう。しかし、三宝の内容やそれらへの関係の仕方は、大乗になってやはり変わってきたように思います。その中で、「法」、つまり教えの内容については、当然のことながら、最も複雑です。ここで簡単に予告めいた要約はできません。この主題は、第五章で論じられるはずです。

そこで、まず「仏」です。ブッダの重要性は、大乗においても変わりません。しかし、ブッダについては、すぐに気づく、顕著な変化があります。ブッダの数が急に増えてくるのです。この点については、この後、すぐに橋爪さんにうかがいたいと思います。

それから「僧」です。僧についての変化が、最も重要かもしれません。この点については、しかし、第三章の橋爪さんの話の中に、すでにポイントになることが言われている、と僕は理解しています。橋爪さんの話を僕なりに解釈すると、サンガの相対的な重要度は、大乗仏教になってから小さくなった、ということです。大乗仏教は、サンガを形成する出家者を中心にした部派仏教に対する批判・反発として出てきた、在家仏教徒を中心としたムーブメントだからです。

ただし、これを単純に、出家者中心の仏教から在家者中心の仏教へ、と考えるのでは、本質が見えてこないのではないか、ということがすでに第三章の対談で示唆されていると思います。つまり、こういうことです。第一章の対談の最初のほうで、ヒンドゥー教と仏教について論じたとき、仏教は、ヒンドゥー教に裏打ちされているカースト制を批判するわけですが、ヒンドゥー教におけるバラモンのあり方を人間の全体に普遍化することによって、つまりは誰もが覚りうるとすることによって、そうするのだと話しました。同じようなことが、大乗仏教と部派の間でも言えるのではないか、と思います。

カースト制を批判して平等主義になったとしても、出家者だけが覚るのであれば、ごく一部の人が救われるだけだということになります。しかし、サンガ的なあり方を普遍化したらどうなるのか。それが、大乗、つまり大きな乗り物ではないか。マックス・ウェーバーは、『プロテスタンティズムの倫理と資本主義の精神』で十六世紀ドイツの思想家セバスチャン・フランクの言葉を引くかたちで、宗教改革は、すべてのキリスト者を生涯を通じて修道僧とした、と論じていますが、似たことは大乗仏教にも言えて、すべての仏教徒を、ある意味ではサンガの一員にしたわけです。

それにともなって、重要度が増すのが、菩薩というカテゴリーですね。ですから、多様なブッダについて話した後は、菩薩というものが何であって、それがどういうモチーフというか、どういうこだわりに基づいて、前面に出てきたのか、ということを質問することになるかと思います。

それでまず、ブッダが複数化したという主題からです。大乗仏教においては、さまざまなブッダ、さまざまな如来が出てきます。ちなみに、如来というのは、修行を完成した者、真理を体得した者という意味で、要するにブッダと同じものを指します。

原理からすれば、もちろん、ブッダ、つまり覚った者は、釈尊以外にもたくさんいてもかまわない。実際、初期の経典では、複数形のブッダという語は珍しくないとのことです。しかし、初期仏教から部派仏教の流れの中では、事実上、釈迦仏だけが唯一のブッダとなっていきます。

あるいは、仏教の伝播の道は、前に述べたように、北伝と南伝がありますが（六十六ページ参照）、南伝した仏教においては、釈迦だけがブッダであるという原則が維持されます。ところが、北伝した仏教、つまり大乗仏教では、ブッダの多数化、ブッダの増殖ということが生ずる。どうして、いくつものブッダが登場したのか。大乗仏教という仏教の新傾向においてブッダが増える必然性はどこにあったのか。そのあたりはどうですか。

橋爪 これは、何ステップかに分けて話したほうがよいと思うので、ワンステップずつ話をしましょう。そのたびに、間にコメントを挟んでもらえれば。

最初は、釈尊が覚ったけれども、それは「one of them」で、決して特別なことではなかった。あなたも覚れますよ、という主張。これがいちばん、仏教のプリミティブなかたちだと思うんです。あなたも覚れますよ、という主張は、小乗であろうと大乗であろうと、いままでおよそ仏教が仏教であるかぎり、これを根底に置いているじゃないですか。

覚ったあとの釈尊は、覚ったあともサンガで修行生活を続け、覚っていない弟子たちを教えていた。これは、大学みたいなもので、覚りは学位みたいなものなのです。学位を取り、博士号をもった先生がいて、相変わらず大学に残って研究を続けている。学位をもっていない修行者（学生たち）が学位を取ろうと頑張っている。学位を取ったら終わりではなくて、まだ研究は続くんです。こういう感じで、釈尊はサンガに残っていたと思う。当然、指導を受けて、学位を取る人はおおぜい出てくる。そして、弟子たちの学位と釈尊の学位は同じ学位だ、という前提だったのですね。

このやり方だと、釈尊は特別ではないのだ、ということになって、「釈尊よりもおれのほうが偉い」という、分派が起こる。実際、提婆達多（デーヴァダッタ）のように、釈尊をさしおいてサンガを乗っ取ろうという動きも現れた。

つぎのステップは、やはり釈尊は特別だ、という考え方が出てくることです。覚って学位を取ったわけだが、釈尊がなにしろ第一号だし、研究の内容が素晴らしい。ほかの修行者たちには及びもつかない大学者だ、ということで、ゴータマ・ブッダ（釈迦仏）を特別視する考え方になる。

ところが、釈尊は、六年かそこら出家修行しただけじゃないですか。

大澤　そうですね。二十九歳で出家して、三十五歳で覚った。考えてみれば、釈尊の修行期間は、大学を卒業してから博士号を取るまでの時間と、ほぼ同じですね。

橋爪　ほかの修行者たちは六年どころではなくて、十年とか二十年とか、それ以上の人びとが山のようにおおぜいいて、ちょっとみるとそっちのほうが年季が入って偉そうな気もする。たった六年しか出家修行していない釈尊は、なぜほかの修行者より偉くて特別なのか、という理由づけ（リーズニング）が必要になる。そこでそれは、釈尊が、この世に生まれる前の、前生で立派な修行をしていたからであって、この世で出家してからの六年だけではないんだ、と説明することになった。立派な修行であると言うために、釈尊の前生はどんどん複雑になっていった。いわばポイントを貯めるみたいに、前生で原因を積み重ねた。そんなにたくさんポイントが貯まっていたのは、釈尊だけでした、という結論になるわけです。

　このリーズニングの問題点は、釈尊を特別扱いすることができるのにひきかえ、ほかの修行者たちをかわりにうんと格下げしてしまうことです。サンガの修行の段階が、四向四果*に整理される。そして、その最終段階である阿羅漢よりも、仏は比べものにならないぐらい、レベルが高いとされる。これが部派仏教だけれど、こういう論理によって釈尊とほかの出家修行者の区別がうまれたと思う。

　すると、釈尊の前生を記述しなければならないが、ここで「過去仏」という考え方が出てきた。またつぎのステップです。

　釈尊が、唯一性を主張する。ブッダは、インド全体にたったひとりしかいないぐらい素晴らしい、という主張です。唯一性を強調していって、インドではなくて地球全体、

＊四向四果　原始仏教・部派仏教において、修行していく段階を意味する「向」と、それによって到達した境地を意味する「果」とを総称したもの。預流向・預流果、一来向・一来果、不還向・不還果、阿羅漢向（応供向）・阿羅漢果（応供果）をさす。四双八輩ともいう。

いや、三千大千世界（さんぜんだいせんせかい）*にブッダはただひとりしかいない、と話が大きくなります。要するに、ブッダの管理するエリアは非常に広い。これが、「一世界一仏」の原則です。

時間的にもかなり長期にわたる。釈尊が死んだあと、すぐにつぎのブッダが現れたりしない。ブッダが亡くなるたびに後継のブッダが現れ混乱する事態を回避したい。そこで「つぎに仏となるのは弥勒（みろく）菩薩で、それは五十六億七千万年後だ」みたいに決めて、未来に向けてブッダが出てくることを抑止する。

では、将来はよいとして、過去はどうなのか。過去もじゅうぶんさかのぼる昔に、過去仏がいたことになった。未来仏が存在するのだから、過去仏も存在する、という論理です。すると過去仏には、そのまた過去仏がいてもよいことになり、過去に向かう時間軸の上に、ブッダが複数いる、という考え方になるんです。

「一世界一仏」（ブッダは例外的に貴い）という考え方と、誰でもブッダになれるという考え方とを調和させようとすると、こういう時間差をもうけた、多仏の思想になる。同時に、この段階では、空間的にはブッダはただひとりに限定されている。部派仏教、南伝仏教はこういう考え方だと思うんです。

そのまたつぎのステップ。この考えを打ち破るように、いま現在、同時にブッダがたくさんいてもいいじゃないか、という主張が生まれてくる。それを主張する仏典が、大乗教徒によってたくさん書かれた。ブッダが現在、おおぜいいるなら、まるでヒンドゥー教の神々のようです。小乗の側は当然、これに反発する。それはこれまでの考え方に反するじゃないか。論争になります。

大澤　いまおっしゃったように、仏教のなかにせめぎあう二つのベクトルがありますね。一方では、仏性の普遍性を言わなくてはなりませんよね。「人は原理的には誰でも覚ることができる、ブッダになることができる」ということをはっきりさせなくてはならない。この点については、第五章で仏性論、如来蔵の思想について考えるときに、もう一度、振り返りたいと思います。

しかし、誰もが覚ることができるとなると、覚りが簡単なことのように思われてしまいますが、それは困る。つまり、簡単に覚ることができるなんて思っちゃいけないよ、という面もある。覚ることがいかに困難かということを強調しなくてはならないわけです。特に教団が大きくなったり発展したりすると、いかに覚りということがまれで特別

＊三千大千世界　古代インド人の世界観による宇宙論。仏教では、須弥山を中心として、周囲に四大洲、そのまわりに九山八海があり、それを一世界として、千個集めたのが千世界で、大中小の三つの千世界＝一〇〇〇の三乗、すなわち十億の須弥世界を三千大千世界と呼び、一仏の教化する範囲とした。

なことか、ということを強調する傾向があるのではないでしょうか。

　このように、ブッダの水準がいかに到達困難かということを強調する側面と、誰もがそこに到達できるということを強調する側面と、両方が仏教にはあって、それを両立させないとならない。ですね。こういう心配は、普通は、一神教ではないですね。人が神になるわけではないですから。つまり、人間と神との間の絶対的な距離だけを強調すればよいわけですから。

　それに対して、仏教では、ブッダの水準と普通の人間の水準の間の遠さと近さの両方を言わなくてはならない。先ほどの四向四果というサンガの修行レベルは、その距離を整理して表現したものと解釈することもできますね。そして、遠さを強調するベクトルと近さを強調するベクトルの均衡点と言いますか、妥協の産物が、いま橋爪さんの話に出てきた弥勒菩薩ではないか、と思います。

　釈迦以外に成道しないのはおかしいので、「いやいやもうじき成道する人もいるんですよ。その人は弥勒菩薩です」ということになる。その弥勒菩薩は、いつ完全な覚りに至るのですかと尋ねてみると、「ほんの五十六億七千万年後です」ということになるわけですが、「おいおい、ちょっと待て」と言いたくなります。――五十六億七千万年は、あまりにも長いのではないか。だって、現代の進化論によれば、地球上に最初の生物が生まれてから現在まで、四十億年しかたっていないんだから。五十六億七千万年は、それより長い。もう一度、地球上の進化の過程を全部、繰り返すことができるほどに長い。この時間の感覚というのは、すごい。

キリスト教の場合、イエス・キリストが「神の国は近づいた」というときの時間的な切迫感はたいへんなものじゃないですか。先ほど、キリスト教を含む一神教では、神と人間との距離を強調すればよいだけだ、という話をしましたが、キリスト教の神の国については、今度は近いということ、もう目前に迫っているということが言われなくてはならない、とまで言う。イエスは、メタファーとして言っているのでしょうけれど、眠ってはならない、とまで言う。つまり、今晩中に、神の国が到来してもふしぎではないわけです。

一方で、「もうじき」が、五十六億七千万年ぐらいになる感覚があって、他方では、もしかすると、今晩中かもしれないとする感覚がある。どちらも次の決定的な瞬間を待っているわけですが、その「待ち方」が全然違う、まったく対照的だと思います。

いずれにしても大乗仏教の場合は、「ブッダは原理的にはひとりではない」という方向性をはっきりと打ち出す方向に進んでいくわけです。

僕が思うのは、大乗仏教が出てくる前に、仏教は、ある問題に直面していたということです。修行できたり、ましてや覚りまで行ける人というのは、どうしても少数派になる。

覚るためには、出家し、サンガに入るのが原則ですが、しかし、みんなが出家するわけにいかない。サンガだけでは、社会としても成り立たないわけだから。だから、仏教は、どうしても少数派の乗り物、「小乗」になってしまう。

それをどうしたらよいのか。どうやったら、仏教を大きな乗り物にすることができるのか。ひとつは出家中心主義をやめることです。それとともに、釈迦仏以外にもブッダが存在しうる、ということをはっきりさせる、という線が出てくると思います。ブッダの複数化には、こうした要請もあったかと思うのです。

多仏の思想

大澤 もう少し、ブッダ＝如来の複数化ということについて、お尋ねしたいと思います。僕は、大乗仏教になって、ブッダの数が増えたというだけではなく、ブッダの質が少し変わったのではないか、という印象をもつので、その点に関して、橋爪さんの意見をうかがいたいと思うのです。
大乗になって、未来仏としての弥勒仏だけではなく、いろいろな如来が出てきますね。よく知られた「有名」な如来としては、阿弥陀仏とか、薬師如来とか、あるいは毘盧遮那仏*とかがいます。ちなみに、「有名」というのは「famous」という意味ではなく、文字通り、名前がある、という意味です。

こうした新しい如来において、本来のブッダとは違った面が出てきていると、僕が感じるのは、次のようなことです。最もわかりやすい例は、浄土教における阿弥陀仏信仰です。つまり、如来にすがって、如来の力によって救済に至る、というイメージが出てきたということ、これは、もともとの仏教にはなかったものではないでしょうか。

橋爪さんが話されたように、覚るということは、レベルの高い博士号を取るようなものだ、とします。修行し、善業を積むことで、ポイントを加算し、やがて十分にポイントが貯まったところで、「博士号」を取得し、成仏する。ここには、すでに博士になった人にすがることだけで、自分も博士号をもらえるようになる、なんていう発想はありません。

自分が学位を取って「博士」になったからと言って、つまり成仏したからといって、まだ「単位」もとらず、博士論文も書いていない人に、博士号を授与することができるわけではないでしょう。それは、確かに、ちょっとした助言くらいはできるかもしれま

＊毘盧遮那仏　毘盧遮那は［Vairocana (s)］（輝く太陽に由来するもの、輝き渡るもの）の音写。華厳経などの教主で、全ての人に宇宙の真理を照らす仏。奈良の大仏はその造形。密教では大日如来と同じ。

せんよ。しかし、その人が博士になりたかったら、自分自身で頑張って、ポイントを稼ぐしかない。すでに博士になっている如来が、勝手に、まだポイントを稼いでいない人に学位を与えたりしたら、不正行為ですよ。

しかし、大乗になって、この不正行為的なことが、ときに認められるようになったように僕には見えるのです。ということは、ブッダ=如来の性格が、それまでとは異なってきた、ということではないでしょうか。博士号の取得者以上のもの、あるいはそれとは少し異なったものになっている。つまり、一神教の神とは言いませんが、人を救うことができる、超越的な力をもった者、救済する神に近いものになっているのではないか。そんな印象をもちますが、これは、間違っていますか。

橋爪　うむ、たしかに、大乗のブッダは性格が違ってきたようにもみえる。「救済者」みたいな雰囲気をもつようになった。でも根本のところで、これまでのブッダのあり方をはみ出ていないと考えるべきだと思う。

覚った人と覚っていない人の関係。目の前に覚った人がいる。そのそばに覚っていない人がいる。覚っていない人を、覚らせることができるか。

結局、ここが仏教の一番のポイントなのです。

一神教の場合であれば、神（God）と、神でない人間がいる。神でない人間を、神が救うことができるか。救えるんです。救えなかったらおかしい、全知全能なんだから。これはもう、答えは明確で、救うことはできる。

仏教の場合、覚った仏も人間、覚っていない人間も人間。そして、覚るのは自己努力（世界をどう認識するかという問題）だから、覚っていない人間に第三者が覚らせることは、できない。原理的に、できない。これはほんとうに、大学の学位と同じで、学位をもっている人がいて、学位をもっていない人がいて、学位をもっていない人に学位をあげる方法はない。もし何の審査もなしで学位をあげたら、インチキなわけで、あげたことにならない。本人が論文を書いて、それだけの業績をあげないと、学位は授与できないわけです。第三者は、「指導」ができるだけ。

指導とは何かというと、情報提供なんです。「教えてあげる」ということです。教わるほうは、質問することもできる。「これはどういうことなんでしょう」。聞かれたら、答えることもできる。聞かれて答えたり、大事なところを教えてあげることと、学位をあげることとは、違うことなのです。それらの情報をヒントに、学位にふさわしい業績をつくり出すのは、個人の努力なんです。

お釈迦さまが通りかかった。手を合わせて拝んだ。手を合わせて拝むというのは尊い行為で、お釈迦さまは尊い存在だ。通りかかったお釈迦さまに手を合わせて拝んだのは、これはいいことだ。何もしないよりいい。ポイント1、ということで、本人の努力ポイントが付くわけ。食事を作って差し上げた、ポイント3、とか。それから、いい質問をして答えてもらった、ポイント10、とか。

このポイントはどうやって発生しているかというと、お釈迦さまが配って歩いているわけではない。自然法則みたいな法則によって、この人はポイント〇〇、と決まっていくのです。ブッダといえども、このことに口をはさめない。

あとで「廻向」という考え方が出てきて、自分のポイントを誰かに付けかえるということができるようになるんだけれど、これは少し先の話であって、「廻向」を考えないとすれば、自分の行為に自分のポイントがつくのが、仏教の基本です。行為にポイント、つまり「功徳」があると考える。

さて、過去仏、未来仏の欠点は、教えを受けることができない、という点です。ブッダとコミュニケーションがとれない、いまいないのですから。いまこの瞬間に、どこかにブッダがいてほしい。でも、一世界一仏のはず。では、どう考えればよいかというと、世界が複数あると考えればよい。そこで、「十方世界一仏多仏論」というのが出てくる。これがまた、つぎのステップなのです。

この考えによれば、西のほうに阿弥陀がいるとか、東のほうに阿閦仏（あしゅくぶつ）*がいるとか、いろいろな方角にいろいろな仏がいるとされる。現在仏だから、コミュニケーションがとれる。拝むこともできるし、教えを受けることもできるかもしれない。つまり、ポイントが稼げる。過去仏、未来仏ではこうはいかない。

ブッダを拝むという行為はこのように位置づくけれど、これは、仏に救われる、というのとはかなり違う。仏教にもよく探せば、「阿弥陀仏が来迎(らいごう)して救ってくれる」という考え方がありますけれど、これは浄土教系のかなり特別な考え方で、仏教には、仏が主体的に人間を救うという考え方は、もともとないのです。

阿弥陀の「本願」

大澤 いまの橋爪さんの話のなかでも出てきた「廻向」というのは、僕は、仏教の本来的な筋からいくと、おかしいのではないかな、と正直なところ思っているんです。

その前に、阿弥陀の問題を先に処理していきたいんですけれど。阿弥陀信仰というのは、特に日本においては、仏教のメインストリームと言ってもよいほど、中心的なものです。

***阿閦仏**(あしゅくぶつ) 阿閦は[Aksobhya (s)](震動せられざるもの、無動・不動・無瞋恚(むしんい))の音写。東方の阿比羅提国(あびらだいこく)(妙喜国・善快国)で、大日如来の説法を聞いて発願・修行し、一切の瞋恚と淫欲を断つことを成就して成仏し、現在もその仏国土で説法している。

ですよね。そこで、もう少し阿弥陀信仰と浄土にこだわっておきたいと思います。阿弥陀のサンスクリット原語は「アミターバ（Amitābha 無量光）」と「アミターユス（Amitāyus 無量寿）」で、「無限の光＋無限の寿命」という意味ですね。

その阿弥陀仏が、まだ成仏する前で、法蔵菩薩だったころ、衆生済度（さいど）の本願を立てた。そして法蔵菩薩は、その後、実際に成仏して、阿弥陀仏になった。そのおかげで、約束通りというか、誓願通り、人びとは、阿弥陀仏のおかげで極楽に往生でき、救済への道が開かれた。……と一般には、こんなイメージが抱かれていると思います。

一神教においては、神によって救済されますね。神によって、神の国に入れたり（キリスト教）、天国（緑園）に行けたりする（イスラム教）。これは、阿弥陀仏によって極楽浄土に往生させてもらえる、という構成とどう違うのか。あるいはどう同じなのか。

ここまでの対談の中で繰り返し述べてきたように、一神教と仏教とは、根本的に違っています。ですから、阿弥陀仏による「救済」と一神教の神による救済とは、何かが違っているはずです。その違いはどこにあるのか。

ついでに付け加えておけば、この浄土信仰が、日本では、法然の浄土宗、さらには親鸞の浄土真宗につながっていきます。浄土真宗とキリスト教との間には、類似性がある、並行性があるということを指摘する人は多いですね。親鸞の、絶対他力の思想、つまり往生のためには人間の主体性は不要であって、阿弥陀仏の主体性に全面的に任せるべきだという思想は、キリスト教の予定説に似ているとか、あるいは、同じく親鸞の「悪人正機説」、悪人こそが往生すべきだとする説は、イエスの、「私は罪人を招くためにこそ来た」「神の国では最も小さき者もヨハネより大きい」等の言い方と似ている。

というわけで、阿弥陀信仰と一神教には似たものを感じる人は多かったわけです。しかし、根本の設定が違う仏教と一神教がほぼ同じことになるとは考えにくい。どこに違いのポイントを見るべきでしょうか。

橋爪 最初にもういちど、確認しておきましょう。厳密に言えば、さっきも言ったとおり仏教には、救済という考え方はないのです。

一神教には、救いというものがある。一神教では、神（God）が救済する主体（救うもの）。人間が、救済される存在（救われるもの）。救うか救わないかは、神（God）の一存で決まる。Godが主体、人間が客体ですね。これが、救う／救われる、ということの基本じゃないですか。そこでじゃあ、救われるための条件は何だろうか、といろいろ考えるのですが、それはそのあとの話です。

いっぽう仏教の場合、しばしば「救い」といわれているのは、「仏になること」です。仏になるとは、自分が、仏でない状態から仏になることなのであって、主体も客体もない。それは、自分の行為なんですけれど、自分の行為でさえなく、自然現象なんです。ある一定のポイントを稼ぎ、ある一定の功徳を積めば、仏にならないわけにはいかない。仏になるというのは、自分でコントロールできるプロセスだとさえ言いにくい。それは自然的プロセスで、必然的だから、自分以外の第三者がそこに介在することもできない。ほかの仏があなたを、仏にしてくれるという構造はないんです。そうするとこれを、救いと呼んでいいかどうかという問題がある。

では阿弥陀仏が、人びとを救っているのかどうか。

阿弥陀の本願をみると、「〇〇の条件をみたした人は極楽に往生させる（させたい）」、ということを言っている。極楽に往生する、とはどういうことかというと、まあ、輪廻の一種です。極楽に往生しない場合、インド（娑婆世界）で輪廻を繰り返しているわけだから、極楽には来られない。これがふつうのインド人ですね。極楽に往生する場合には、インドに生まれないで、極楽に生まれる。もう一度生まれる場合の、生まれ先が違う。私はこれを「ワープ」というんですが、輪廻の法則の例外、あるいは、行き先の付け替えなのです。

極楽に往生したあとはどうなるか。阿弥陀仏の説法（特別講義）を聞く。極楽は気持ちのよいところで、精神集中できるから、理解がはかどる。みるみる修行のランクが上がっていく。修行を受けているんだから仏ではないわけですけれど、その一歩手前、すなわち、このつぎに亡くなってまた生まれた場合に仏になれる。一生補処(いっしょうふしょ)*というステージに到達することが約束されている。

生まれ変わったら、今度は仏になる。それは、阿弥陀がそうさせているのか。そうではなくて、自然にそうなっているんです。阿弥陀仏がその昔に誓願したとおりに、覚りにおあつらえ向きの、極楽浄土という仏国土が出現した。では、阿弥陀仏は何をしているのか。説教をしている。それから、極楽に往生してくる人びとのために、ブッキングをしている。これだけです。誰かが航空券をとって、ホテルの予約をしたとしても、その飛行機に乗って学位を取りにやってきて、修行するのは、やはり本人なんです。

因果論と自由意志

大澤　なるほど。阿弥陀仏による「救い」というのは、一神教の救済とは全然違うということですね。阿弥陀仏は「博士号」を授与してくれるわけではなく、博士号取得のた

＊**一生補処**　[eka-jāti-pratibaddha (s)]　つぎに生まれるときは成仏できる修行の位。原語は「この一生だけ迷いの世界に縛られている者」の意であるが、つぎに仏の位処を補うところから「補処」と意訳された。

めの勉強がものすごくはかどる環境に入れてくれる、ということですね。

阿弥陀信仰にもう少しこだわりたい点があるのですが、その前に片付けておかなくてはならない疑問があるので、そちらに少したちもどってもよろしいですか。

大乗に限らず、仏教というのは、因果関係、因果論を前提にしていますよね。善因となるような行為（業）を積み重ね、ポイントを稼ぐと、あるとき、物質が相転移するように、覚りに達する。だから因果関係が破れるということは、基本的にないわけですよね。

橋爪　ない。

大澤　そうすると、やはり疑問を禁じ得ないですね。

西洋哲学では、因果律と自由意志との関係が問題になる。つまり、両者が両立できないのではないか、ということです。世界が因果関係のネットワークによって埋め尽くされ、原理的に因果律によって説明されるとすると、自由意志が存在することができないのではないか、ということが、西洋哲学では問題とされてきました。一方で、われわれは、実際、原理的には、世界は因果関係によって記述できる、と考えています。

しかし、他方で、われわれは、自由意志があることを前提にして生きています。たとえば、何かネガティブなことが起きたとき、それについて、「おまえのせいだ」とか、

「おまえがいけなかったからこういうことになったんだ」と言って、責任を追及するときには、僕らは自由意志や自由な選択ということを前提にしています。あるいは、逆に、「おまえのおかげだよ」と感謝したり、賞賛したりするときもそうです。こうした責任の帰属は、その人に自由な選択の余地がなくては、何の意味もありません。

　前にも別の文脈で言及したことがあるカントのアンチノミーの一つは、まさに、この因果関係と自由意志の関係です。普通、互いに矛盾しあう二つの命題は、どちらかが真で、どちらかが偽になります。しかし、アンチノミーというのは、矛盾しあっている二つの命題が、両方とも偽になってしまうとか、両方とも真になってしまうケースです。カントによると、「世界は機械的な因果関係の連鎖である」という命題と、「自由意志が存在する」という命題は、両方とも真になってしまう。アンチノミーというのは、理論理性では解くことができない問題だとされています。

　このように、西洋哲学では、因果関係と自由意志とをどうやって両立させるのか、ということに悩んできたし、今でも悩んでいます。では、仏教ではどうなのでしょうか。仏教は、この問題に悩んだり、躓いたりしていないのか、これが気になるところです。

　一方では、仏教にとって、因果関係の法則は、決定的に重要ですよね。キリスト教や西洋にとってよりも、仏教にとって、因果律は、死活的に重要なことです。しかし、他方で、修行したり、戒を守ったり、精進したり等々でポイントを稼いだおかげで、おまえは、ついに成仏した、と言えるためには、つまりおまえが善因を積んだおかげで、まさにおまえに成仏という善果が出た、というようなことを言えるためは、ただの因果関係とは別のものを、自由な選択とか自由意志とかを前提にしなくてはならないように思います。

このように考えると、西洋哲学にとって以上に、仏教にとって、因果関係と自由意志とをどうやって両方とも確保するのか、ということは、大問題だと思うわけです。仏教は、この問題を気にしていないのでしょうか。

橋爪　いや、気にして考えていると思います。

まず、因果論と自由意志の関係という、興味深い議論がありました。因果論を徹底すると、多くの常識的な概念が破壊されてしまうとは、カントも気がついていたとおりなんです。

いま、因果論で徹底させてみます。すると、自己同一性というのがあるかどうか。意識があるかどうか、などの問題が起こる。因果論からいえば、意識は、知覚や感覚やいろいろな身体的・物理的条件の複合によってたまたまうみだされただけのもので、それが維持される条件を自分でつくり出すことができない。

たとえば、分析哲学系の本を読んでいると、去年の自分が自分かどうか、みたいな議論がある。去年の自分が自分だと思うのは錯覚だ、みたいに書いてある。なぜなら、確証がえられるのは、いま、自分がここにいるという自己意識だけであって、三分前、五分前の自分も過ぎ去ってしまっているし、それを自分であるとはもう言えないかも、などという議論です。まして、去年の自分は自分でない。「そういう本を書いて、去年の印税をもらっているおまえは何だ？」と私は思うわけですけれど（笑）、それを言うのは哲学のルール違反だから、議論に内在して考えると、いちおう理屈は成り立つ。いちおう理屈が成り立った場合、日常疑われることのない「去年の自分」が、疑わしくなる。

これはどういう問題かというと、四方八方へ拡がる因果連関のなかで、同一性を措定することの困難、という問題だと思う。因果関係とは、すべての変数の連関なわけだから、その変数のまとまりをつかまえて、石だとか木だとか言っても、それはかりそめの姿なのです。もし因果論を徹底するなら、石が存在するなどと言うのは間違いである。時間を早回ししてみれば、石はみるみるうちに小石となり砂となり、分解してみえなくなってしまうから。その変化の断面を一瞬切り取っただけのものですね、ここにある硬い石というのは。過去に向かって早回ししてみると、熔岩になったり、ガスになったり、いろいろ別のものになってしまうわけです。

人間も同じで、早回しすると、もう卵になってそれが分裂して、それからトカゲみたいになって生まれて大きくなって、いま、目の前にいますけれど、さらにずっといくと年寄りになって死んでしまって、腐敗してガスになって、別なものになっていく。

こういう流動相のもとで、ものをみるのが正しいかと言えば、正しい。そうすると、日常的常識のなかで、輪郭をもち名前を与えられている同一性は、すべて仮の姿であり、すべて厳密な意味では存在しないということになるわけです。自由意志や意識というものだって、仮の存在なんです。そんなものがある気がしているだけ。そこで私が、努力していいことをしますというのも、仮の存在がやるかりそめの出来事になる。

ということは、修行が不可能になるな。これが仏教の因果論を徹底した場合の、アポリアだと思うんです。

大澤　ほんとうにおっしゃるとおりだと思うんですよ。橋爪さんを責めてもしょうがないんだけれど、仏教って、その点に関して、非常に難しいアポリアを抱えていますよね。

因果論の困難

大澤　第二章でも確か輪廻転生との関係で話題にしたかもしれませんけれど、輪廻すると言ったときに、輪廻を通じて同一性を保つ実体は何か、輪廻する主体は何かという問題があります。同時に、仏教では、「諸法無我」、つまり一人ひとりの人間どころか、存在するあらゆるものの実体性を認めません。ポイントを稼いで、だんだん覚りに近づいているとすると、問題はそうとう難しい。ポイントを、「誰か」に帰属させることができないとダメですよね。しかも、そのポイントは、輪廻転生を通じて貯めていくわけですから、何億年、何十億年もの輪廻を通じて、同一性を保っている主体がなくてはならない。「おまえ、前世でよく頑張った。1万ポイントぐらいあるよ」というとき、現在の「おまえ」と前世の「おまえ」の間に同一性がなくては何の意味もない。「おまえ」は、前世からずっと継続している同一の主体でなくてはなりません。

すべてを因果関係のネットワークに解消してしまい、そこに連続する実体を認めないという世界観と、何回も輪廻転生を繰り返しながらポイントを稼ぎ、覚りの境地に近づいていく主体が存在していることを前提にする世界観。この二つの間には矛盾がある気がするんです。

橋爪　矛盾、ありますね。

大澤　この問題はどうですか。仏教内在的に解決できることはできるんですか。

橋爪　まず、同一性が措定されない、困難だということになると何が起こるかというと、言葉が使えない。言葉というのは、同一性を措定することだからです。たとえば「時計」といったって、さっきみたいに時計は流動的ですぐ時計でなくなってしまいますから、これを時計と呼んですませることのなかにたくさんの錯誤がある。「あなた」や「私」や「人間」や、そういうのも全部そうです。

言葉を使うことができなくなると、思考することができなくなる。だって、感覚と意識のめまぐるしい変転に立ち合っているだけだから、このこれを「私」とか「時計」とか呼んでもしょうがない。言葉が使えなければ、感覚や意識の整理のしようがない。

これは、仏教に固有の困難というよりも、およそすべてが因果関係の連鎖でできていると考える考え方の困難なのです。仏教はその困難を、あざやかなかたちで切り出して、示している。仏教が因果論を説くことで、煩悩（社会常識にとらわれて行き詰まること）から人びとを解き放つことができるのは、このためです。

でも因果論はそのものとしては、出口のない渦巻きみたいなものにすぎない。そこで、仏教はその先をどう考えるかというと、たとえば、戒というものがあります。殺生戒、偸盗戒（ちゅうとうかい）、妄語戒、……いろいろありますが、殺生戒を取り上げてみます。

人間は、命がある。命を維持するために、動物を食べたりしますから、ほかの動物の命を奪ったりしているわけです。生きていくためにしょうがない。

さて、殺生戒とは何かというと、それが命の条件だとしても、ほかのものの命をむやみに奪ってはいけませんということですね。善悪なんです。価値観なんです。そのほうがいい、と言っているわけです。

そのほうがいいなんてなぜ言えるのか、ということがある。因果論を徹底すれば、命なんてかりそめの記号ですから、ライオンはライオンという幻で、ウサギはウサギという幻で、ライオンがウサギを食べたって、幻が幻を食べたにすぎない。経典のどこかにそういうことが書いてあったでしょう。これでは、殺生戒なんか成り立たないように思える。

それでも、お釈迦さまは、人間には人間としての正しい生き方がある。殺生しないというのは、人間が守るべきルールのひとつだ、と言ったのです。因果の渦巻く全体としてこの世界を認識しつくしたお釈迦さまが、ですよ。仏教は、常識をまるきり認めないニヒリズムではない。社会常識の価値を認めるのです。人間は、とりあえず常識のなかに生きていて、とりあえず私はゴータマで、あなたはアーナンダでというふうに名前がついていて、同一性があって、そこに秩序をつくっていて、善悪があって、いい人がいて悪い人がいるんです。そのなかで、人間的であるあり方、正しい生き方がある、とお釈迦さまは教えた。殺生はいけないという殺生戒は、人間だけが守ることができるルールである。社会の根底にあって、人間であるための条件を支えるルールなんです。

そのことを、もう少し詳しく言いましょう。因果論にたつなら、自分の自己同一性とか殺生がいけないというルールとかは、成り立たないはずです。殺生をしてもしなくても同じことだ。でも、お釈迦さまの教えに従って、殺生はいけないから、殺生をしない。殺生戒があるから、殺生をしないという行為（正しい人間であること）を、そのつど選びとることができる。カントの自由のアンチノミーと同じようなロジックで、殺生戒は、人間が人間として正しく生きる可能性を与えるのです。それと同時に、修行する可能性も与えられる。

部派仏教は、戒のこの作用をふたたび因果論で説明しようと、戒体というものを考えた。戒を授かると戒体というものが宿って、その人が悪を行ないにくくする効果をもたらす。戒体が原因、行為が結果、という因果論です。でもこんなことを考えなくても、素直に、人間は因果論の世界で、正しい人間として生きていくという意志をもつことができるのだ、と考えればよい。

正しい人間であるとは、物を盗まない、嘘をつかない、人を殺さない、酒を飲みすぎない、乱れたセックスをしない、ことなんです、とりあえず。それには、価値がある。それは同時に、仏に近づくための道、あるいは、仏であるための条件だと言っているわけです。だから、同一性や社会常識をいったん無化したあともういちど復元するところが、仏教の大事なポイントで、さもないと仏教はただのニヒリズムになる。アンチノミーかもしれないけれど、仏教はそれを引き受けるのだと思う。でないと、善悪は成り立たないから。

大澤　なるほどね。暫定的な真理（世俗諦）と究極の真理（勝義諦）とを使い分けるというところが仏教にはありますね。しかし、最終的には、両者をどう折り合いをつけるかが問題になりますよね。

十年前の自分

大澤　分析哲学をはじめとする西洋哲学でも、主体や自我の時間的同一性ということは、よく問題にされてきました。極論すると、先ほど橋爪さんの話に出てきましたが、五分前の自分と現在の自分の間の同一性すら疑うという立場があります。実際、デカルトは、五分前の自分と現在の自分との間の同一性を証明することは不可能だ、ということを言っている。人は、五分前の記憶も、それどころか十年前の記憶もある、と反論するでしょうが、そういう記憶ごと、現在つくられた妄想かもしれない、という可能性を排除できないわけです。だから、記憶も含めて、瞬間ごとに作られているかもしれないわけで、実際、日本では大森荘蔵さんがそういうことを主張しました。実は、仏教の「刹那滅」という考えは、まさに、こういう考え方ですね。大森さんは、しばしば、刹那滅に言及していた。

しかし、ここまで開き直ってしまうとあまりに破壊的なので、もう少し積極的に人格の同一性の根拠を探ろうとした哲学者もたくさんいます。分析哲学の中で、そうしたことを、最も徹底的に考えたのは、デレク・パーフィットという人です。彼は、『理由と人格――非人格性の倫理へ』(勁草書房、一九九八年)という分厚い本で、この問題について論じている。パーフィットの説は、ジョン・ロックのアイデアの改訂版、ヴァージョンアップです。

ロックはどういうことを言ったかというと、人格の同一性の根拠は、記憶の連続性にある、と考えたわけです。しかし、これだと困った問題が生ずる。ある人が、たとえば十年前に何か犯罪的なことをしたとする。しかし、その人は、十年後には、そのことをすっかり忘れてしまっていたとしたらどうなるのか。ロックの説だと、記憶の連続性がないのだから、十年前のその人物と現在の人物とは同一ではない、ということになるので、忘れてしまった犯罪について責任を問うことができなくなってしまうんですね。

そこで、パーフィットは、ロックの条件を緩めて、心理的連結性に加えて心理的継続性ということを考慮することにした。連結性というのは、直接つながっているということで、継続性というのは間接的なつながりです。Aという心理現象とBという心理現象の間に連結性があり、BとCの間にも連結性があるとき、AとCの間には心理的継続性がある、と考えるわけです。人格の同一性とは、この心理的連結性と心理的継続性のことだ、というのがパーフィットの説です。

こうすると、先ほどのロック説の難点は克服できる。たとえば、十年前のことは忘れてしまっているとしても、五年前の自分のことは覚えているとする。そして、その五年前の自分ならば、さらに五年前のことも覚えていたとする。このとき、十年前の自分と現在の自分の間には――連結性ではなく――継続性がある、と考えることができます。心理的継続性があるならば、同一の人格と認めることができる。こうして、十年前の犯罪に関して、現在のその人に罰を与えることが正当化される。

しかし、このパーフィットの説を使っても、輪廻転生する主体の同一性を根拠づけることはできない。たまに前生のことを覚えているという人がいますが、普通は、まったく記憶がない。前生との間には、心理的連結性はもちろん、心理的継続性すらないのが普通です。

そうすると、勝義諦（究極の真理）としては刹那滅のほうをとり、世俗諦（暫定的な真理）としては、輪廻転生する実体や主体を認めるにしても、その世俗諦の水準を支える、「暫定的な根拠」が何であるかわからなくなる。少なくとも、パーフィットの説を含む、西洋哲学や分析哲学は助けになりません。

極楽は予備校である

大澤　さて、問題を確認したところで、もう一度阿弥陀仏の話に戻ります。

先ほど、阿弥陀仏がやっていることと一神教の神がやっていることとどこか違うのかということを説明していただきました。あらためて確認すると、阿弥陀仏は、成仏させてあげることはできないとしても、極楽に往生させることまではできるわけですね。

橋爪　そこがやや、疑問ですね。

大澤　そうですよね。ちょっと疑問ですよね。阿弥陀仏には、どのような権限があって、おまえ、極楽に往生させているんだみたいなことを言いたくなります。

いずれにせよ、仮に極楽に往生したとしても、覚ったということではないですね。極楽とニルヴァーナは違うわけですから。

するると、こう理解していいですか。たとえばニルヴァーナ大学というところに入りたいんだけれど、そうとう難しい。その大学は、五十何億年にひとりぐらいの率しか入らないという大変な難関校だ。阿弥陀仏といえども、学力のない人を、そのニルヴァーナ大学に入れてやることはできない。それは、裏口入学のようなもので、そんな不正はできない。

しかし、その超難関大学の入試に合格するために、最も有利だと言われている東進予備校という予備校があって、そこにだったら入れてあげますよ、というのが阿弥陀仏ということでしょうか。その東進予備校で勉強すると、けっこうな率でニルヴァーナ大に入りますよ、という感じでしょうか。

橋爪　私は東進予備校ではなくて、駿台予備校といってるけど、同じことかな。

大澤　どうして東進かというと、ほら、「（じゃ、いつやるか？）いまでしょ！」というのが、東進の先生でしたよね。「五十六億七千万年後でしょ！」と言ったら、「いまでしょ！」と言ったことになる、というのが仏教なんです。すごい話だなということですけれど。ともあれ、阿弥陀仏は、東進予備校の学費を非常に安くしてあげることができる、という話ですか。

橋爪　まあ、予備校なんですけれど、言葉を変えると「コンシェルジュ」のようなもので、問題を解決する人ではなくて、こうすると問題が解決しますよと教えてくれる人なんです。

大澤　なるほどね、そうですか。

ブッダと仏国土

大澤　もう少しだけいろいろな仏の話を確認しておきたいと思います。

阿弥陀仏の話を中心にうかがってきましたが、それとちょっと似たところもある、よく知られている仏として、薬師如来がいますね。薬師如来も、やはり菩薩だったときに十二の大願を起こし、衆生済度の行を積む。薬師如来の場合、その衆生の救済が、覚り云々よりも、もっと現世利益的ですよね。病気を治してやる、というのが薬師如来の衆生済度の中心ですから。

そうすると、薬師如来は、ほとんど呪術的な神様に見えますね。ウェーバーのいう「呪術の園（ツァウベルガルテン）」みたいな感じもします。もっとも、キリストだって病気治しをしていたじゃないか、と反論する人もいるかもしれませんが。キリストのことはおくとして、薬師如来は、阿弥陀仏よりさらに直接的に衆生の救済をやっているわけです。しかし、これなんかは、仏教的にはかなり反則ではないか、という印象をもちますが、どうですか。

橋爪　薬師如来は、手に薬瓶をもっているでしょう。病気をなおすのに、薬理（因果律）

を用いている。これが、一神教なら、「なおりなさい」「はい、なおりました」なんです。なおす意思（命令）だけで十分。それに比べると、薬師如来は、行動が神出鬼没なだけで、Ｇｏｄと違い、この世界に対する主権（支配権）をもっていない。

ブッダと世界（仏国土）との関係についてですけれど、こう整理されることになっている。一世界一仏といって、ブッダはめったに現れない現象なので、世界の中にひとりだけと、決まっている。生きているブッダのほかにもうひとりいま生きているブッダ、というのはない。それからこの世界は、釈迦仏のテリトリーなんですね。お釈迦さまは死んでしまいましたが、そのテリトリーはまだ続いているんです。そのテリトリーを、遠い将来、弥勒菩薩が継ぐことになっている。

さて、何かの加減で大澤さんが覚ってしまうと、どういうことが起こるか。お釈迦さまのテリトリーなのに、大澤さんがブッダになってしまった。それで、釈迦ブッダと大澤ブッダのあいだに、巨大な斥力（引力の反対の反撥力）がはたらいて、大澤ブッダはこの世界のはるか外にはね飛ばされてしまう。でも大澤ブッダと釈迦ブッダは、まったく同等な存在だから、この世界とそっくりの仏国土が、大澤さんのためにうみだされる。大澤ブッダはその真ん中に、どっしり座ることになる。

大澤　なるほど。そうすると、ＳＦなんかでよく出てくる並行世界論みたいな感じで、誰かが覚って、新しいブッダが登場するたびに、世界が分岐するということでしょうか。

橋爪　そう、違う宇宙ができちゃう。だから薬師如来もそういう感じで、別なところ（世界の外側のもうひとつの世界）にいる。阿閦仏もそう。阿弥陀仏もそう。そういう意味で、現在存在しているブッダは、この世界の中にいてはいけないから、この世界の外にいなくてはいけない。彼らの仏国土の真ん中に座っている。真ん中に座っているので、この世界に気軽にやってきて、人びとを助けることができない。昔は、天皇が外遊をあまりしなかったけれど、あれみたいなものです。

　そうすると、手下が代わりをやるわけです。手下といっても役不足ではいけないから、大菩薩のような偉そうなのがいて、名代としてこの世界（インド）にやって来る。そして、目一杯ボランティア活動をしては、帰っていく。

大澤　華厳経なんてそんな感じですよね。盧舎那仏（毘盧遮那仏）がいちおういて、その前で、普賢菩薩とか文殊菩薩とかの諸菩薩が教えを説く、というのが華厳経の構成ですよね。それとともに、荘厳・華麗な世界が顕れる。

橋爪　華厳経は、これら仏国土を全部合わせた、Σ（シグマ）世界、みたいな感じですね。

大澤　ああ、そうか、世界のまた足し算みたいな。

した。ほかに有名な菩薩としては、なんと言っても、観音菩薩（観世音菩薩・観自在菩薩・救世菩薩）があります。いわゆるお地蔵さま（地蔵菩薩）、勢至菩薩等もいます。こうした有名な大菩薩については、すでにブッダの境地にあるのに、ニルヴァーナに入らず、衆生済度（人民救済）のための活動にいそしんでいる、ということがよく言われる。ここまでに出た比喩を使えば、ニルヴァーナ大学の入試に合格し、入学許可を得ているのに、わざと入学手続きをせずに、予備校でアルバイトしたり、家庭教師をしたりして、後輩たちの受験勉強のめんどうをみている、という感じでしょうか。

僕の観点では、衆生済度する菩薩、というイメージが大乗仏教で重要なものになっていったことに興味があります。このような菩薩の側面が重視されてきたということは、先ほどから話題にしてきた、阿弥陀如来などの新しい仏に関して、やはり、ある種の救済の活動――それは一神教で言われるような意味での救済とは根本的に意味が違うということをすでに確認したわけですが――そうしたものが強調されてきた、ということと並行していると思えるからです。菩薩のこうした側面、衆生済度的な側面については、後ほどいろいろ尋ねることになるかと思います。

菩薩という語がいつ発明され、導入されたかということについては、文献学的な研究がなされていると思います。仏教の初期経典の中に、すでにこの語は使われているとのことですが、菩薩というアイデアが仏教において中核的な意味をもつようになったのは、大乗仏教になってからです。ですから、菩薩を大乗の本質的な特徴のひとつと見なして、差し支えないと思います。

さて、以上は教科書的な知識の確認です。その上で、順を追って菩薩についてお尋ねしたいと思います。菩薩というカテゴリーがとりあえず便利なのは、前世も含めて釈尊について語るときではないかと思います。「まだブッダじゃないけれども将来ブッダになる人」ということを言わなくてはならない。だから、ジャータカを整合的に語るには、菩薩というカテゴリーは使い勝手がよい、と思えます。

こういうことが、菩薩なるカテゴリーが急速に重要性を増すことの一因、菩薩というカテゴリーが前面に出てくる動機の一つではないか、と思うのですが、いかがでしょうか。ブッダ以前のブッダ、未だブッダではないが、やがてブッダになる人、こうしたものを指す必要が出てくる。いつも模擬試験で猛烈にいい成績を挙げていて、この人は受験となればたぶん合格であろうという人について、しかし「すでに合格した人」と呼ぶわけにいかない。「合格可能性ほぼ一〇〇%のまだ合格していない人」というのを説明するときに、菩薩というカテゴリーがたいへん好都合だったように思います。このような見解については、どうですか。そう考えてよろしいでしょうか。

橋爪　菩薩は、出家の制度を前提にした概念です。

仏教はインドにうまれた。インドにはふつうの、世俗の職業につく人びとと、出家者とがいる。出家者は貴い。在家者は、出家者に比べて、とりたてて価値があるわけではない。出家をした場合にだけ、ブッダに近づく、という考え方だった。

ところが、いま話があったように、釈尊の前生譚（お釈迦さまが在家者だった時代の物語）に焦点が当てられた。将来ブッダになるであろう釈尊の、輪廻を繰り返す在家修行時代を、菩薩と呼んだのです。菩薩の修行は輪廻しつつ行なうものなので、一種の螺旋みたいになっている。これは、お釈迦さまがいかに偉いか、説明するための論理なんですけれど、螺旋ってぐるぐるどこまでも伸ばすことができるじゃないですか。はじめは出家にそれなりに力点があったのが、そうではなくて、輪廻しながら修行を続けるこの在家の時代が、菩薩で、価値があって大事だみたいな話になって、どんどん話がふくらんだ。

お釈迦さまは、在家の時代に何をやっていたかというと、インド人だったのですから、いろいろなカーストに生まれたり動物に生まれたりして、修行に励んだ。ふつうのインド人だったんです。ふつうのインド人としてまじめに活動することが、原因になって、ブッダになったという考え方だから、ありとあらゆるインドの人びとの職業生活を、そのまま価値あるものとして経過しているわけでしょう？　インドに靴屋さんがいたとする。お釈迦さまは気の遠くなるほど長いあいだ輪廻していたんだから、靴屋さんのときもあっただろう。インドに農民がいたとする。農業をやっていたときもあっただろう。ウサギをやっていたときもあるし、イノシシをやっていたときもある。つまり、すべてのインド人の運命を経過して、そのなかで覚りの原因を蓄積していったはずだ。そうするといま、パン屋さん、靴屋さんをやっているインド人も、お釈迦さまになるための修行をしているんだというふうに考えられる。私は菩薩だと自己主張できる、という効果があって、これが大乗教ですよ。

めまい効果の魅惑

橋爪　どんな職業のひとも、どんなカーストのひとも、その場所でブッダになるための修行ができますよ。するべきですよ。在家者のままでいいんです。サンガの出家修行は最後の最後のトッピングだから、これは無視しなさい。

ウェーバーのいう、世俗内禁欲*みたいですね。

とてもいい考え方なんですけれど、問題はこの期間が、長いということです。かなり長い。なぜ長いかというと、インドのすべてのカーストを輪廻によって全部覆いつくすためには、とても時間がかかるからです。

もう少しだけ関連して、補足します。

五十六億七千万年とかね、めげるんですよ、そう聞くと。考えきれない。数えきれないものは、めげる。たとえば水玉模様の服があったとして、それを見れば、水玉模様がたくさんついているな、きれいだなとは思うけれど、いったい水玉がいくつついているのかと数えたりはふつうしない。水玉はたくさんあって、数えようにも、めげるから。めげるけれど、そういうものがあっていいのではないかというのは、これは、インド人の想像力の特徴だと思う。めげるほどのめまい効果に、魅惑されるわけです、インドのひとは。

ユダヤ人（一神教の人びと）には、こういう要素はほとんどない。神が絶対で、人間は小さな存在。神が絶対だと納得するのに、偶像も必要ない。どんな話があるかというと、五十六億年生きていたなどとは言わないで、リヴァイアサンをやっつけたと言う。リヴァイアサンといったってワニの大きいぐらいの怪物で、簡単にやっつけられるかもしれ

＊世俗内禁欲　［innerweltliche Askese（独）］　ドイツの社会学者・経済学者マックス・ウェーバーの用語。「禁欲」とは欲望を我慢するという意味ではなくて、自分の行動すべてを一定の目的のために組織するという意味。世俗の職業に全身全霊をこめて邁進（まいしん）すること。

ないんだけれど、その程度のことで話がすんでしまう。絶対は、端的に絶対なのであって、めまい効果による想像力で支えられていないんですね。
仏教徒にせよ、ヒンドゥー教徒にせよ、天文学的に大きな数、めまい効果をともなう列挙、カリフラワーみたいに部分と全体が相同な操作の繰り返し、みたいな修飾が多用されるんだけれど、それは、絶対という概念がないからだと思う。

大澤　なるほど、おもしろいですね。雑談的なコメントと学問的なコメントをしてよろしいですか。まず、雑談的な話題のほうから。話を聞いていて、大学生のとき家庭教師をやっていた生徒のことを思い出したんですよ。中学三年生の女の子で、オールラウンドにわりと勉強ができました。どの科目もよくできたのですが、どういうわけか、理科の天文関係のところだけが、すごく苦手なんですよ。数学だってまずまずできるし、理科でも、生物とかほかの部分は問題なくできるのに、天文だけダメ。ふしぎに思って、本人の話をよく聞いてみると、結局、「めまい」が原因だとわかってきました。天文というのは、たとえば「何十億光年」というような数字が出てきますよね。ヒューマンスケールをあまりにも超えて、途方もなく大きいので、めまいがして、思考停止状態になっているのです。数学で、抽象的に出てくる限りは、どんな数字でも平気なのに、天文でとてつもない数字だと、めまいがしてしまう。仏教を含むインド思想は、こういうタイプのめまい効果を利用しているんだな、と思いました。

もう一つは、もう少しアカデミックな雰囲気のコメントです。橋爪さんの話をうかがっていて、仏教とユダヤ-キリスト教において、概念とイメージのねじれた対応のようなものがあることに気づきました。まず、概念に関して、ユダヤ-キリスト教の神とブッダとを比較してみる。この点に関しては、もうこの対談の中でも繰り返し強調してきたことですが、ユダヤ-キリスト教の神は絶対的に超越的な存在で、人間との距離は無限です。これに比べたら、ブッダはたいしたことはない。ブッダといえども所詮は人間ですから、どんなに優れているといっても、普通の人間との間に有限の距離しかありません。

しかし、イメージのレベルで両者を比較すると、一神教と仏教の関係が逆になります。ユダヤ-キリスト教の神は、偶像崇拝になってしまうから、ほんとうはイメージなんかないはずですが、実際には、聖書の所々に、神のイメージを喚起するような記述がありますよね。たとえば、今、橋爪さんが指摘されたように、『ヨブ記』には、神がいかにすごいかということをイメージさせるために、リヴァイアサンをやっつけた、なんて話が出てきます。しかし、こんなこと、ブッダや有名な大菩薩が何十億年という時間の中でやってきた偉業に比べたら、全然スケールが小さいことです。つまり、イメージに関していえば、一神教の神よりも、ブッダや大菩薩のほうがずっとすごいのです。

そもそも、創世記によれば、神は自分と似せて人間を創ったわけです。ということは、逆にいうと、神のイメージ、神の姿は、人間と似ているということです。本来、人間とは絶対的に隔たっているはずの神の像に関して、人間との類似が強調されているのは、興味深いところです。それに対して、仏教は、ブッダとか、大菩薩が、身体像に関して、いかに並みの人間（凡夫）とは隔絶しているかを強調しますよね。たとえば、毘盧遮那仏。いわゆる大仏ですね。「巨人」としての像をもっている。あるいは、千手観音なんかを思ってもよいかもしれない。千手観音は、観音菩薩のひとつの姿ですが、手がたくさんあって、見ようによっては怪物みたいです。これは、観音菩薩が、いかに大きな力をもっているかを示すために、あのような姿に描くわけです。

あるいは、キリストとブッダを比べてみると、キリストのいわゆる奇蹟なんていうのは、さまざまなブッダたちの超人的な業と比べたら、実は、たいしたことがないですよね。キリスト教について、橋爪さんと対談したとき、橋爪さんも話されていましたが、最後の「復活」を別にすると、キリストの奇蹟はほとんど、十分にありそうなことの範囲を超えません。

したがって、整理すると、概念で比べれば、一神教の神はブッダよりもはるかにすごくて、人間を超えている。しかし、イメージで比べると、神のほうはたいしたことはなくて、ブッダのほうには、それこそめまいがするようなことがたくさんあります。この概念レベルでの対比とイメージレベルでの対比がねじれているのがおもしろい、と思いました。

菩薩は世俗内禁欲か

大澤　菩薩の話、大乗の話を深めるための前提として、ひとつ確認しておきたいことがあります。

仏教徒には出家と在家との区別があって、出家ということに重要な意味があった、ということだったと思います。この仏教のもつ特徴は、仏教に限らず、古代インド的なエートスの徹底というか、純粋化ではないか、と考えることができないでしょうか。

普通は、生きていれば、経済活動をしたり、セックスをして子どもをつくり、育てたりすることになります。こういう世俗のことから離れるということが出家ですが、世俗外へと関心を向けようとするベクトルが、古代インドのエートスには、もともとかなり強くあったのではないでしょうか。

ヒンドゥー教系の法律書、というか行為規範の体系に『マヌ法典』というのがありますね。長い時間をかけてできあがったものだと思いますが、ともかく、マヌという神が語ったことになっているので、『マヌ法典』と呼ぶわけです。そこに、一人の人間、というか男が、どういうふうに人生を送らなければいけないかということが書かれています。人生は四つのステップを踏むのが正しいと。

まず若いころ、「学生期（がくしょう）」というのがある。「学生期」は何をするかというと、ヴェーダについて研究するにあたって優れた師を見つけ出すのが一番というわけです。橋爪さんのような人に出会えたら、学生期として正解になるわけです。師を見つけて、その下でヴェーダ、つまり宗教書の学習に力を注ぐのが、学生期です。

そのまま、ヴェーダの勉強をしていればよいかというと、そういうわけにはいかず、成人すると、「家長期」というのを過ごさなくてはいけない。つまり家族をもって、家長として仕事をしたり、家族を養ったりしなくてはならない。要するに、カーストに定められた仕事をするのが、この時期ですね。

その後、「林住期（りんじゅう）」というのがあって、さらに「遍歴期」というのがある。「林住期」は、森を住まいとして、ヴェーダを復唱したりしながら、苦行に専心する。苦行の中心には、ベジタリアン的な食事があります。その先にある「遍歴期」になると、定住すべき家ももたず遍歴する。このときには、必要最小限の食べ物だけを、村々で乞食（こつじき）して、ヴェーダの復唱を別にすると、沈黙を守らなくてはならない。

このように男の人生は四つのステップを歩むわけです。その中の最後の二つのステップ、特に遍歴期というのが、出家しているのと同じ状態なのが、ポイントです。

このヒンドゥー的な人生の四ステップから、僕は二つのことを思うのです。第一に、人生の終極的な目的が、普通にビジネスして、成功したり、社会に貢献したりすること、つまり家長期の活動におかれていなくて、林住期や遍歴期に置かれているわけです。最初の学生期は、後の林住期や遍歴期の準備段階ですよね。間にある家長期は、必要悪のようなものです。しかし、第二に、僕はこの人生の四段階というのは、かなり巧妙にできていると思うのです。というのは、必要悪でありながら、人が最も精神的にも肉体的にも充実しているときは、実際には、家長期なのです。おそらく、当時は、そんなに寿命も長いわけでもないから、ふつうの男の人生を送っていくと、「家長期」が終わるころにはほぼ寿命もつきていて、だじゃれでないけれど、ほんとうに「りんじゅう（臨終）」してしまうという感じになってしまう人が多かったと思います。したがって、まとめると、公式には、林住期や遍歴期が本来の目的だけれども、実際には、家長期の仕事が大半だった、という人生になるのです。人生の理論的な目的と、現実の中心とがずれるようにできている。

つまり、ヒンドゥー教においてすでに、世俗の活動、つまりビジネスや家族生活から離れることが、人間の本来の目指すべきものだ、という感覚が濃厚にあると思うわけです。その本来の目的の部分だけを純粋に切り離すと、「出家」ということになります。仏教の出家、あるいは仏教でなくてもジャイナ教などにもあると思いますが、出家して修行したり、禁欲したりすることをよいことと見なすセンスというのは、ヒンドゥー教の中にすでにあった傾向性を強め、純化したものではないか、そういうふうに見ることができます。

すると、ここでも仏教とキリスト教——キリスト教の中でもとりわけプロテスタント——との対照がまたしても確認されます。マックス・ウェーバーが特に重視したことですが、プロテスタントの特徴は世俗内禁欲ですね。世俗の仕事に積極的にコミットしつつ禁欲する。それに対して、仏教は、世俗外禁欲、つまり世俗から離脱する中で禁欲する。こういう対立を見てとることができます。

さらに、仏教の、世俗の生から逃れていこうとする傾向を、いわば、観念的に延長するとどうなるか。その観念的な延長線の上に見出されるものが、輪廻から解脱しきったニルヴァーナの境地、ということになります。

さて、こうしたことを確認した上で、思うのは、次のようなことです。まず、すでに何度か言ってきたことですが、出家とかサンガとかを強調し、世俗外の禁欲を重視した場合には、救済される者がごく一部になってしまう、いわば「小乗（小さな乗り物）」になってしまう、という問題が出てくる。これを克服しようとして、在家とか、菩薩乗とかを重視する大乗の理念というものが出てくるのではないか。

もうひとつ付け加えたいことは、現実の社会生活や人生の中に出てくる、この問題と同じ構造の問題が、観念のレベルで再現されるのではないか、ということです。どういうことかと言うと、今、出家と在家とが乖離してしまい、前者が優位になる、ということが一つの問題として意識されて、大乗という考え方が前面に出てきて、この乖離が埋められる、というようなことを言いましたが、似たような乖離は、観念のレベルでも生ずる。それは、ニルヴァーナと輪廻転生の乖離です。仏教の理念を純化すればするほど、ニルヴァーナは、あまりにも遠く、困難な場所のように感じられてしまいます。すると、この乖離を埋めるというか、媒介する要素が必要になります。それが衆生済度にいそしむ大菩薩というイメージではないか、というのが僕の仮説です。「不住涅槃」、つまりニルヴァーナに行くことをあえて中断して、他の人もニルヴァーナに行けるように頑張る大菩薩というものが、離れすぎた、この世界とニルヴァーナとを近づける機能を果たしているのではないか。そんなふうに感じます。

橋爪　世俗内禁欲の話になったので、菩薩というあり方と、ルター派などプロテスタントの世俗内禁欲というあり方が、同じか違うかを考えてみましょう。

一神教の場合、神がいるので、神が命令したことが正しいという考え方なんです。農業や牧畜やそのほかの労働は、エデンの園から追放されたときに、自分で額に汗して食料を手に入れなさいと命令されているから、それに従事する正当性があるんです。

つぎに、宗教に専従する祭司が出てきたんですけれど、彼らの生活は十分の一税で維持される。十分の一税を払いなさい、というのも神の命令なんです。十分の一税はユダヤ教の祭司の税だけれど、キリスト教の聖職者も十分の一税を集めているので、これは教会と世俗の人びととの関係でもある。神がいると、世俗の人びとと教会とのあいだの関係が、とても安定する。安定するから、小乗と大乗のような分岐が生まれない。

仏教の場合には、神がいないから、出家をする（在家ではない集団ができる）のは、修行の便宜のためなんです。本人の創意工夫なんです。出家することは、覚るための必要条件ではない。ただ覚る可能性が高くなって、便利なだけ。

大澤　そうですね。入学試験のために、ひとりで勉強するか、予備校に通うか、みたいな。

橋爪　そんな感じ。出家をすることを正当化する論理が、神から与えられない。ブッダも与えることができない。

ちょっとみると、ブッダが与えているのではないか、と思われます。でも、小乗の律蔵に書いてあるのは、サンガを組織する場合にはこうしなさい、ということだけ。必ずサンガに入りなさい、さもないと覚れません、ではない。出家は、習慣なんです。

そうすると、在家とサンガの関係は、税にはならない。托鉢と布施（寄付）の関係になる。命令ではなく、自発性に基づくからです。

これは在家にしてみると、ある意味、迷惑なんです。

このことを、お釈迦さまもわかっていたはずだ。律蔵のなかに、「同じ家に続けて何日も托鉢に行ってはいけない、場所を変えなさい」、みたいなことが書いてある。それは托鉢が、在家の迷惑（搾取）だからです。食事どきになるとやってきて、食事を分けてもらうまで帰らないで軒先に立っていられるなんて、迷惑じゃないですか。

食事をあげれば功徳になるという論理でごまかされているけれど、この関係は不安定なんです。しかも、在家は名誉が与えられない。在家の仏教徒は、名誉も与えられず搾取されて、「何だ、こりゃ」ということになるわけだから、自主性を取り戻そうという運動が起こるでしょう。自主性を取り戻そうと思ったらどうするかというと、サンガの価値を引き下げる。出家は仏になるために必要条件ではないはずではないかと。それからおれにも、仏になる権利をちゃんと認めろと。

在家の復権運動（大乗）は、こうして、仏教のなかで自然に起こってくるんだけれど、一神教にこれにそっくり並行する運動は起こらない。ルター派が言っている世俗内禁欲というのは、「サンガはずるいから私たちにも同じことをやらせろ」ではなくて、「そもそもカトリック教会なんぞというものは聖書に書いてないからやめてしまえ」、なんです。でもサンガはちゃんと、聖典に書いてありますからね。

大澤　サンガのほうが教会より、ずっと宗教的根拠は重いですよね。

橋爪　宗教的根拠は重いんだけれども、不安定なんです。

大澤　なるほど。いまの仏の教えで思い出した。子どもが幼かった頃、よく読んでやった童話のことです。子どもが、この童話が好きで、せがむので、毎晩のように読んでやりました。この童話の主人公は野良猫なんですよ。といっても、つい最近まで、いいとこで飼われていたのですが、ちょっとした拍子で、突然、野良猫になってしまった。だから、どんなふうにしたら、野良猫として生き抜くことができるか、全然わからないわけです。そうしたら、たまたま、一匹の、ものすごく強い先輩野良猫に、見込まれて、いろんなことを教えてもらうわけです。その先輩野良猫の教えのひとつに、施しの受け方というのがありました。先輩猫は、一度ある家で餌をもらったからといって、同じ家に何度も行っちゃいけないぞ、という。そんなことをすると、こいつはずうずうしい猫だとか思われて、逆に、もう二度と餌をもらえなくなってしまうから。だから、いくつか「乞食」のルートをもっておいて、ある程度のインターバルをおかないと、同じ家には戻ってこない、というようにしなくてはならない、と先輩猫は主人公に教える。仏の智恵と同じだなと思いながら、橋爪さんの話を聞きました。まあ、雑談ですが。

授記とはなにか

大澤　菩薩についてもう少しこだわりたいんですけれど。

「授記*」ということがありますね。授記というのは、仏が修行者に対して、あなたは未来世に必ず成仏するだろう、と言うことです。

これは、まだ合格していないうちに、ニルヴァーナ大学の合格は確実ですよという保証を与えられているように思えるわけです。比喩的に言えば、卒業よりもかなり前の段階で合格の内示をもらった推薦入学者みたいな感じがします。しかるべきときが来たら

＊授記　[vyākaraṇa (s), veyyākaraṇa (p)]　サンスクリット語の「vyākaraṇa」は動詞「vyākaroti（分ける）」に由来。区別・説明・解説・分析・発展を意味する。仏が弟子に対して、未来の成仏を予言し、証言を与えること。

合格ですよといった内定をもらっている、という印象です。授記をもらっている菩薩ともらっていない菩薩といる。もちろん、前者のほうが圧倒的に少ない。

しかし、僕は授記というのは、少し変だという印象をもちます。仏教の論理からして、ルール違反ではないでしょうか。あなたは、これぐらい頑張っていればもうプロ確実だよみたいなことを言われる。授記というのは、試験を受ける前から合格証を出している感じがしませんか？

橋爪　それは、予想だから、まあいい。

大澤　授記は、単なる予想なんですね。

橋爪　予想だから、約束ではない。仏になると言ったからといって、言った側に責任はない。

大澤　そうなんですね。たとえば、模擬試験をやると、よく合格確率なんかを出してくれますね。過去のデータからの推定で。

橋爪　それに一〇〇％と出たということ。

大澤　それに一〇〇％と出たというのが授記ということなのですね。

橋爪　そうそう。けれど、競馬の予想と同じで、オッズが一位になっていても、そのとおりにならなくたって知らない。

大澤　なるほど。たとえば、釈尊の場合には、過去世に燃燈仏（ねんとうぶつ）という仏から授記されたことになっていますね。授記をする権限というのは誰にあるんですか。

橋爪　仏。

大澤　では、ニルヴァーナ大学にすでに合格している先輩が、受験勉強している後輩を見て、「おまえ、すごくできがいいから、ほぼ大丈夫だぞ、合格確実だぞ」みたいなことを言ってくれるということですね。

橋爪　将来は大丈夫だぞ、と。一切智だから、わかるわけです。

大澤　なるほど、ああ、そうか。一切智をもつ仏の予想ですから、予想といえども、事実上、「保証」に近いものとして受け取ることができるわけですね。わかりました。

菩薩の慈悲

大澤　もう少し、菩薩というカテゴリーにこだわりたいんですが。仏教の歴史、大乗仏教の歴史というものを見ていると、菩薩というカテゴリーの意味の中心が、途中でシフトしているように思います。

まず、菩薩というのは、本来の意味では、まだブッダになっていない人ということですよね。まだ修行中であり、候補にすぎない、というわけです。今、「授記」に少しこだわってみたのは、授記されたとしても、それは、結局は予想に過ぎず、まだブッダではない、成仏していないという否定的な含意が中心になっている、ということを確認するためです。

ところが、やがて、この「ブッダではない」という部分に、積極的な意味が与えられるようになって、それとともに、大乗仏教における菩薩というカテゴリーの重要度がより大きくなった、というように思えるわけです。「ブッダにまだなれない」のではなく、あえて「ブッダにならない」「ブッダになることをとりあえず拒否する」というかたちで、ブッダではないことに、肯定的・能動的な意味が入ってくる。ブッダにならずにどうするかというと、衆生済度にいそしむわけですね。「ブッダではない」という部分に、能動的・積極的な意味が入るのとちょうど並行して、重心が「自利」（自分が修行している）から、「利他」というか「覚他」（他人を覚らせる）のほうへと移ります。つまり、並行して、視線が修行者自身に向かっていたところから、他者へと向かうようになった、とも見えます。

この点が最もはっきり出ているのが、菩薩のなかでも圧倒的に知られている観音菩薩ですね。少し教科書的なことをまとめておくと、「観音」というのは、「アヴァローキタスヴァラ（Avalokiteśvara）」の訳で、「アヴァ」は「広く」、「ローキタ」は「観る（ロク)」、「スヴァラ」は「音」です。つまり「広く音を観る」という意味になるわけですが、この「音」というのは、衆生の声です。つまり一般の人びとがこの菩薩の名前を唱えると、観音菩薩はそれを観て（聞き取って）その人の願いを成就させてくれる、という信仰があったわけです。観音菩薩の利他性がよく出ている。

観音菩薩というのは、たくさん変身します。六観音とか、七観音とか、三十三観音とか言われる。有名な観音としては、聖観音、千手観音、十一面観音、馬頭観音、不空羂索観音などがありますね。要するに、観音菩薩というのは、あらゆる方向に顔を向けていて、いろいろな姿で衆生の中に現れ、救済の活動をする、というわけです。観音菩薩というのは、ヒンドゥー教の神が仏教の内部に取り入れられたことで生まれた、というような実証研究もあるようです。

ちなみに、チベット仏教のダライ・ラマも観音菩薩の化身という想定ですね。『華厳経』によれば、観音菩薩は補陀落山に住んでいることになっていて、チベットのラサにはポタラ宮というのがあります。

ともかく、菩薩というカテゴリーにおいて、意味の中心がシフトしている。ということは、仏教そのものの力点というか基本的な性格が微妙にシフトしているのではないか、とも思うのです。この点はどうですか。

橋爪　「仏になっても当然なんだが、あえて菩薩を続けている」——負け惜しみじゃないですか、言ってみれば。菩薩であるしかない在家の人びとがプライドをもって、在家の生活を続けていく。やはりサンガに対してコンプレックスがあって、それを埋め合わせたいという気持ちがある。

菩薩の位置を修行との関係でのべるなら、在家はとてもパラドキシカル（逆説的）ですね。在家とは、ビジネスを続けるということです。ビジネスは、農業、工業、商業、それ以外のサーヴィス業を含む。ビジネスの特徴は「人間の生存の条件をつくり出す」ということでしょう。サンガの裏返しです。

サンガは、具足戒（ぐそくかい）といって、比丘（男性）は二百五十戒、比丘尼（女性）は三百五十戒などと、修行のルールがたくさんある（戒の数は、何通りも伝わっています）。そのうち注目すべきものは、四つか五つだと私は思うんですけれど、まず、掘地戒（くっちかい）。地面を掘ってはいけない。それから水をまいてはいけない。この二つの戒律を守ると、農業ができなくなる。それから、お金に触ってはいけない。つまり商業ができない。こういうルールがある。あと、お葬式をやってもいけないのでした。経典のなかで、お釈迦さまがそう指示している。

以上をまとめると、サンガは、ビジネスをしてはいけないというルールに従っている。

ビジネスをしてはいけないサンガと、ビジネスをしなくては生きていけない在家、つまり菩薩とがある。サンガはある意味、理想的な勉学環境があるんだけれど、自分の生存条件を再生産できていないということです。そこでどうしても在家に依存しなくてはいけない。これがサンガの泣きどころです。

在家の優位は、人間の生存条件をつくり出しているということなんですけれども、しかし釈尊はそれをやめて、サンガで修行した。在家でなくサンガに、一種の理想をみていた。その伝統を踏まえる仏教には、僧中有仏で、仏はサンガのなかにいるという考え方がどうしてもある。

というふうに、出家も在家も、どちらも完璧な自己主張ができないということになるんですけれど、そこでいま出た、大菩薩という考え方があるんです。

サンガの人びとはビジネスができないから、在家の人びとに直接メリットを及ぼすことができないんです。せいぜい法を説いたり、在家の五戒を与えたりするだけであって、基本は自分たちの修行に集中している。

在家の人びとの生活の実情を理解して、ビジネスを通じて必要なサーヴィスを提供することは、生活のためでもあるけれども、衆生済度でもあると言えます。だって、人びとが苦しんでいて、彼らのために必要なことを、みんなそれぞれ分担しているわけだから。それを誰がやっているかというと、在家の人びと（菩薩）の相互作用（助け合い）でやっている。大菩薩は何をしているかというと、インド社会の外からやってきて、在家としての資格で、インドの在家の人びとでは十分に手が回りきらない、社会インフラの整備や公衆衛生、弱者のケアなどを重点的に行なう。つまり、在家の人びととの、理想化された自己イメージなのですね。

もう少し言うと、在家の人びとは、その社会の制度や価値観に内属しないと、ビジネスができない。たとえば、みんながパンを食べたいからパンを作る。政治が必要だから政治をする。食欲や法律など社会的価値は、ほんとうのところは実体がない迷いであり、煩悩であるということになっている。その迷い、煩悩に奉仕しないと、在家の活動（菩薩行）はできないわけでしょう。これではかえって、覚りから遠ざかってしまうのではないか。

でも、慈悲ということがあって、そういう煩悩にとらわれている在家の人びとは気の毒なので、いろいろなサーヴィスをしてそういう人びとを救ってあげようみたいな、メタレベルでの在家の活動がある。自分のためではなく、相手のために行動する。ビジネスを、ビジネスそのものとしてではなくて、メタレベルの慈悲として実践するというふうに考えればいい。

大澤　そうするとビジネスに宗教的意味がつく。

橋爪　そうそう。だから、パンを作ってみんなに食べてもらう。自分はこうしないと生きていけないからパンを焼いているのではない。みんな、パンが食べたいという煩悩にとらわれている。煩悩それ自身を救うことはできないんだが、煩悩にとらわれている彼らがかわいそうだから、慈悲としてパンを焼いてみんなに配っているんだぞ、みたいな。

マルクス主義と仏教

大澤　なるほど。僕が先ほど言いたかったこともそれと関係あります。仏教や、その他のインドの思想や宗教には、人間の生存の条件から離脱しようとするベクトルが、非常に強く効いているように思います。

実は、僕のみるところ、ヒンドゥー教にも、こういうベクトルは作用しています。しかし、仏教のほうがはるかに強く、そういうベクトルを効かせている。ヒンドゥー教の場合には、生存の条件から離脱しようとする力と、ビジネスなどの生存の条件を確保しようとするベクトルとがともにあって、両者の均衡というか、妥協の上に成り立っていると思うのですね。

具体的に言えば、たとえば先ほどふれた人生の四段階です。人里離れたところで瞑想したり、宗教的なテキストを勉強したりする段階もあれば、ビジネスをする段階もある、というようになっていますね。あるいは、カーストもそうですね。頂点に、宗教や儀礼の専門家であるバラモンがいるわけですが、その下には、政治をやったり、戦争をやったり、商売したり、農業をやったりするためのカーストがある。

しかし、仏教は、生存の条件から離れていこうとする力が、もっとずっと強く、純粋です。だから、すべての人が仏教的に理想的な生き方をしようとすると、一つの社会システムが維持できないんですね。まあ、厳密には在家の仏教徒もいるわけですから、そこまで言い切るのはちょっと行き過ぎかもしれませんが、少なくとも、サンガだけの社会システムというのは、人間が生きるために必要なものを確保できないので、自律することはできません。すべての人が出家してしまったら、社会システムは存続できない。

だから、自律的な社会システムになるためには、仏教はヒンドゥー教とセットになるしかないわけです。全員がヒンドゥー教徒の社会システムならば自律できますが、仏教徒だけで構成されている社会システムは、自律できない――少なくともきわめて自律困難になる。ヒンドゥー教のような補完物を必要とするところが、仏教の特徴ですね。イスラム教やユダヤ教やキリスト教、あるいは儒教でもそうですが、すべての人が、その宗教の信者であったとしても、包括的で自律的な社会システムが成り立つし、それで誰もちっとも困らない。でも、仏教はそうはいかない。仏教的に完全に理想化された生き方をする人だけの社会システムというのは、そうとうに困難です。

この事実との関係で、派生的なことですが思うことは、こんなことです。仏教は、マルクス主義、教科書的なマルクス主義にはとてもやっかいな宗教だ、と。マルクス主義によれば、宗教やイデオロギーは、階級支配の道具であり、階級支配を正当化するためにある。しかし、仏教はこの説明には、まったくあてはまらない。仏教は、人間の経済活動そのものを低く評価しているわけですから、どんな階級支配も、どんな生産関係も正当化しない。だから、仏教は、少なくとも教科書的な、典型的なマルクス主義の説明の限界を証明するケースになっています。

橋爪　仏教はヒンドゥー教と組み合わせて考えてみたほうがよいのはその通りです。ヒンドゥー教はカースト制を下敷きにしている。カースト制は不合理なので、それを納得するために輪廻や前世の因果という考え方があるでしょう。カースト制とヒンドゥー教の関係は、下部構造／上部構造のような、マルクス主義的に説明しやすいもののひとつだと思うんですね。

さて仏教は、そのヒンドゥー教に反対している。バラモンだけが覚りを得られるという考え方に反対しているでしょう。つまり、カースト制に異議を唱えているわけ。そこで、マルクス主義の描く宗教と違ってみえるのではありませんか。

大澤　そうですね。ただ僕が思うには、ヒンドゥー教だけでも、マルクス主義には不利な素材です。マルクス主義のいう階級というのは、生産関係ですよね。インドのカースト制で、一番上にいるのは、生産関係の上では、ほとんど意味をもたない人たちです。物理的暴力を握っているクシャトリヤとか、あるいは経済の中心になっているヴァイシャとかが、上位ならば、マルクス主義の論理にのりやすいわけですが、バラモンがトップというのは、マルクス主義的には都合が悪い。

生産関係が土台にあって、それに規定されるようなかたちで、宗教を含む意識諸形態がある、というのが史的唯物論の公式ですよね。しかし、実際にはバラモンが上にいて、彼らに支配されるかたちでクシャトリヤやヴァイシャがいるのですから、生産関係や物質的な支配とは独立に、ヒンドゥー教というイデオロギーが働いていることになります。

廻向とはなにか

大澤　先ほどまでの橋爪さんの話をまとめると、在家でビジネスをやっているのだけれども、何か少し、出家並みのいいことをやって成仏に近づきたいとする。このとき、大菩薩をロールモデルのようなものとする。どういうことかというと、客観的に外から見るとただビジネスをやっているだけですが、それに、「慈悲でやっているんだ」というようなメタ的な解釈を入れる。すると、ビジネスも、仏教的に価値ある行動になる。これがいままでの話です。

その上で、少し疑問を出しておきます。「慈悲」というのは、第二章で、話題にしました。慈悲は、確かに、仏教的な概念なんだけれども、仏教の中心というか、根幹との関係からすると、わりと派生的・周辺的なものなのではないか。そんな話が、前に出たと思います。少なくとも、キリスト教の隣人愛と比べてみれば、仏教における慈悲の周辺性は明らかです。隣人愛は、キリスト教にとっては、中心も中心。そのような強い必然性は、慈悲にはありません。

とすると、「慈悲でやっている」と解釈できたとしても、そのことで、そんなにポイントが稼げるのか、気になります。それから、慈悲で何かをやってあげる、というときには、他人が成仏に近づくようなことをやる、ということになるかと思います。しかし、「廻向」*の問題とも関係していますが、他人のために功徳を積んであげるみたいなことは、本来の仏教の論理からするとおかしいのではないか、と思うのですが、どうでしょ

＊廻向 [pariṇāma, pariṇāmana, pariṇāmanā (s)] 原語は変化・変更・成熟・発展の意。仏教では自分の行なった善根功徳を「廻(めぐ)らし」、一切衆生の覚りや利益に「さし向ける」こと。

う。自力救済なら全然問題がないわけですが、他人の救済のための原因を私が積んであげることはできるのか。仏教の中心的な論理との関係で、そういうことが正当化できるのか。疑問に思うところです。

橋爪　それは、いろいろに考えられる。

功徳を積むなりして、成仏の原因をつくるときの、自分と他者の関係ですね。まず、無関係ではなくて、関係はあるのではないですか？　たとえば大澤さんと私が仏教徒だとする。お腹がすいたのでニワトリを食べよう。ニワトリは庭先で、コッコッコと走り回っている。さて、二人のうちの一人がニワトリの首をちょん切らなければいけない。大澤さんがちょん切ると、私はちょん切らないですむ。私がちょん切ると、大澤さんがちょん切らないですむ。ちょん切った人のほうが、殺生戒の関係でポイントが下がってしまうのではないですか？　で、考える。私は大澤さんにいろいろ世話になっているし、大澤さんに殺生戒を犯させるのは忍びない。ここは私が殺生戒を犯して、二人分のマイナスポイントを自分に付けましょう。というので、私が首をちょん切ったとする。大澤さんのポイントは因果関係のなかで、自分の行為責任に関して計算されている。私も同じ。でも、社会的な場面のなかでは、私が大澤さんのポイントを高めて、そのぶん私のほうにマイナスを付けましたということになるから、互いのポイントは関係あるでしょう？　こういうことは社会生活のなかで、不断に起こりうると思うわけ。

さまざまな職業のなかに、たとえば、ニワトリに限らず、動物を殺す専門家や、戦争をやる人や、みたいにポイントが貯まりにくい職業の人がいる。それから、ポイントが貯まりやすい職業の人がいる。なぜそういうふうになっているかというと、ビジネスはネットワークだから、全体で支えあっているためなのです。

そうすると、そのネットワークを調整してしまえば、誰か別な人はポイントが貯まりやすく、別な人はポイントが貯まりにくいことになる。つまり、そのネットワークのなかには、いつでも慈悲が働くと言える。そういう論理が、まずあると思う。

大澤　なるほど。考えてみると、実際カーストのシステムのなかで、低い階層になっている人たちというのは、ポイントが貯まりにくい仕事、たとえば動物の死骸を直接扱わなくてはいけないような人が多いですね。要するにニワトリの首を切るタイプの仕事の人は、ポイントが貯まりにくく、下のほうのカーストになる。

いまのお話でおもしろかったんですけれど、それに重ねて質問したくなりました。僕らのふつうの道徳感覚と、仏教の論理のズレのようなことに、もうひとつ納得できないものを感じてしまうのです。今の話は、たとえば橋爪さんが僕に「ニワトリを殺すのは大変だろう、嫌でしょう。僕がやりましょう」と言ってくれたということですね。

そして、橋爪さんがニワトリの首を切ってくれたので、僕のほうは、何もせずにすんだ。こうして、橋爪さんがバッドポイントを少し多めに稼いでくれたおかげで、僕は「こちらに失点がなくて、よかったな」みたいに思うわけです。仏教の論理としては、これでよいと思うのです。なるほどそうすれば、仏教の論理を維持しつつ、橋爪さんが他人、つまり大澤の救済のための原因を作ってあげたことになるのだな、と思いました。

しかし、よく考えるとちょっと変だ、という感じもちます。ふつうの道徳感覚からすると、このケースでは、偉いのは、橋爪さんのほうじゃないですか。だから、橋爪さんのほうがマイナス10点で、大澤のほうにはマイナス点がない、というのは理に合わない、という感じがする。むしろ、そこまでやってくれた橋爪さんのほうが偉いわけで、ポイントを増やすべきであって、大澤は橋爪に押しつけたということで、ポイントを失うべきではないか……。そういう感じがするんですけれど。

橋爪　それはまあ、ひとつの見方ですね。

大菩薩はそうやって、マイナスポイントを抱え込むことを恐れないで、慈悲に基づいてどしどし行動する。ちょっとのマイナスを恐れないですむほど、プラスのポイントをすでにたっぷり貯め込んでいるから大丈夫、なのかもしれないけれども、そんなことをするからなかなかブッダになれないとも言える。

大澤　だからふつうの道徳だったらここで大菩薩はどんどんニワトリの首を切ってあげたことで、大菩薩自身が得点を稼ぐことができるべきだ、ということになるわけですが、仏教の論理では、逆に、どんどん失点を重ねて、サッカーで言えばオウンゴールみたいなことになる。ということは、仏教の前提の部分に、一般の社会の道徳とはまったく異なった前提があるということではないか、と思います。

覚りは極限である

大澤　菩薩の修行について、うかがいたいと思います。どうしたら成仏できるのか、ブッダになれるのか、覚れるのか、ということとの関係で、です。

出家者の場合には、戒律を守るわけですよね。修行ということとの関係では、サンガの運営のための内規みたいな律よりも、戒のほうが重要な感じがします。婬（いん）・盗・殺・妄*の四戒、つまり波羅夷（はらい）罪*と呼ばれる重要な四つの戒を含む、たくさんの戒を、出家者は順守する。しかし、戒を守ったからといって、覚ることができるわけではありません。たとえば、ユダヤ教では、律法を守ることは救済のための条件ですが、仏教では、覚り

＊妄　嘘をつくこと。覚りについて嘘をついて、ほんとうは覚っていないのに覚ったと言うこと。

と戒の間に、そんなに強い関係はない。さらに、出家者中心主義への反発として、菩薩ということを重視する大乗仏教が出てきた、という話でした。そんな反発や出家の相対化が可能なのも、サンガの「戒」が、覚り・成仏と必然的なつながりがないからですよね。

　さて、ならば、菩薩は何をやればよいのか。何をしていれば、覚りに近づくことができるのか、ということです。たとえば、イスラム教徒であれば、何をすべきかはっきりしていますよね。信仰告白、礼拝、喜捨、断食、巡礼の五つのことをやり、アッラー、天使、啓典（コーラン）、預言者（ムハンマド）、来世、天命の六つを信ずる（五行六信）ならば、イスラム教徒であり、それらを欠けばイスラム教徒ではない。イスラム教徒として正しいことをやっているのかどうかという線引きがものすごく明快ですね。キリスト教の場合には、内面の問題だし、具体的に何をしたらよいのか少しわかりにくいところがありますが、イスラム教の場合は、とにかく実ははっきりしている。

　イスラム教の五行六信にちょっと似たものとしては、菩薩のための六波羅蜜なんていうものがあります。「波羅蜜」はサンスクリットの音写なので、漢字で見ても何の意味だかさっぱりわからないわけですが、サンスクリット語の「パーラミター（pāramitā）」というのは「完成」とか「極致」とかというような意味です。六波羅蜜というのは、六つの実践です。布施、持戒、忍辱（忍耐）、精進、禅定、般若の六つ。最も難しそうな言葉は、六つ目の般若波羅蜜ですが、要するに、「最高の知恵」ということです。六波羅蜜ということが言われるようになり、特に般若波羅蜜が重視されるのは、大乗仏教の特徴です。

ちょっと脚注的に整理しておくと、六波羅蜜には、自己自身に向かうものと他者に向かうものとがあるように思います。自分ひとりに関わる実践が、持戒、精進、禅定、般若です。他者との関係が入ってくるのが、まずは布施で、さらに忍辱。他者への積極的な関わりが布施ならば、否定的な他者との関係が忍辱ではないか、という感じがします。

ともあれ、話を本筋にもどすと、六波羅蜜は、イスラム教の五行六信を連想させないでもありません。しかし、六波羅蜜は五行六信とはやはり根本的に性格が違う。六波羅蜜によって、一〇〇％覚りに達する、確実に救済に至る、というわけではないからです。あるいは、それぞれの波羅蜜の内容も、イスラムの五行のようにはっきりしているわけではなく、漠然としているからです。

＊波羅夷　[pārājika (s)]　原義は「他によって打ち勝たれたもの」と推定される。煩悩に負けて自己の修行が破られること。波羅夷罪は戒律のうち最も重い罪で、これを犯せば教団から追放されるもの。

とすると、結局、仏教徒としては、何となくポイントを稼ぐしかない、ということになる。何がポイントになって、何がならないのかも明快にはわからない。こうやっていれば、確実に覚りに達するのだ、これをやったら、絶対に覚りには至らない、ということがはっきりしない。覚りのために、いったい何をやったらよいのでしょう。

逆に、こんなふうに質問を変えてもよいかもしれません。覚った状態というものがあるとして、その人は何をするのでしょう。そこから逆算するようなかたちで、覚りへの道が見えるかもしれません。覚った人は、何をすべきなのか。

橋爪　何をやってもいいんです。

覚った状態というのがあって、そこから先にはもう前進できない。

大澤　ゴールに着いてしまっていますからね。

橋爪　もう究極の状態だ。

覚りがどういう状態かを記述できないという点が、理解の急所なんです。前に言いましたが、集合論で、犬を定義するのに二通りある。

犬＝｛ポチ、クロ、シロ、ブチ、……｝

と、世界中のあらゆる犬を並べていくと、犬の定義になる。じゃあ、覚りの具体的な内実をすべて列挙できるか。これは、覚っていない人にはできないわけです。覚った人だって、できるかどうかわからない。

もうひとつあったじゃないですか、定義のやり方に。

覚り＝｛X―Xは覚りである｝

というふうに、覚りの本質を過不足なくのべる。犬の場合は、「ワンワンなく」「四本足」……みたいに必要十分条件を書き出すのでした。覚りは、このやり方で定義できそうだが、でも、大澤さんの本にいう「リエントリー（再参入）」みたいになっていて、覚りの定義のなかに「覚り」という言葉が入っている。つまりこの定義もまた、覚ったひとにしか理解できない。

以上の定義からもわかるように、覚りは、精神状態の極限です。繰り込んでも、変化しないんだから。覚ったひとなら、「ああ、こういうことはまだ考えていなかったなあ」などということは決して起こらない。世界中の誰が考えたどんなすばらしいことも、ブッダはすべて考えたことがある。こうなっていると思うわけ。「一切智」とはたぶんそういうことで、すべての人が過去・現在・未来においておよそ考えたり感じたりすることすべてを考えたり感じたりしていること、というふうに定義できるんじゃないのか。

大澤　覚りの状態というゴールは、そうなのですね。覚りの状態というのは、精神の普遍性というか、任意のよき精神の状態の集合、という感じですね。「任意のよき精神状態の集合」もまた、よき精神状態なので、自己言及というか、自己自身を要素として含む集合になってしまい、パラドックスが生じます。

橋爪　そうそう。

そうすると、いま・ここに、時間的にも空間的にも極限されているひとりの人間が、時間的にも空間的にも極限されない精神状態とその成果を包摂できるかどうか、という問題になる。ま、ほぼ不可能なんですけれど、なぜ不可能にみえるかというと、自分の精神状態を自分の内側からみているからです。これを外側からみることができれば、いま・ここ、という制約はなくなるわけだから、仏の境地に到達する可能性がある。

そうすると、覚るためによい原因を積み重ねるというけれど、そういうことはたぶんあまり関係ないな。あまり関係なくて、発想を転換し、自分が制約されているその制約条件を、外側からみてしまうということのほうが手っとり早いんじゃないか。

大澤　なるほど。覚りの状態についての新しい定義ですね。その前にもう少し基礎的なこととしてうかがいたいのですが、ひとりで覚ってしまっても、誰かに帰依しながら覚ってもいいわけですよね、どちらにしたって。

橋爪　結果は同じ。

大澤　そもそも釈尊は、自分で勝手に覚っているわけですから、一人でも覚ることができるわけですね。「独覚」、「声聞」という区別がありますね。独覚は、師なしで、一人で覚るということで、声聞というのは、誰かの教えを聞く、ということです。この区別は、主に出家修行者に対して適用されるような気がしますが、ともかく、覚りにいたるにあたって、独覚でも声聞でも、本質的な違いはなく、どちらも同じということですね。

橋爪　まったく同じ。

大澤　予備校に通ったほうが、少し合格率が上がるとか、そういうことはないですか。

橋爪　まあ、その程度のことはあるかもしれない。

覚るというのは自分を外側からみることなので、覚った結果は、自分が最大の他者になるわけです。世界の中に自分とか人間とかいうくくりがあることが不自然であり、不当であるということを含むと思うから。つまるところ、私は私でなく、私は人間でなく、私は生命でもなくて、私は奇妙奇怪な宇宙のメカニズムそのものだ、ということが結論になるはずです。

そうすると、これはほんとうに恐ろしい精神状態で、倫理も道徳も、殺生戒とか財産とか、人間は価値があるとか何とかというものが、全部壊れてしまい、荒涼たる場所に出てしまう。そして、行ったきりになると、帰ってこられない。

大澤　なるほど。あまり覚りたくない気もしてきますね（笑）。

橋爪　それでも、もう一回、もとの人間にすーっと戻ってくるんだと思う。そうすると、人間であることに感謝、みたいな気持ちになる。どんな感じかなあ。

たとえば、宝くじで当たりたいけれど、いつもはずれてばかりいる人が、あるとき前後賞六億円を当てた。やったあ！　でも、よーく宝くじをみたら、番号違いだった。その瞬間に、六億円の当たりくじは、ただの紙くずになりますね。すべての価値あるものは価値がない、みたいになるんだけれど、もう一回もっとよーっくみたら数字のうえにゴミがついていただけで、やっぱり当たりくじだった。

そうすると、最初にただ当たったのと違って、一度ただの紙くずになっているわけだから、これはもう「感謝」ですね。その気持ちがわかれば、六億円だからうれしいけれど、千円だってうれしいわけですよ。そうやって、人間に戻って満足して感謝して生きていきましょう、というような。

大澤　なるほどね。少しわかったような、わからないような（笑）。でも、その喩え話は、すごくおもしろいですね。六億円の当たりくじが、いったん紙くずになってしまう、というところが鍵ですよね。その境地から戻ってくると、六億円も千円も、いや紙くずもみな同じ、と思える。

橋爪　覚りたくない、というところをちょっとお願いしますよ。

大澤　覚りたいという気持ちを起こさない……。難しいのは、覚りというものに、内在的な魅力が欠ける、ということですね。橋爪さんの比喩があまりにもすばらしいから、それに託して説明するとこんな感じです。

たとえば、六億円に魅力がある、ということを納得させて、それをゲットさせるために、いろいろ努力させることは簡単ですよね。六億円あれば、豪邸が建てられるとか、贅沢な旅ができるとか、おいしいものがたくさん食べられるとか、いろいろあるので、六億円の魅力を説明するのは簡単です。

六億円が当たるのを夢見て、稼ぎを全部、宝くじの購入にあてる。くじを買うために、寒い日も行列に並ぶ。等々といろいろ努力する。けれども、当たらないわけですよね。欲しいものが手に入らない。これが「苦」です。

どうして「苦」があるか、というと、いろいろな欲望があるからです。六億円が欲しいとか、豪邸に住みたいとか、おいしいものをいろいろ食べたいとかといった欲望があって、それが満たされないからです。というわけで、その欲望を消していく。煩悩を消していく。「覚り」の境地に達していると、そういうものが全部消えているのだと思うのですね。このとき、六億円の当たりくじも紙くずも等価だ、という気分になっているのでしょう。

ということは、覚りを目指すということは、すべてが紙くずに見えるような境地を目指すということでもあるわけです。「それはすばらしい」という気分には、なかなかなれないですよね。六億円を求めていた人からすると、むしろ、最悪の状態のわけですから。これが、覚りに内在的な魅力が欠ける、ということです。

橋爪さんの比喩に即して、もう少していねいに言い換えておきます。「六億円が当たったと思った」→「でも、実ははずれくじだった」→「でも少しは当たっていた」という、大げさにいうと、弁証法的な展開の中で体験することは、きっと、ほんとうにすばらしいことなのだと思います。でも、人に、「六億円が当たっていたと思ったけれども、ぬか喜びで、ほんとうははずれくじだった」という心情は、えもいわれぬすばらしさがあるから、それを目指して頑張ろう、と言っても、絶対についてこない、と思うんです。そんな状況を作るために努力したい、と誰も思わない。

「実ははずれくじだった」というのが劇的な効果が出るのは、その人が六億円をねらっていたからだと思うんですね。六億円をあきらめずにねらい続けた人にとってのみ、その後の「実ははずれ」→「少しは当たり」の展開が、すばらしいものになるわけです。最初から、「実ははずれ」状態をねらっても、ちっとも覚れないでしょう。「実ははずれ」……という体験のすばらしさは、六億円の当たりを目指していた人だけが味わえる、副産物で、それをはじめからねらっていたひとには得られないものではないか。

橋爪　宝くじは、買おうと思えば誰でも買える点が、平等です。誰にでもチャンスがある。人生もそんなもので、誰だって幸せになりたいと願っている。幸せのなかみは、宝くじに当たったらやりたいなと思うことと、よく似ている。でもたいていの場合、思ったように幸せになることはできなくて、挫折や苦悩を味わうわけです。ひとに教えてもらわなくたって、自分の人生は「はずれくじ」ではないかという気持ちになる。そういうどん底の状態からだって、誰でも希望と感謝をもって、正しく前向きに生きることができるんだという希望が、覚りという名前で呼ばれているのではないか。

覚りがあるのと、覚りがないのと、どこが違うか。覚りは、自分の人生を測り直すものさしのようなもので、価値のないもの、苦しいものである自分の人生が、価値ある覚りとの関係で意味あるものになる。そういう体験だと思う。

大澤　覚りというのは、もしあるとして、それは原理的に副産物として得られるものなのではないか、という気がしてきました。はじめからねらっていくことができない。「覚りはこれこれのものだ」とはっきりと目標を定めてしまうと、覚りというものは、実につまらないものに見えてしまう。これが、覚りに内在的な魅力がなくて、覚りたいとはなかなか思えない、ということですね。橋爪さんの比喩に触発されながら、自分が感じていたことを言葉にしてみると、こんな感じです。覚りというのは、それを積極的に目的として目指さないときにしか到達できない、そういう逆説的な目標の一つかもしれません。

もっとも、そうは言っても、仏教は、結局、大ムーブメントになって、歴史を動かしてきたわけで、ブッダ以外の誰にもよくわからかない「覚り」というものが、多くの人を惹きつけたことは間違いないですね。そういう意味では、「覚り」に魅力があるとも言えるわけですが、とてもふしぎな感じがします。

空(くう)とはなにか

大澤 覚っている状態というのは、宇宙の「空(くう)」を認識し、体得している、……みたいな状態ではないかと思います。「空」、つまり「実体は存在しない」と。先ほどの例を使えば、六億円も、千円もみんな紙くずだ、というのは、「空」的な認識に近いかもしれない、という予感をもちます。

ともかく、仏教といえば「空*」というくらい、仏教と「空」の結びつきは強い。仏教についてほとんど知識がない人でも「色即是空、空即是色……」という『般若心経(はんにゃしんぎょう)』の言葉を知っているほどですから、「空」というのは仏教の非常に重要なカテゴリーだと思います。

少し基礎知識的なことを加えておくと、「空」への志向というのは、仏教の初期からあったと思いますが、たとえば「諸法無我」なんていうのは「空」に通じますが、それでも、部派仏教の段階では、「有」ということを重視する流れもあったように思います。しかし、大乗仏教になると、「空」への傾きはぐっと強くなる。「空」の重視ということもまた、大乗仏教の特徴です。大乗の「般若」、つまり智慧と言えば、「空」についての智です。

とはいえ、「空」というのも、極めつきにわかりにくい。とりあえず「空」に比較的近い含みのある言葉としては、「無」という言葉もあります。すごく教科書的に言っても、西洋あるいは一神教の影響下にある宗教や哲学にとっては、主要な主題、最も大事な概念というのは「存在」ですよね。その存在の否定が「無」です。それに対して、仏教の場合は、最も大事な概念が「空」である。その「空」とはいったい何なのか。特に「無」とどう違うのか。この段階で、そのあたりを考えておきたいと思うんですが、い

＊空　[śūnya (s), suñña (p)]　śūnya は śū（= śvā, śvi 膨張する）からつくられた śūna にもとづき、空虚、欠如、膨れあがって内部が虚ろ、などの意。初期の仏典スッタニパータ一一一九にも「自我に執着する見解を破り、世間を空として観察せよ」と登場する。

かがですか。「無」と「空」。あるいは「空」とはそもそも何であろうか。

橋爪　「有」と「無」というのがあって、「有」と「無」では表現できないのが「空」なんですけれど。まず、「有」と「無」を考えてしまうというのは、一神教系の考え方、西欧哲学のクセだから、この際、ちょっとカッコに入れておいたほうがいいと思うんです。

「空」というものなんですけれども、般若経そのほか大乗教の基礎になる経典の中で、繰り返し強調してのべられている。小乗の段階に「空」の考え方があったかどうかは議論のあるところだろうが、それをみっちり書いてある経典は小乗にはなかったと思う。般若教の系統の人びとに言わせると、「空」は仏教の最も根本的な考え方で、釈尊もそのことをしっかりのべたはずである。なのに、それがよく伝わっていなかった。その真意をのべるのが般若経であるという立場で、「空」は釈尊の説いた覚りの本質だと主張している。いちおう、そういう前提で考えます。

「空」が考えにくいのは、二重語法、多重語法になっているからです。空というのは、存在する、ではない。存在しない、でもない。存在しかつ存在しない、でもない。存在するのでなくかつ存在しないのでない、でもない。……といった言い方を、延々と重ねていくわけです。まわりくどい。

価値があるものがあるとする。たとえば美人とか、財産とか、権力とか、何でもいい。これが実在するかと考えてみると、因果関係のなかで、因果的に構成されたものだから、要素に分解されてしまうんですね。想像力のカメラを使ってみてみると、たとえば美しい女性は、時間を早回しするとたちまちおばあさんになり、さらに骸骨になり……というように。想像力のなかでは、そしてたぶん実際にも、そうやって変化していく。それが真実であることは否定できない。あるいは、視点をズームアップしてもいい。美人の肌もズームアップすれば、毛穴がクレーターのように巨大なボツボツになり、さらにズームアップすれば、細胞やバクテリアのうごめきになってしまう。美人はどこに行ったのか、なのです。

美人に限らず、権力も富も、およそこの世界で価値ある実体と見なされているものは、みんなそういう性質をもっている。その本質において、実体がないとも言える。では、富とか権力とか感性的な存在とかが、実在しないのかといえば、そうでもない。永遠のものでなく、かりそめのものとして、錯覚・思い込みのようなかたちで、それなりにありありと存在している。

だからこのことを、どう表現しても、なかなか正しくならないんですね。そうした世界が、実在しないというかたちで実在している、と知るのが、「空」じゃないかな。

大澤　難しいですね。

橋爪　この認識は、この世界の構造を、特に変えるわけではないんです。この世界は、この世界のあるとおりに存在しているので、それは比較的常識的なことなんですけれど、この世界が成立しているメカニズムのすべてをきわめつくして、この世界が成立している条件をすべて理解したうえで、この世界をみる。奇跡的な偶然やいろいろな要因の組み合わせによって、かろうじて成り立っている、いわば幻のようなものがこの世界だとわかる。

自分も同じです。自分がはじめから無条件に存在していると思えば、自分がお腹がすいた、とか、自分が何かを手に入れたい、とか思うとそれにしばられてしまう。でも、いちど自分という存在が成立している条件を残らずきわめつくしてみるならば、自分がある、ということ自身は、ないわけではないからあるんですけれど、奇跡的な条件によっているわけだから、そんなことにこだわることが間違いだということにはなる。

大澤　なるほど。いただけない場合もときどきあるみたいですが（笑）。

では、今晩のおかずは食べないでいいのかというと、まあありがたくいただく。

真理の想起説

（カメラマンのカメラのレンズキャップが落ちる）

大澤　いま、カメラのレンズキャップを捜していたので思い出した話なんですけれど。「カメラのレンズキャップを捜そう」というとき、僕ら、レンズキャップが何であるか知っているじゃないですか。だからこそ捜すことができるわけです。だから、何かが見つかったとき、捜していたものなのかどうか、すぐにわかる。たとえば、机の下にボールペンがあったとしても、それは自分が求めているものではないことがわかるわけです。

ところが、哲学的な問いの特徴は、「○○とは何か」というかたちをとる。「レンズキャップとは何か」「善とは何か」等々。しかし、こういう問いから始まる探究は、ふしぎなものです。それが何であるかがわからないのに、どうやって探究することができるのか。普通の探究は、「それ」が何であるかはわかっているけれども、その性質の一部、たとえば位置がわからないだけなので、見出した答えが正解かどうかわかる。しかし、哲学的な探究の場合には、そうはいかない。

この哲学的な探究の矛盾は、古代ギリシャのときから知られていた。ソクラテスが、そのことについて語っている。というか、プラトンが紹介しているソクラテスですから、ほんとうにソクラテスが考えたのか、それともプラトンの考えなのかわかりませんが、ともかく、プラトン経由のソクラテスはこの矛盾について次のように考えたわけです。

「○○とは何か」と問うとき、実は、われわれはその「○○」を知っているのだ、と。ただ魂は、それを忘れてしまっているわけです。だから、われわれは、「○○とはこれこれである」と結論するとき、実は、忘れていたことを思い出しているわけです。これが、「真理の想起説」ですよね。

これを踏まえて、状況がもう一段、複雑になるケースがあるのではないか。僕はそのように思うわけです。たとえば、「善とは何か」と問うことで、やがて、われわれは、想起したのかどうか知りませんが、とにかく「善とはこれこれだ」という結論に至る。しかし、いつまでも、このような結論に至らないケースがある。しかも、そのようなケースに、二つの型がある。

「Xとは何か」と問うて、「XはAである」「XはBである」等々としてみると、そのいずれでもない、というケースがあるわけです。「X」に対して、どの述語A、B、C……をもってきても、「それではない」となってしまう。

その上で、「XはAでも、Bでも、Cでもない」のは、Xが、それらのいずれでもありうるからだ、というタイプがある。その場合のXこそが、「存在」ではないか。

それに対して、「〜ではない」が、頑固に続くタイプがある。「Xは、AでもBでもCでもありうるものでもない」「XはAではないものでもない」等々と、いつまでも、「〜

ではない」にしかならないタイプです。そのときのXが「空」ではないか。

言葉と空

大澤　空とは何か、ということを言葉で定義できるのか、ということが話題になってきたので、仏教における言葉という問題について、ここで考えておきたいと思います。橋爪さんは、『サンガジャパンVol.13』（サンガ、二〇一三年、六ページ）に「言語の観点から見る仏教」を書かれていましたが、あらためてご意見をうかがいたいと思います。たとえば、いまの「空」にしても、結局何であるかということははっきり言えないところがポイントだと思うんです。あるいは、覚っている状態についても、それを明示的な言葉にできない。

このように「究極的なものは名づけがたい。言葉にならない」というのが、仏教によくあることです。だから、言語というものが最もかんじんなところで無力であるということ、最終的な真理は言語では到達できない、究極の真理との関係で言語は無力だというのが仏教の基本的なスタンスではないか、と思うわけですが、いかがでしょうか。そういう理解でよろしいですか。

橋爪　まず「空」、それから言語、という順番で話します。

「空」を「空」だけで理解することはできないと思います。「空」の前に「法（ダルマ）」というものがある。ダルマとは何かというと、この世界の法則性、この世界の運行を支えているメカニズムのようなものだと思う。私も、社会も、すべてのものがそういうメカニズムで支えられている。因果関係だからメカニズムなんです。

法有（ほうう）という立場と、法空（ほっくう）という立場があったでしょう？　この世界のあらゆるものは、実体がなく、変化していく。では、「この世界のあらゆるものは、実体がなく、変化していく」という法則性そのものは、実体があるのか、ないのか。これに関して、論争があった。法有の立場は、この法則性そのものは、変化しないのだから、確実で、実体があると考える。それに対して、法空の立場は、この世界のあらゆるものは、実体がなく、変化していくのだから、法（ダルマ）も例外ではなく、実体がない、と考える。こういう論争です。なんだか頭がくらくらしますよね。

「空」は、この後者（法空）の立場だと思う。

じゃあ、「空」の立場に立つと、価値があるものはなんにもないのか。

「空」という考え方では、何かが確かにほんとうにあるのかということは実に疑わしくなるわけなんだけれど、それでも、そのこと（真理）をわかっている状態（知恵）は確かにある。だからブッダも、確かにいると考えられるのです。そしてそのことだけが、価値がある。そういう意味では、「空」とブッダとは、背中合わせになっている。仏教の特徴は、単なる因果的決定論でなくて、それを条件だととらえている点ではないか、と私は思う。宿命論とはちょっと違うんですね。特定の条件下で、私が存在する。特定の条件下で、社会が存在する。その条件を取り替えてみたらどうなるんだろうという想像力がはたらいていると思うわけです。そうすると、条件は、必ず満たされるわけではないので、世界は偶然化する。あるいは、空となる。

これがいちおうの、「空」についての理解です。

大澤 なるほどね。

橋爪 つぎに、言葉について考えます。

言葉というのは、人間の都合で、ふつうの社会のなかで、意味があるように使われているわけです。言葉と、いまのべた究極の真理とは、直接関係がない。言葉はもっと実用的な目的でもって、これは「犬」とか、これは「ニワトリ」とか、これは「小麦」とか、「私」とか「あなた」とか、いろいろ、人びとの実用的な知識や態度を表現するためのものです。

「空」の立場からみて、言葉の問題点は、言葉が対象の同一性、実体性を想定してしまうところです。それは、知恵から遠い。

そこで、ブッダの知恵を、言葉で表すことが困難になる。

お釈迦さまもインド人で、言葉をしゃべるわけです。お釈迦さまひとりが世界を究極的に認識し、覚りに至った。覚りに至るという出来事も、このダルマの法則性の内部で説明できること、説明すべきことなんです。

ところが「覚り」は、いわばこの世界の「特異点」のようになっていて、高密度なのか高エネルギーなのかよくわからないけれども、特別なことがらなんです。特別なことがらということは、その覚りが、この社会の通常の価値観や、この社会の通常の出来事の因果関係の対極にあって、そこでは通常想像できないようなことがいろいろ起こる。いわば、重力で空間がゆがんでいるような感じで、そこにいろいろな言葉や出来事が引き込まれてもう出てこない、といった特異点なのです。その特異点からじゅうぶん距離をおけば、言葉はふつうに使えるんだけれど、その特異点の近くになると、言葉が言葉として成立するための条件が失われているから、覚りを言葉で表現できない。こういう根本的な問題がある。

これが一神教と違う点です。一神教の場合、絶対者である神（God）が最初に言葉を話していて、言葉は神のもとでも変形しないんです。むしろ、言葉は神から人間に与えられて、言葉を変形させてしまっているのは人間なんです。人間の言葉は不完全で、神の言葉は完全だという発想でできているんですけれど、仏教はその正反対で、仏の覚りと言葉とは、接続が悪い。

では、お釈迦さまはどうしたかというと、覚った後、言葉を話さないというオプションにさらされた。つまり、黙っていた。そこへ梵天（ヒンドゥー教のブラフマー神）がやってきて、「せっかくですから、覚りを言葉で話してください」とせっついた。お釈迦さまはそれに応じて、説法をした（梵天勧請）。

だから、説法の逆説は、言いえないことを言わなければならず、語りえないことを語っている、ということです。なんか、ヴィトゲンシュタインみたいだな。言うはしから間違いになるという構造をもっていて、言うはしから正しくないのだが、それでも言わなければいけない。ここに「空」が現れていると言えないか。

「空」は言語と折り合いが悪く、言語の対極にあるが、言葉の乱れた用法の、非論理な言い方の、通常の言語の用法を逸脱しているその超常識的な用法のなかに、とりあえず、かろうじて、みえてくるという性質をもっている。

大澤　なるほど。実際、現実の宇宙でも、ブラックホールの中の特異点では、相対論の法則が成り立たなくなります。覚りは、これに似ています。ふつうの言葉を支配する法則が成り立たなくなってしまう特異点。

それにしても、お釈迦さまも、梵天からせがまれてもしゃべらないでいる、という手もあったと思うわけですが、しゃべらないわけにはいかなかった。もしかすると、そこが重要だったかもしれません。言ってしまったときには嘘になる、という否定的な仕方で言語に依存しないことには、もしかすると、仏教の言う意味での「真理」とか「空」とかはありえなかったかもしれない。

一神教では、真理は言葉に肯定的に依存している。つまり、神の言葉とか、究極のテキストというようなかたちで真理は示される。それに対して、仏教の真理は、言葉に否定的に依存しているのかもしれない。言葉によって裏切られる限りで、真理はある、と言えるかもしれませんね。

ついでに言っておくと、この言葉との間のねじれた関係をあえて積極的に活用したのが、禅宗ということかもしれませんね。禅宗の「不立文字（ふりゅうもんじ）」というのは、そういう考えではありませんか。この対談では、中国仏教までは論じられないので、禅宗のことは主題にするつもりはありませんが……。

橋爪 覚りと、覚りに至るプロセスの関係を、（私は理工系の大学で教えていたので）極限値と収束点列の関係として説明するのです。解析学の基本定理で、「有界（ゆうかい）単調な点列は収束する」というのがあるじゃないですか。ゼロを知らないひとにゼロを説明したい。

1、½、¼、⅛、……という数列を考えてもらう。だんだん小さくなり、でも、マイナスにはならない。単調（だんだん小さくなる）で、有界（行き止まりがある）です。数字の大きさがなくなるところに向かって、どんどん近づいていく。そのことは理解してもらえる。そこでこう言う。「ゼロ（極限値）は見えないかもしれないか、収束点列はみえるでしょう。ゼロとは、この収束点列のことなんです。」

ゼロを「覚り」、収束点列を、無限に続く菩薩の修行、と考えると、ここに平行関係がある。……と思いませんか？

極限値が実在して、そこに収束点列が後から書かれたようにもみえるけれど、別な考え方からすれば、収束点列のほうが実在していて、極限値というのは虚構だと。まあ、どちらも正しい。

だから、覚りと、覚るためのプロセス、条件、修行とは、同じ関係である。修行って、それを続けていくと、いずれ成仏するわけですから、収束点列なんですね。収束しないで発散してしまったら、何をしているのかわからない。修行者が修行を続けるから収束値（つまり、仏）が実在することになるんですよ。だけど本人たちは、仏になろうと思って修行しているわけだから、そうは思わず、まず仏があって、だからそこに向かって修行するのだと思っている。どちらも正しいんですよ。

大澤　いまの比喩は、またわかりやすくて、いいですね。収束点列が、修行で、この世界での実践。その極限が覚り。ごくふつうの日常感覚からすると、確実に実在しているのは、個々の収束点列のほうで、極限というのは、その点列が向かう先として仮構されたものに見えます。

しかし、極限のほうこそ、ほんとうの実在であって、点列のほうが幻想だというふうに、反転させてとらえることもできる。極限があるからこそ、そこへと無限に近づく点列があるわけですから。こう考えると、「法（ダルマ）」を規定しているのは極限のほうなので、こちらのほうが、より大事な実在だと見ることもできる。そうすると、仏教的な見方になるのかもしれません。

第五章

大乗教から密教まで

ナーガールジュナ

大澤　「空」について、最も見事に理論的に説明してみせたのが、ナーガールジュナ（龍樹）ですね。このナーガールジュナを皮切りに、これから、大乗の諸教義について検討してみたいと思います。繰り返しますが、大乗仏教系の理論のなかで、哲学的に最も洗練されていて、いろいろな人に引用されたり話題にされたりするのは、ナーガールジュナです。彼は、二世紀後半から三世紀前半にかけての人です。いくつも著作があるわけですけれど、一番有名なのが『中論』です。大学生のときだったか、中村元（はじめ）さんの『中論』の解説を読んで、感動しました。『中論』の主題は、「空」や「縁起」ですね。

橋爪さんは、ナーガールジュナの理論をどのように評価されていますか。どのあたりが、優れたところだとお考えですか。

橋爪　やはり論法でしょうかね。

論理的なんですね。徹底して論理的なんですね。しかし、矛盾に見舞われるんです。なぜ議論が矛盾するのか。時間について論じるところなんかをみると、過去・現在・未来があるかのようにわれわれは思う。過去は過ぎ去ってもうないのだから、ない。未来はまだ来ていないのだから、ない。過去と未来をもぎ取られてしまった現在は、現在ですらないと。だから時間はない、というように。

大澤　そうですね。「三時門破」と呼ばれる有名な議論ですよね。

橋爪　そう言われるとキツネにつままれたみたいだけれど、一面正しいわけです。そういう緻密な議論を順番に追っていくと、時間があるというふうにわれわれがつい思っているほうが錯覚で、彼の追っている論理のほうがはるかに信頼できるものかもしれないという気がしてくる。そう思った途端に、時間が消える。あるいは、時間が成立する条件が明示された状態でないと、時間は存在しないことになる。時間がないと、意識がなくなる。意識がなくなると、自分もなくなるし、存在もなくなる。そうすると、何が残るかというと「現象の渦」が残って、整理も収拾もつかなくなるということになっていく。

そういう徹底した論法が、それこそ徹底的に展開されていて、魅力といえばそこでしょうね。

大澤　ナーガールジュナという人の議論というのは、それこそ現代ふうにみてもじゅうぶんに納得できる。現代の最先端のと言ってもいい思想家や哲学者が言いそうなことを事実上言っているようにも思います。そういう意味では、彼の哲学は、二千年近くを先取りしていると言ってもいい感じがする。

ふつう、僕らは過去の哲学者や神学者が言っていることを読みながら、そこから、一定の真理とか、意味あることとかを引き出そうというときには、言っていることを完全には額面通りには受け取らず、ディスカウントしたり、変形・変換したりして読む。そうしないと、そのテキストの中にある真理が見えない。そのテキストが前提にしている世界観と僕らの世界観、彼らが事実と思っていることと僕らが知っていること、そういうものに大きな違いがあるから、その種の変換の作業はどうしても必要です。

でも、ナーガールジュナについては、そういう変換の作業すら、ほとんど要らない、という感じがしますね。簡単に言えば、現代の本を読むように、ほとんどそのまま読むことができるのがナーガールジュナです。それは、彼の言っていることが、専ら、論理に関わることだからだと思います。彼は、徹底的に論理の形式にこだわっている。

ナーガールジュナは、近現代のいろんな哲学者と対応させて理解することができます。たとえば、二十世紀の前半のドイツの哲学者に、エルンスト・カッシーラーという人がいます。彼に『実体概念と関数概念』（山本義隆訳、みすず書房、一九七九年）という有名な本があるんですけれど、それに引き寄せて言えば、ナーガールジュナの言っている「縁起」というのは、「実体」に対するところの「関数」に近い。あるいは、もっと端的に、「縁起」というのは、「関係」だと考えるとよいと思います。

ナーガールジュナは、「縁起」という概念を、それまでの仏教の説よりも一般化してとらえている感じがします。「縁起」というとふつうは因果関係のことです。しかし、ナーガールジュナの「縁起」は、因果関係も含みますが、それだけではなく、論理的な依存関係のすべてに拡張されています。

そのような意味での「縁起」、つまり関係としての「縁起」ということをベースにして世界を見てみると、結局、それ自体で実在しているように見えていた実体——仏教的にいえば「自性」——は、すべて、縁起=関係のほうに解消されてしまうことがわかる。たとえば、僕らは、「父」という実体が存在し、「子」というものが存在し……と考えるわけですが、実は、父は、子との関係抜きにそれ自体としては存在しない。子のほうも同様で、父との関係抜きには実在しない。すると、関係=縁起から独立した、父なる実体、子なる実体などない、ということになるわけです。

先ほど橋爪さんが紹介した三時門破もそうですね。過去はもうない。未来はまだない。ところで現在は、過去と未来との関係を抜きにはないわけですから、やはりない。ということで、時間の三つのモードはすべてない。ゆえに時間は存在しない。

すると、縁起に還元できない実体など、何一つない、ということになっていきます。自性(実体)はすべて無自性に転換されてしまう。ということは、つまり「空」だけが残るということです。縁起、すなわち空ですね。

こうやって空を導き出してくる、論理の手さばきは見事です。だから特に仏教というものに興味がなくても、ナーガールジュナの議論そのものが、ひとつの哲学説として検討する価値がある。

否定神学なのか

大澤 ナーガールジュナの論法というのは、否定を重ねていく、というところに特徴がありますよね。先ほど、「空」について、「～であるとも言えず、～でないとも言えない」というかたちで否定的にしか表すことができない、という話がありましたが、ナーガールジュナは、まさにそのことを示す例になっている。

特に、八つの否定——二項ずつ四組で八つの否定になっているわけですが、八不(はっぷ)の論理は有名です。そのうちの一組が、先ほど、時間について述べた「不来不去」ですね。ほかに「不生不滅、不常不断、不一不異」があって、全部で八つの否定です。

「不一不異」だけ、どんな論法か紹介すると、こんな感じです。これは、作用と作用の主体とが同じひとつのものなのか、それとも異なるのか、ということを論じています。まず、同一ということはありえない。たとえば、去る作用と去る者とが同じ、ということとはおかしい。しかし、去る主体は去る作用から独立したら去る主体ではなくなるし、去る主体なしの去る作用ということもおかしい。というわけで、去る作用と去る主体は異なるものともいえない。かくして、両者は、一つの同じものでもなければ異なるものでもない、ということになる。こんな調子で、他の三組の「不」が説かれていきます。

ここで、少しうかがいたいわけですが、否定だけでできている論理としては、西洋の中世に「否定神学」というのがありますね。神とは何かということを規定するとして、「神は偉大だ」とか「神は無限だ」とか「神は全知だ」とかいろいろポジティブに断定できるならば、肯定神学ということになります。しかし、どんなに大げさな述語でも、そのように断定したとたんに神を相対化したことになるので、結局、神については、何であるとも肯定的には言えない。つまり、神については、「〜でない」と否定的にしか規定できないわけです。これが否定神学です。

最終的には、神について「存在している」とすら言えるのかどうか、ということが問題になる。このボールペンがある、というのと同じ意味で、神がいる、と言えるのか。同じではなかろう、ということになる。しかし、そうなると、今度は、「神が存在している」という命題は何を意味しているかさっぱりわからなくなる。云々、と議論は煩雑になっていきます。

この否定神学と、ナーガールジュナの論法。いずれも、否定だけで構成されている、という点で、形式的には似ていますね。両者を比べて、いかがですか。

橋爪　似ているんだけれど、違うんじゃないのかな。

「否定神学」であろうと「肯定神学」であろうと、神学である以上は、神の存在を絶対に証明していて、それが揺らぐことはない。

さて、ナーガールジュナの場合、何が論法のなかで最後まで実在として残るんだろうと考えてみると、論法が残る。論法の外側に何か実在があるというふうには想定されていないので、論法が残る。つまり、「否定神学」とだいぶ違わない？

大澤　「否定神学」は、ナーガールジュナと逆ですからね。論法の中では、否定しか言われていないけれども、それは、通常の論法の中の肯定を超越した、より強い肯定のためですからね。たとえば、このボールペンの存在やら、カメラの存在やらよりも、もっとはるかに強い存在を言うためにこそ、「存在する」とは言えない、というようなことになる。

橋爪　そうそう。「否定神学」は「肯定神学」を否定して、「肯定神学」の矛盾を暴き出したとして、そうするとより神の絶対性の性質が明らかになるという効果を生むわけだから、そうやっているんだと思うんですけれど。

大澤　はっきり言えば、ナーガールジュナがめざしていることと、「否定神学」がめざしていることは、正反対ですよね。ナーガールジュナは、肯定できるものは何もないことを示すために、八不の論理を展開した。否定神学は逆に、一般の肯定を超えた、例外的な、強い肯定を導き出すために、否定を重ねていく。ナーガールジュナは、「空」をめざしているけれども、否定神学は、「存在」、神という存在そのものをめざしている。というわけで、まったくの正反対なのですが、そのようなものが、しかし、よく似た外見をしてしまう、というところもまたおもしろいところです。正反対の性格なのに、外見だけは双子、というような感じです。

般若心経について

橋爪　般若心経ってあるじゃないですか。般若経のエッセンスだと言われている。般若心経は「空」をずっと説いていきますが、ずっと読んでいくと、「覚りがあると思うのが間違いだ」などと書いてある。覚りがあると思うのも間違い。覚りたいとか、覚りをめざすということが全部間違いであるならば、覚りと仏は表と裏だから、仏があると思うのも間違いということになるじゃないですか。仏教の否定じゃないですか？
　でも、そういう「空」の真理に到達することが知恵である、と書いてあるから、つまり、仏を肯定したのか否定したのかまことに微妙で、それすら両義的じゃない？

大澤　すごく徹底していますね。「仏がある」と言ってしまえば、それはそれでまた実体化したことになりますから、仏ですらないと言わなければいけない。空もまた空である、という論理ですね。「空」が存在しているなんて言ってしまえば、「空」が実体化されていることになるので、「空亦復空」、つまり「空も空です」なんて言われたりする。

そのあたりが、キリスト教というか一神教と仏教の大幅に違うところですよね。たとえば、キリスト教の神学の「神の存在証明」論で、論理的に追究してみたら、神が存在しないという結論になった、なんていうことは絶対に許せない。

でも、仏教の場合、究極的にはブッダすらないということになる。ここは、一神教と決定的に違うことがわかりますよね。

橋爪　そうそう。ブッダも覚りもないと言ったって、別にかまわない。その論法が残っているんだったら。

大澤　「一番大切なものはない」ということについに気がつくのがねらい、というような感じですよね。

橋爪　結局、「空」をめぐる議論の構造というものを考えてみると、ふつうの言葉づかいの裏返しなんです。裏返しには、縦の裏返しや横の裏返しや手袋の裏返しやいろいろな裏返しがあるから、裏返しは何通りもあるんだけれど、裏返しであることには違いがなく、ふつうの言葉づかいをしている人はびっくりする。同時に惹かれるわけ。

「空」というのは、なぜ、ふつうの言葉づかいの裏返しの言葉づかいにそんなに惹かれるか、ということだと思うんですけれども。それはふつうの言葉づかいで、自分の存在や経験を全部、理解することができないからです。

たとえば、自分は何のために生きているんだろうと考えてみる。学生のころに頑張って勉強した。それは受験のため、将来の役に立つためだ。大学では、公認会計士になる勉強をした。公認会計士になって、どうするんだろう。それはお金を稼ぐためだ。家族を養うため。お金を稼いで家族を養って、どうするんだろうか。……と、ずっと考えていくと、人生の結末がわからないと、何のためだったかということが実は判断できない。たとえば私なんか、交通事故で来年あたり、何か思いもかけず死んでしまうかもわからないわけですよ。そうすると、考え方によっては、交通事故で死ぬための人生だったとも言える。交通事故ってあんまりぱっとしないけれど、戦争で名誉の戦死とか、人生の目的らしいものを考えた場合には、そのための人生って割合わかりやすいでしょう。たとえば立派な小説を書いて、書き終わったら死にましたというような人の場合、立派な小説を書くということが人生の目的だった。だけどふつうの人にとっていちばん困る点は、自分がどうやって死ぬかを予測できないし、自分も知らないということじゃないですか。

人生というのを意味づけるというのは、終点から逆算していって、それまでのプロセスの意味が全部明らかになることだとすると、自分の人生の意味はわからないまま、誰だって自分の人生を送っているわけですよ。

言葉ってみんなそのなかで使われているからね。「やっぱり無脂肪の牛乳は、体にいいわよね」とか、そういうことを言いながら毎日を送っているとしても、無脂肪で体によくてそれでどうなるのかという因果関係なんか、全然最後までたどれていないわけですよ。でもなにか、たどりたいという希望があるわけだ。

それはどういう場所から可能になるかというと、自分が自分でなくなるときなんですね。自分を外からみるときなんです。ふつうの人はそんな特権的な場所に出ることができないわけです。「空」というのは、言葉を裏返すわけだから、「無脂肪の牛乳のどこがいいんですか」という、そういう言い方なんですね。

それには、それの真理があると思わない？

大澤　なるほど。おもしろいですね。

先ほども言ったように、ナーガールジュナの議論というのは、現代哲学に通じている。

特に、一九七〇年ぐらいから時代の思潮を席巻した、構造主義からポスト構造主義の思想・哲学は、ナーガールジュナの論理と共振するものがあるように思います。構造主義以前の、たとえば実存主義から、構造主義を経て、ポスト構造主義へと向かう哲学・思想の流れを、大づかみに特徴づけると、「実体から差異へ」「実体から関係へ」ということだったと思います。

構造主義の「構造」というのが、まず、差異の体系ですよね。これを承けて、デリダとか、ドゥルーズのような哲学者が、実体に対する差異の先行性ということを、さらに徹底して追究していきます。デリダとドゥルーズは、同じフランスの哲学者ですが、かなり雰囲気が違う。しかし、二人とも、「差異」、あるいはそれに類する概念を中心に思考したという点では、共通しています。たとえば、デリダの「差延」なんていう造語は、差異に時間性をも加えたものです。

同じ頃、日本の思想・哲学でも、似たような動きがあった。その動きを代表したのが、やはり、廣松渉さんの哲学ですよね。廣松さんは、「関係主義」とか、（「物的世界観」＝実体主義を否定する）「事的世界観」とかを主張されていました。

このように、二十世紀の末期の哲学や思想は、実体に対する差異・関係の論理的な先行性ということを、いろんなかたちで言い立てていた。この「差異」とか「関係」というのは、ナーガールジュナの用語に対応させれば、「縁起」ということです。ナーガールジュナは、二十世紀になって言われるようなことを、二千年も近く前に書いていた、ということになります。しかも、ナーガールジュナのほうがより明快だ、とさえ言えます。

橋爪　ふつうに言葉を使って、お金や権力やいろいろなものが大事だと思って、生きて、そして死んでいくということがあったとして、それはナーガールジュナのような人から考えると、常識や言葉の罠（トラップ）に絡まれたままなんですね。その人は、その人の人生を主体的に生きているのか、それとも常識や言葉の罠にかかって、常識や言葉の順列組み合わせによって人生を送っているだけなのか、本人にもよくわからない。

そこから、そういう人たちを救い出してあげましょうというようなことだから、「空」はある意味怖いわけですけれども、常識を超越した非常識の場所にどんどん出ていくわけです。

確かにそれは覚りに近づくことかもしれない。でも、コミューン運動なんかと違って――コミューン運動であれば「この世界は間違っている。もっと新しい友愛の世界を、山の中などの別な場所につくりましょう。政府をつくって、法律をつくって、新しい人間に生まれ変わりましょう」などと言うわけですけれども――大乗とか「空」の思想はそうなっていなくて、「常識と言葉の罠からあなたを解放してあげましょう」なんですけれど、解放した後も、見かけ上、その人は同じ言葉をしゃべって、同じように常識的に生きているわけです。別な社会をどこかにつくろうという考え方ではない。

では、それが解放なのか、なんですけれども、それは「ナーガールジュナのようにも考えることができるようになりました」ということじゃないか。

大澤 その場合、覚った側としては、やっていることは同じだけれども、昨日と今日ではだいぶ気持ちが違うな、というようなことになるのでしょうか。

橋爪 二重の人生になるわけです。たとえば、先ほどのパン屋さんの例で言えば、ただもう「親もパン屋さんだし、パン屋さんをやってパンを焼いていて文句あるか」という人と、それから「大慈悲のためにパンを焼いているんだ。これは仏道だ、仏の慈悲だ」と思ってパンを焼いている人と、どこが違うかというと、外見上どこも違わないわけです。でも本人にとっては、二重の意味をもっているわけですよ。

意味が二重になるということは大事じゃない？ ただパンを焼いているということは常識や言葉のトラップかもわからないわけだから、死ぬ間際になって、「おれの人生何だったんだろう」とか思うかもしれないけれど、二重に生きているとそれに対して強いから、「私はそれなりに仏教者として慈悲の立場で、持ち場であるパン屋さんをやっていました」と納得できる。

大澤　なるほど。それは、ナーガールジュナも『中論』に書いている、「二重の真理」の説、つまり「二諦説」に通じますね。橋爪さんが説明されたように、真理を二重化するところも、仏教の特徴です。

一方には、究極の真理としての、第一義諦（勝義諦、真諦）がある。これは、要するに、「空」の立場、実体はどこにもなくすべては「空」という真理ですね。

しかし、その立場に徹してしまうと、この世界では生きられない。そこで、他方に、相対的な意味での真理、世俗諦を認める。世俗諦は、言語的な分節を受け入れて、それに対応した実体が存在しているかのようにふるまう、ということです。

こんな感じで、真理に二重性があると、ある物を実体のように扱いつつ、「これは、ほんとうは、暫定的な作りもの、仮構の世界だ。仮説の世界だ」というような意識が伴うことになる。そうなると、確かに、世俗諦がそのまま究極の真理だと信じている人に比べて、精神に自由が出てくるし、人生に対して前向きにもなれますね。

橋爪　そういう生き方は、バラモン教やヒンドゥー教に対して、鋭角的に対抗しているんじゃない？　だって、バラモン教やヒンドゥー教だったら、パンなんか焼いている場合じゃなくて、ほんとうは、バラモンになって山の中に行かなければいけないわけだから。そんなこと誰でもできるわけない。見た目で明らかにふつうではない生活に入っていかなければいけないわけじゃないですか。そんなことは限られた人しかできない。エリート主義ですよ。

菩薩という考え方は、「最高の修行が、あなたもいますぐできます。ビジネスをやりながらできますよ」ですから、ふつうのインド人の、ふつうの生き方を捨てないで、高い精神性をもった活動ができると提案している。すごく革命的な提案だと思うわけ。

お釈迦さまも革命的な提案をしたけれど、お釈迦さまの言うとおりにすると、どうも、パン屋さんをやめて出家しなければいけないらしい。それはやはり、条件が整っている人でないとできないわけだから、大部分の人はできない。でも、在家主義で菩薩だというふうに主張すれば、その苦しい選択がなくなって、インド人でビジネスをやったまま仏の道に接近するというわけだから、こんなに勇気の出る考え方はない。それにはちょっとした言葉づかいで、常識のトラップ、言葉のトラップから抜け出て、「これは空なんだ」と、ナーガールジュナの言葉づかいができるようになるだけでいい。

大澤　なるほどね。これは、大乗仏教のもたらした、大きな成果ですね。

橋爪　覚りがうれしいというよりも、在家のビジネスをやりながら、それが仏の教えに合致しているということがうれしいわけ。それだったら、覚りがずっと時間的に先のほうにあっても我慢できるわけじゃない？　だってパン屋さんは当分、一生やっているわけだから。その後、輪廻して、肉屋さんになったり、いろいろな職業を経めぐって、ゆっくり仏になればいいわけだ。

大澤　なるほど。そう考えると、生きることが楽しくなるというか、生きることにより積極的になれますね。

プロセスを大事にする

大澤　先ほどの人生の意味という話題で、思い出したことがあります。

イソップ物語にこういう話があるんですよ。怠け者の三人兄弟がいて、彼らはお父さんに経済的に寄生して生きていた。お父さんが稼いだお金で暮らしてきたわけです。彼ら兄弟は、まったく働く気がないのです。ところが、そのお父さんが死んでしまった。「さあ、たいへん」というところなのですが、お父さんが死ぬ直前に、息子たちに遺言をしたわけです。「庭に宝物を埋めておいた。それを探し出し、掘り起こしたらよい。そこに、一生分の富がある」と。

「よかった、助かった」ということで、三人は、庭のあちこちを掘って宝物を探すのです。ところが、いくら掘っても、いくら探しても宝物は見つからない。

しかし、やがて庭からブドウの樹が生えてきて、豊かな実をならせたのですね。実は、お父さんは、庭にブドウの種をまいておいたのです。宝探しで庭を掘り起こしたことが、実は結果的には、畑を耕したのと同じことになっていた。宝とは、結局、金銀財宝ではなく、ブドウだった、というのが、この話の結末です。

宝物とは本来は、金銀財宝のことだ、という観点からすると、この話で、宝物は空だった、ということになります。金銀財宝としての実体はない。宝物が空だということがわかったとき、それが、失望につながるのではなく、それがよかった、と思えるときがくる。ある意味で、それが覚りかもしれない。これは、先ほどの橋爪さんが作られた喩え話、当たりの宝くじがただの紙切れになった瞬間と同じです。

ただ、あの宝くじのときも同じでしたが、このイソップの話の大事なポイントは、はじめから、ほんとうのこと、真実のからくりを兄弟たちに教えてしまったら、ダメだということです。たとえば、三人兄弟に、「金銀はないが、庭にブドウの種をまいておいたから、ブドウを作って生計を立てなさい」とほんとうのことを言ったら、彼らは働かなかったでしょう。何しろ、彼らは怠け者で、仕事などしたくないわけですから。

仏教用語に対応させて説明すると、第一義諦（ほんとうは宝物は空である）を最初から、種明かし的に教えておいたら、何もたいしたことは起こらず、覚り（その空こそがすばらしい）には至らない。まずは、世俗諦（庭のどこかに宝物が埋められている）に準拠した行動がある。その行動の結果として、その副産物として、第一義諦に到達する、ということになっているのではないでしょうか。

でも、僕が、仏教に対して思うのは、最初から種明かしをしてからことをやらせているようにも見える、ということですね。今の寓話に即していうと、お父さんが、「ほんとうは空なんだが、宝物のつもりでやってくれるとうまくいくんだぞ」というようなことを、息子たちに伝えている、というような感じです。仏教は、「究極的には（つまり第一義諦としては）空なんだが、いちおう世俗の仕事をやれ」と言っている、そんな印象をもつのです。

橋爪　うむ、そこがポイントだな。

菩薩とは、仏に至るプロセスのことでしょう。菩薩を重視するというのは「プロセスも大事」、あるいは「プロセスが大事」と言っているわけです。

プロセスが大事なのはなぜかというと、ゴールが大事だからです。ゴールがなければプロセスにならないじゃないですか。だから「菩薩が大事」と言うときにも、「仏が大事」と必ず言うんですよ。

でも、いまの話からよくわかるんだけれど、よく考えてみると、プロセスが大事ならゴールは実はゼロでもいい。そして、先ほどの収束点列の考え方をとれば、プロセスが大事ならゴールは自動的にできあがる。「空」というのは、ゴールよりプロセスが大事と言っているのとほぼ同じで、だから仏が大事なのかどうか、実はよくわからなくなる。

そういう意味で、般若経というのは菩薩の考え方と結びついていて、すべての大乗教の根本経典になるロジックを秘めている。ナーガールジュナはそれもわかって言っているのなら、非常に偉い。

大澤　なるほど。考えてみれば、仏に至ろうと思って、善なることを積み重ねていけば、ようはそれでいいわけです。別に、特に仏にならなくたって(笑)。ただ、そのためには、「仏」という、すばらしい境地、すごい宝物のような状態があるということを、幻影を与えておかなくてはなりませんけれどね。そうしておけば、菩薩として善行を積み重ねるという、「収束点列」が作られていく。

その場合、善因善果(ぜんいんぜんか)、あるいは少なくとも善因楽果というか、つまりは、いいことをやったら必ずいい結果が出る、ということの保証を与えておかないとならないんですけれどね。すぐによい結果が出なくても、来世まで計算に入れればよい結果になるとか、あるいは、よいことをしたら楽しいだろう、幸せな気分になるだろう、ということを保証しておかないと、仏へと向かう収束点列はできてこない。
ウェーバーが書いていたことと関係づければ、これは、「幸福の弁神論」ですね。どんなに正しき人であっても不幸になりうるのはどうしてなのかという問題に答えるのが「苦難の弁神論」です。しかし、仏教のこの論理が成り立つためには、いちおう、よいことをすれば究極的にはよいことになるはずだという強い確信がないと、働かないですよね。つまり仏教は幸福の神義論を前提にしている。そうすると、実際には、どんな結果になろうと、つまりニルヴァーナとかいうところに到達しようとしまいと、「善業」の収束点列ができるわけですから、とても素晴らしい、ということにはなるんですね。

橋爪　そのためには時間を延長して、自分の人生の終点から後にも、まだブッダに続くプロセスが連続していないといけないわけだから、どうしてもヒンドゥー教にあった輪廻の考え方を仏教もとりいれて、そうやって説明していくことになる。まあ、いいような悪いような。
ただ、プロセスが大事という点では、最初のゴータマ・ブッダの考え方とは、ずれているような気もします。

カントの超越論

大澤　僕はナーガールジュナの議論で、なかなかおもしろいと思ったのは、ややテクニカルな話なんですが、カントの議論との並行性です。

カントの『純粋理性批判』の「超越論的弁証論」という、いかにも難しそうなセクションに、純粋理性のアンチノミーという有名な議論があります。これが、ナーガールジュナの八不の論理に似ている。というか、ナーガールジュナの八不は、カントのアンチノミーそのものです。……とここまでは、カントとナーガールジュナの両方を知っていれば、誰でも気づくことなのですが、僕がおもしろいと思ったのは、先ほど、八不は否定神学と外見だけは似ているけれども、めざしているところは正反対だという話が出ましたが、この二つがどう違うのか、ということをカントのアンチノミーを使うと、わりとうまく説明できる、ということです。

アンチノミーというのは、こういうことです。普通は、「PはQである」という肯定判断か、「PはQではない」という否定判断のどちらかが真になり、どちらかが偽になります。当たり前のことですね。しかし、カントによると、肯定判断／否定判断の両方が真になってしまうケースとか、あるいは両方が偽になってしまうケースがある。こういうのをアンチノミーというわけです。

そして、両方が真になる型が、力学的アンチノミー、両方が偽になるほうが、数学的アンチノミーという。この「力学的」とか「数学的」とかいう形容詞にこだわる必要はないのですが、二つのタイプのアンチノミーがあるというのが、重要です。

カントが挙げている例を、ちょっと簡略化して紹介すると、「世界には自由意志がある」（肯定判断）と「世界には自由意志はない（世界は機械的な因果関係に埋め尽くされている）」（否定判断）の組は、力学的アンチノミーです。カントの論証によると、両方とも真になってしまう。数学的アンチノミーの例は、「世界は有限である」（肯定判断）と「世界は有限ではない（無限である）」（否定判断）のペア。カントの考えでは、世界は有限とも無限とも、どちらもはっきりと断定できず、肯定判断も否定判断もともに偽になってしまう。

まず、力学的アンチノミーのほうですが、どうして、排他的な二つの判断の両方が成り立つのか。まず、否定判断から入りますが、こちらは、世界全体において成り立つ、普遍的な法則のようなものについて言っているわけです。たとえば、世界全体では、普遍的に因果律が成り立つとか。ところが、その普遍的法則が成り立つためには、その法則からはずれる例外的な特異点が必要になる。たとえば、因果関係を起動させる自由意志が、その特異点です。その特異点について述べているのが、肯定判断のほうです。こうして、否定判断と肯定判断の両方が真になる。

僕の考えでは、この力学的アンチノミーこそ、否定神学の構造です。否定判断の積み重ねによって、そこに包摂できない例外的な特異点としての神の存在を浮かび上がらせる、という構造になっているからです。

これに対して、数学的アンチノミーは、ある普遍的な領域を全体化するというか、統一化するような、例外的な特異点がないケースです。その場合には、どのような断定、肯定的な断定も否定的な断定も斥けられていく。これは、ナーガールジュナの八不に似ている。八不というのは、矛盾しあう二つの命題がともに偽になってしまうケースを、四組取り出した、ということです。

カントは、数学的アンチノミーとの関係で、「無限判断」というテクニカルな用語も導入しています。無限判断というのは、肯定判断・否定判断のどちらでもない、判断の第三のカテゴリーです。たとえば、「世界は有限である」「世界は有限ではない」はともに偽になってしまうので、仕方がないから、これを「世界は非-有限である」という。これこそ、八不そのものではないでしょうか。「同一」でもなければ、「差異」でもないので、「非-同一」という。そんな感じです。

もうひとつ、カントとの対応でおもしろいのは、「超越論的仮象」というアイデアです。超越論的仮象というのは、仮象、つまり虚構であり、一種の幻想なのですが、しかし、理性に基づいているので避けがたく、しかも人間が生きていく上で必要な仮象、ということです。カントが挙げているのは、たとえば霊魂とか、神とか、自由意志とか、です。こういうものは、はっきりと存在を理論理性的に証明できるわけではない。したがって、実は、存在せず、いわば「空」なのです。しかし、それを前提にしないと、僕らは生きられない。たとえば、自由意志があるという想定がないと生きられない。社会生活を営むこともできない。だから、必要な幻想です。

これが、強いて言うと、仏教の第一義諦と世俗諦という構成と似ているのではないか、と僕は思うのです。第一義諦としては「空」であっても、世俗諦的には実体を認めないとならない。究極的には、仏すらも「空」なのですが、そう断じてしまったら何もできないので、仏という超越論的仮象を前提にして行動する。いかがでしょうか。

橋爪　似ているんじゃないでしょうか。強いて言えば。

大澤　ただカントは、ねらいがやはり、先ほどの「否定神学」もそうですけれども、どこか「存在」向きですけれどね。超越論的仮象は、仮象だから結局は存在しない、ということが強調されるのではなく、そういう仮象の必要性のほうが重視される。それに対してナーガールジュナでは、やはり第一義諦としての「空」のほうに向かっていくという、ベクトルが強い。

仏性について

大澤　先ほども少し話題になった、すべての人間、一切の衆生、生きとし生けるものは必ず仏性をもつという思想について、検討してみたいと思います。すべての衆生、生きとし生けるものがもつ仏性のことを「如来蔵*」とも言います。簡単に言えば、覚りの潜在的可能性のようなものですね。仏性がすべての人に備わっているという思想も、大乗仏教の重要な特徴です。

まず、ふつうに考えたときに、われわれのごく素朴な実感として、人間というものにはいろいろな人がいて、素晴らしい人もいれば、駄目なやつもいたりする。どんなに駄目なやつでも仏性をもつというのが、仏性論です。これは、いちおう建前かもしれませんけれども、それはとうてい無理ではないか、という実感も僕らはもちますよね。

たとえば、自分が少年野球の指導者かなんかだとして、誰でも頑張ればイチローになれるんだ、とかいって少年たちを鼓舞しますが、内心では、イチロー化する潜在的可能

＊如来蔵　[tathāgata-garbha (s)]　tathāgata（如来＝仏）と garbha（胎・胎児）の複合語で、「如来を胎に宿すもの」の意。一切衆生に仏になる可能性があることを主張する表現。出典は如来蔵経の「一切の衆生は如来を胎に宿している（sarvasattvās tathāgatagarbhāḥ）」という句より。

性、つまり「イチロー性」が誰にでもあるはずがない、とわかっているではないですか。考えてみると、ニルヴァーナ大学に合格するのは、メジャーリーグに入って三千本安打を打つよりもっと難しい。

衆生は必ず仏性をもつということには、ロジカルな根拠はあるんですか？ またこれは、単なる理論的な公理のようなものとして前提にするしかないことなんですか？

橋爪 まず、仏になれないもの。

そもそもなれないものは、インド人の考えでは、植物と鉱物（無生物）なんですね。植物を、有情から排除しているのは、差別のような気もするが、まず植物には神経組織がない。だから、ものを考えることができない。それに、植物を仏性があると考えてしまうと、人間が食べるものがなくなってしまう。動物を食べると殺生になるから、殺生戒があって、ベジタリアンになりますというのはありだけれど、植物も仏性をもっていたりするとほんとうに食べるものがなくなって死んでしまうから、動物の条件を維持しながらひとつの生き方をつくるという意味では、植物は本来的に覚れないと考えなければならない。

では、何が覚れるか。お釈迦さまはよく考えた。よく考えたうえで絶対に譲れないのは、カーストと無関係だということです。これは、バラモンでないのに覚りを得たお釈迦さまにしてみれば、当然の主張で、これは絶対に譲れない。もしも輪廻がなかった場合、覚れるのは人間だけです。ブッダになれることは、人間の特権なのです。すべての人間は、カーストにも、人種や社会的地位にも無関係に、覚ることができる。* これは、仏教の大原則です。

輪廻を入れると、これがほかの生き物にも延長されていって、いろんな動物、それから天人、……も人間に生まれ変われば、覚ることができる。ということになるんだけれど、これは議論のつけたりで、あまり重要ではない。

大澤さんの質問は、人間のなかにはそうとうヘンテコなやつもいて、そいつらが果たして覚れるのか、でしたね。お釈迦さまは、断じて、覚れると考える。これは、公理ですね。公理だから、証明できない。

大澤　これは衆生ですから、六道のなかにいれば原理的には……

***すべての人間は……覚ることができる**　成仏が不可能な者をさす「一闡提（いっせんだい） Icchantika (s)」という言葉がある。字義は「欲求する人」で、仏教の正しい法を信じず、覚りを求める心がなく、成仏の素質・縁を欠く者をいう。涅槃経では、一闡提を不成仏者と規定しつつも、最終的には仏性を有するゆえに成仏するとしている。一闡提の存在を認める法相宗と、認めない天台宗・華厳宗その他大乗の諸宗の間で、仏性論の大きな問題となった解釈。

橋爪　輪廻して、人間に生まれれば。

大澤　どこかの段階でね。

橋爪　どこかの段階で。

人間には知能どころか、脳がない人だって生まれたりするわけだから、そんな状態で覚えれるのかという問題があるけれども、それを含めて、すべて覚えると考えなければいけないんじゃない？

大澤　なるほど。お釈迦さまの基本的なねらいとしては、絶対そういうふうに考えざるをえないと思うんですね。それがなければ、仏教のラディカリティーは消えてしまう。インドの社会というものを考えてみると、カーストがある。それに対する強いアンチテーゼとして仏教がある。仏教は、カーストというものがまったくキャンセルされる、平等主義を唱えることに絶対的な意義がある。

ただおそらく、お釈迦さま以降、仏教徒たちのなかでは、やはりいろいろなジレンマにぶつかったと思うんですね。とうていこいつはよくなりそうもないというような人に出会うことがある。それを何とかしなくてはいけない。こういうケースにおいて、「おまえはどう説明するの？」みたいなことが仏教徒の間にもあっただろうと思います。理論上の建前だけを言っていればすむわけではないような、困難な場合というのも、けっこうあったと思うんですよ。
たとえば、ヒットラーのような人が出てきたとして、ヒットラーにも仏性があると。理論上そうなるかもしれないんだけれども、なかなかそういうふうに言い切ることに抵抗があるというか、そう言ってしまえば、かえって教義の説得力を失ってしまうということが……。

橋爪　ヒットラーは、仏性あるんじゃない？

大澤　いや、理論上はそれわかります。

橋爪　経典のなかにアングリマーラ＊というのが出てくるんだけれど、殺人鬼です。殺人の嗜癖（しへき）がある。これまでに九百九十九人殺して、今日が千人目だというような状態で、お釈迦さまと出会う。そして、改心して、仏弟子になっている。
ヒットラーは自分で殺していない。嗜癖ではなくて、奇怪な思想の持ち主なんです。考え方にもよるが、アングリマーラはそれより、罪が深いと思う。その彼がサンガに入って、仏の道を歩んだりしていますから、誰だってオーケーじゃない？

大澤　なるほどね。まあ、そうだと思います。僕もそう思いますけれども。

＊アングリマーラ　[Aṅgulimāla (s, p)]　中部経典三「鴦掘摩経（おうくつまきょう）」86。「央掘魔羅経（おうくつまらきょう）」とも書く。人を殺してその指を集めて髪飾りにしたと伝えられることから「指鬘外道（しまんげどう）」とも呼ばれる。

ただ、仏教の中には、矛盾はしないけれども、対立する二つのベクトルがせめぎあっている、ということはあるかと思います。一方では、「一切衆生悉有仏性」、つまりすべての者に仏性がある、仏性は衆生に普遍的に備わっているということを強く言わなくてはいけないですよね。どんなに仏性から遠そうな者でも仏性があるんだということを言わねばならない。これは、もう仏教の本質、仏教の仏教たる上で譲れない命題です。

しかし、他方で、覚るという状態が、いかにすごいことで、超人的なことなのか、ということも仏教は強調します。これも仏教にとっては、非常に重要なポイントです。ニルヴァーナ大学の合格者は、何十億年に一人ぐらいの率でしか出ていない。

この二つは、論理的には両立しますが、しかし、一方を強調すると、他方が軽くなるという、トレードオフの関係にある。そういう緊張は仏教の中にあると思うのですね。

橋爪　それを両立させる道が、プロセス重視。菩薩という考え方じゃないかな。

どんなに仏が遠くにあっても、いずれそこに行くという収束条件が満たされていれば、いまにはいまの課題があるわけだから、「仏弟子として仏の道を生きていく立派な自分」というイメージと誇りをもつことができる。社会生活をしている以上、それは大部分の人にとっては可能なことである。職業的犯罪者だったとしても、彼らの業界があって、ビジネスをやっているわけだから、やはり可能。そういった意味では、ここからはみ出る人なんかいないんじゃないかな。
トマホークという巡航ミサイルがあるでしょう。GPSみたいな誘導装置がついていて、いずれ目標に命中する。収束条件が満たされているわけです。それなら途中で、あさっての方法を向いて飛んでいても、なんの問題もない。あいつには仏性がなさそうだ、とか思ってはいけない。

大澤　なるほどね。仏教の場合、輪廻ということを前提にして考えることができるので、先ほど述べた、二つのベクトルの緊張は、少しはやわらぎますよね。今生の範囲では、とうてい成仏できそうもない人でも、輪廻の全体を考えれば、「いずれは」と考えることができますから。つまり、締切がないような状況ですから。

とはいえ、やはり、かなりの緊張はあったのではないか、と思うのは、一部の経典には「五性各別（ごしょうかくべつ）」なんていうことも書いてあるからです。先ほどふれた「一切衆生悉有仏性」というのは、大乗仏教の共通認識で、ここまで話してきたように、これが主流のアイデアです。そのアイデアに抵触しかねないのが五性各別。これは、種性（しゅじょう）のランキングですね。そのうち三つは、声聞と独覚と菩薩ですから、仏教的には当たり前です。その他に、不定種性（ふじょうしゅじょう）と無種性とが入っているところが、微妙です。不定種性というのは、覚りの素質があるかどうかはっきりしないぞ、というようなことだと思います。さらに無種性までくると、そういう素質はないかも、とまで言われている感じです。

五性各別は、カーストのランキングが仏教の中に射影（しゃえい）してきた結果のように見えます。カーストも、四つのヴァルナにアウトカーストを加えると五つのランクになります。カーストのシステムを否定していたのに、それが仏教の中に再導入されている、というような感じですね。

とはいえ、こういう議論は、仏教的には逸脱だと思います。基本は仏性の普遍性を説くのが仏教です。

橋爪　そうですね。五性各別みたいなのは、ヒンドゥー教の考え方がもぐりこんだものだと思うな。

自利と利他

大澤　ちょっと観点を変えて疑問点を提示しておこうかと思います。先ほどのイソップの寓話とも関係がある話です。
たとえば、誰かがこんなふうに考えているとする。「ブッダ」とか「ニルヴァーナ」とかよくわからないが、すごく幸せな状態、すごくよいところらしい。善行を積んで、ポイントを稼ぐと、そこに到達するらしい、と知って、頑張って善行をする。

こういうのは、「内申書でよく書いてもらえるから、ボランティアしよう」というのと似て、あまり偉くない感じがするじゃありませんか。この人は、実は、ブッダとかニルヴァーナというのを実体化していて、まるで宝物をゲットするかのようにブッダを目指し、天国にいくためであるかのようにニルヴァーナにあこがれている。この人の善行は、先ほどのイソップの三兄弟の、宝探しのつもりで庭を耕している状態と同じです。

しかし、覚ったあかつきには、ブッダもまた空だとわかる。ニルヴァーナという、どこかユートピアみたいな国があるわけではないことがわかる。イソップ寓話と対応づければ、庭に、実は金銀財宝など埋められてはいないことを知る。あるいは、先ほどの宝くじの例に即していえば、六億円も千円も紙切れも大差がないという境地に達する。

こうなったとき、人は、実はプロセスだけが大事だったことを知るわけです。何かのために善行を積んで、ポイントを貯めようと思っている間は、まだ覚りに達していなくて、覚ったときには、善行それ自体に意味があることがわかる。たとえば、先のイソップの例だと、怠け者だった兄弟は、覚る前には、「宝物」というエサがないと、仕事をしなかったわけですが、宝物などほんとうはないことを知り、ブドウが生えてきたのを見たときに、庭の土を掘り起こすこと自体に価値があったことに気づく。そして、それ以降は、宝物云々の幻想というか嘘がなくても、仕事をするようになる。

だいたい、こんな筋を思い描くわけです。しかし、これって、詐欺っぽい感じもするわけです。イソップの寓話では、実際、死んでいくお父さんは、息子たちに嘘を言っている。何かのためにポイント稼ぎの善行をさせるわけですが、その「何か」とは、まさに空であったことを最後に知るようなしかけになっている。こういう詐欺的な手口というのは、よいのだろうか。

橋爪　それ、どちらでもいいんじゃない?

大乗の標語として、「自利利他円満」というのがある。「自利」というのは、自分のポイントになることでしょう。「利他」というのは、相手が幸せになることでしょう。「円満」というのは、それが矛盾せず両立しているということ。大乗の人びとはみなそういうことは考えて、結論を出していて、自利と利他は矛盾しない、両立すると言っているわけです。

ポイントのために何かいいことをしているのか、それともそれを離れて慈悲というか、相手のためにいいことをしているのか。

①　矛盾しない。

②　どちらとも解釈できる。

③　どちらでもある。

④　本人もどちらかよくわからない。

⑤　どちらでもいい。

これが「自利利他円満」じゃない？　つまり、確定できないんです。確定できない、確定しなくていい、だから「空」。

大澤　なるほどね。「自利利他円満」というのは、「自利＝利他」という等式を公理的な前提にしてしまうということでしょうね。世界や社会や人間の心理がそんなふうに都合よくできているか、疑問もありますが、公理のようなものなら仕方がないかな。

別に仏教だけではなくて、キリスト教やイスラム教でも似たような問題は生じます。たとえば最後の審判の日に、いい点をもらって、神の国だか天国だか緑園に入れてもらうために、よさげなことを重ねている人がいるとします。たとえば、隣人を愛すると天国に行けるらしい、ということで、隣人を「愛して」、それらしい行動をとる。

でも、いろいろ疑問をもってしまいますね。天国に行くために君を愛する、というのは愛していることになるのだろうか。そもそも、神は、最後の審判の日にいい点を取りたくて隣人愛的なことをやる人よりも、それとは関係なしに隣人愛的なことをやる人を求めているのではないか。

橋爪　それはちょっと違うと思いますよ。

隣人愛というのは、なぜ隣人を愛するかというと、Ｇｏｄが命じたからなんです。Ｇｏｄを愛していることが第一で、Ｇｏｄを愛しているから隣人を愛するわけ。Ｇｏｄとは無関係に隣人をただ愛する人なんか……。

大澤　駄目ですかね。

橋爪　Ｇｏｄにとっては全然意味がない。それ、駄目。

大澤　確かに、キリストは、神を愛することとあなたの隣人を愛することと、二つの愛を言っていますからね。でも、ちょっと神様、心が狭い感じがする。まあ、その点はよしとしましょう。そちらは違う宗教の話なので。

唯識について

大澤　大乗の哲学的議論のもうひとつの重要なものとして「唯識」というのがあります。「唯識」というのは非常に有名ですが、かといって、その内容がよく知られているわけでもないので、それがどういうものであるか。またその内容が、それ以前の仏教の理念とどう関係しているのか。そうしたことを考えてみたいと思います。

その理論の内容について詳しく論ずる前に、ちょっと外的な事実だけ確認しておきます。この説の体系化に最も貢献があったのは、アサンガとヴァスバンドゥです。この二人は兄弟で、アサンガがお兄さん。仏教史にはよくあることですが、正確な生没年はわかりません。四世紀か五世紀の人です。アサンガは、弥勒の教えを受けたという話がありますが、たぶん、ただの伝説でしょう。ヴァスバンドゥは、最初は、部派仏教系の有部‐経量部にいたとのことですが、兄の勧めで大乗に転向した。ヴァスバンドゥは膨大な著作を残していて、あまりにも多いので、ヴァスバンドゥ二人説が唱えられてもいるようです。

さて、まず、橋爪さんの言葉で「唯識」を説明していただきたいのですが、説明に先立って、唯識論についての僕の印象を言っておくと、確かに非常に七面倒くさく、複雑な体系でありますが、考え方のベースとしたらけっこうストレートに、釈尊が直感的に、あるいは素朴に考えようとしていたことを、かなりシステマチックに論理的に体系化したものではないか。そのようにも理解できます。

ともあれ、「唯識」というのは、どんなふうに考えればいいか、橋爪さんのお考えをまず聞いてから、いろいろ質問をしたいと思います。

橋爪　最初に、簡単に言うと、こういうことです。

まず、人間の精神活動（感覚や知覚や意識）は、内部秩序をもっていて、層（レイヤー）になっている。レイヤーがいくつもあって、その底のほうに「アーラヤ識」や「マナ識」というところがある。底のほうはほとんど意識できない、意識を支えている底だから。もっと上のほうの層のところは意識になっているから、言葉にしたり欲望として感じたり、感性として認めたりすることができる。

さて、人間が死ぬとどうなるか。これらの意識は解体してしまう。人間の体にこれらの意識が支えられているのだが、体がばらばらになってしまうわけだから。そこで意識がなくなる。ところが、輪廻する。輪廻するというのは、肉体から離れた霊魂が輪廻するのではない。霊魂というものを、仏教は認めていない。意識は、実在する物理的プロセスから派生するものであって、何か霊魂のような実体がたまたま肉体の上で活動している、というふうに考えてはならない。そうすると、肉体が壊れてしまうのに、輪廻するものがまだどこに残っているのか、という話になる。

唯一の可能性は、肉体が壊れても精神活動のすべてが壊れるわけではなく、意識的な部分は確かに壊れるけれど無意識な部分は保存されていて、そこからもう一回意識的な部分がつぎの人生で再生してくると考えればいいんじゃないのかな。ということで、唯識論というものが構成されている。

大澤　唯識論は、精神をいくつものレイヤーに分けるところに特徴がありますね。ちょっと読者のための解説の意味も込めて、整理しながらうかがいます。その精神のレイヤーの最も表面的なレベルには、まず五識がある。これは、眼識、耳識、鼻識、舌識、身識の五つで、普通の知覚ですからわかりやすい。それに意識を加えて、眼耳鼻舌身意（げんにびぜっしんい）の六識で、ここまではどうということはありません。

難しくなるのは、それより深い層です。七識がマナ識、そして、最も基礎的なレベルの八識がアーラヤ識です。いまのお話でいくと、無意識に残っている精神活動にあたるのが「アーラヤ識」と考えればよろしいですか。

橋爪　たぶん。

大澤　たぶんね。唯識論の解説をもう少し続けておくと、マナ識というのは、自我意識のようなものです。「この私」という意識で、我執はここから出てくる。

唯識論の最も独創的な部分は、アーラヤ識にあります。これは、なかなかうまく説明できないのですが、今、橋爪さんが示唆されたように、無限の過去から現在まで、輪廻を通じて続いている、無意識で非人称の（私という意識の前の）生命的・精神的活動のようなものですね。

今、精神の表層からさかのぼるようにして、アーラヤ識まで来ましたが、論理的な順番は逆で、アーラヤ識が最初にあって、そこからマナ識が派生する。マナ識は、アーラヤ識を「アートマン（自我）」と勘違いしたりします。さらに、眼耳鼻舌身意の六識は、あとに派生する。

「アーラヤ識」というのは、意識はしていないけれど——フロイトの言う無意識とは違いますけれど——はっきり言うと、輪廻全体を通じて蓄積されてきたものが、全部そこに保存されている精神のレベルというような感じですよね。

橋爪　それが何かを考えようとしてもほとんど無駄で、考えることができない場所なのではないか。でもそこに、じつは、ポイントが貯めてある。

大澤　なるほど。橋爪さんが話されたことが、唯識説の用語では、どんなふうに語られているかということを、読者のために解説しておきます。人間の行為、つまり「現行」は、必ずその痕跡を残すことになっていて、その痕跡が、「種子」と呼ばれる。種子が蓄積される場所が、アーラヤ識です。つまり、「たね」というかたちで、ポイントがアーラヤ識に貯まるわけです。この蓄積のことを、「薫習」という。薫習というのは、お香などの香りが物に付着することです。それと似たようなイメージで、行為（現行）は、アーラヤ識に種子という痕跡を残す。「現行の種子はアーラヤ識に薫習される」などと言います。

　種子は次の現行を生みます。よい種子からはよい現行が生ずる。そしてその次の現行がまた種子を残す。そういうかたちで、無限の過去から現在までのあらゆる行為（カルマ）が残してきたポイント（余力・余習などと呼ばれる）が蓄積されている蔵がアーラヤ識で、その刹那刹那に、そのポイントに対応した新しいカルマが、アーラヤ識から生ずる。だいたいこんな構図で考えられていると思います。

気になるのは、アーラヤ識が完全に無意識で、決して意識の表面に上ってこないことですね。だから、自分にどのぐらいポイントが貯まっているかわからないところがきついですよね。

橋爪　全然わからない。

それは、輪廻という考えにくいものを考えるときの、理論的仕掛けであって、何の実証的根拠があるわけでもない。だから、信じるしかない。

輪廻の特徴は、輪廻しているという実感がないことです。前世の意識もない。だから輪廻している証拠はまったくない。輪廻している証拠がまったくないのに、輪廻しているのであれば、何が輪廻しているのかということが問題になる。でも、輪廻している実体はないわけ。じゃ、ポイントが輪廻しているんだ。

西欧哲学では、意識できないものは存在の根拠があやふやだと考えますが、べつにそう考える必要はない。航空会社のマイレージがあって、カードで買い物するたびにポイントがたまったりするけれど、別に意識していないでしょう。それみたいに修行のポイントは輪廻しても、持ち越されていく。

大澤　なるほどね。一番かんじんなところに証明不可能なものがあるというのは、別に仏教だけではなく、一神教だってそうですから。ですから、特に異常というのでも何でもないんですが。

　ただキリスト教の場合、ついでに、どういうわけか「神の存在証明」をやってみるかというようなことがある。存在しているということにならないと困るわけですけれども、存在証明しますね。しかし、輪廻の存在証明というのはあまりやりませんよね。

橋爪　それは、行為の前提だから。輪廻が存在しないと、菩薩行ができなくなる。やってもいいけれど、菩薩行の結果は、はるかにはるかにはるかな将来、ブッダになるというのですから、ふつうの菩薩行は空振りになるな。

　そこで、どうしてもポイントが持ち越せないといけないわけだから、偉い先生が現れて、意識についてのセオリーを考えた。「アーラヤ識」とかを考えてくれたわけだから、もうそれでいくしかないんじゃない？

大澤　「アーラヤ識」という概念は、どの段階ぐらいからあるんですか。

橋爪　ヴァスバンドゥという人がまとめたんだが、彼が全部いちから考えたわけではなくて、それ以前のアイデアを整理したものだと思う。ヴァスバンドゥは、そんなに古い年代の人ではない。

大澤　ヴァスバンドゥのほうが、ナーガールジュナよりだいぶ後ですからね。ナーガールジュナは一五〇～二五〇年頃、ヴァスバンドゥは四〇〇～四八〇年頃ですね。

橋爪　輪廻の考えはずっと古いわけだから、そのもとになるアイデアはずっと前にあったはず。

大澤　輪廻は圧倒的に古い。いつ始まったかわからないぐらい古いわけですからね。

橋爪　仏教から来たわけではないのだから。

大澤　そうですね。仏教よりもはるかに古いことは明らかですから。

だから「アーラヤ識」や「マナ識」というとけっこう七面倒くさい理論になっていますから、けっこう、ふつうに生きている人がふつうに使っているうちにわかるようなことでもないので、仏教の理論家たちがああでもない、こうでもないと考えているあいだにできてきたという可能性が高いですよね。理論化にあたって最も重要な貢献をしたのがヴァスバンドゥであるというのは事実でしょうけれど、先ほど少し暗示したように、「ヴァスバンドゥ」という固有名詞で包括されている著作が、一人によるものではない可能性だってありますよね。

唯識論は現代的

大澤　もう少し唯識にこだわっておきたいんですが。

唯識論のオリジナリティは、特に「マナ識」と「アーラヤ識」にありますね。特に後者に。その説は、現代のわれわれの心理や精神、あるいは脳についての考え方・人間観と一致する部分もややありますし、でも「全部はちょっとな」という気分のするところもある。

たとえばわれわれがどこかに自我の統一性についての感覚をもっていたりするのを考えれば、「マナ識」的なものが確かにある感じはする。

それから、輪廻かどうかはともかくとして、遺伝情報の水準のことを思えば、世代交替や進化を通じて蓄積されてきたものがある、ということも確かですね。アーラヤ識に蓄積される「種子」を、「利己的遺伝子」のようなものと考えれば、細かいところは別として、考え方の基本の筋は、今日のわれわれの生命についての知識と似ている面もありますよね。

橋爪　神経生理学と整合的なんじゃないの？　大脳の新皮質のほかに、旧皮質があり、中脳があり小脳があり延髄があって、人間の精神は重層的にできている。人間になる以前のいろいろな生命活動を、全部包み込むかたちで、神経系はできているわけだから。単なる瞑想から導き出された理論で、ここまで神経生理学的な事実と対応しているのは、立派なものだと思います。

大澤　おっしゃるとおりですね。

僕が思うのは、いずれにしても千年をはるかに超える前の理論だし、われわれのもっているような知識もなければ、実験はできないわけですから、個々の部分を取り上げて、現在の科学的知識と合うとか合わないとかといっても仕方がありません。

それよりも基本的な着想です。それがどのくらい、現代のわれわれにとっても意味があるのか、ということを考える必要があります。唯識論の最も重要な特徴は、やはり、徹底した反実在論ですね。認識する心から独立した実在というものを認めない。われわれが客観的な実在と見なすものは、それぞれの心が作ったものであって、心が異なれば、異なった対象が見えている。第二章でも引用した、『華厳経』の「三界は虚妄にして、但だ是れ一心の作(作るところ)なり」というのが、唯識論の基本的な立場を要約しています。

唯識論の立場をよく示す喩えとして、「一水四見(いっすいしけん)」なんていうことがよく言われます。同じ水(河)でも、人間にとってと、天人にとってと、魚にとってと、餓鬼にとっては全然違う。人間には、普通の水ですが、天人にとっては、その上を歩くことができる床（たぶん、キリストにとってもそうでしょう）、魚にとっては住処（すみか）、餓鬼にとっては、燃えさかる膿（うみ）の流れ。

こういう認識論に通ずるものは、現代の哲学的認識論はもちろんのこと、自然科学や社会科学にもたくさん見つけることができます。教科書的に整理すると、だいたい認識論については、外界の客体を主体が写すというイメージで認識をとらえる模写説と、外界の客体は主体の構成の産物であるとする構成説がありますが、唯識論に親和的なのは、もちろん後者です。哲学史上、最も有名な構成説の論者は、たぶんカントでしょう。

一水四見の喩えは、ユクスキュルの環境世界論を彷彿させますね。ユクスキュルは、十九世紀後半から二十世紀前半の生物学者で、動物種ごとに異なった環境世界をもっていると論じた。この人は、ハイデガーとかメルロ＝ポンティとかの哲学者に人気があって、よく引用されています。

あるいは、免疫系とか神経系が、徹底した自己準拠的なシステム、オートポイエーシス・システムであるとした、マトゥラーナやヴァレラの理論（『オートポイエーシス』河本英夫訳、国文社、一九九一年）も、唯識論とはそりがいい。神経系がオートポイエーシス・システムであるということは、生物個体が認識する対象というのは、その神経系の構築物だということですから。

社会科学で言えば、社会構築主義が唯識論的だと言えます。社会構築主義は、人びとが経験する事実や存在は、相互作用している人びとの意識や感情によって構築されたものだ、ということを強調した。二十世紀後半の社会学の流行だと言ってよいでしょうね。

とあげていけば、キリがありません。要するに、唯識論的な着想は、現代の学問の中にもたくさんある、ということです。仏教のほうに差し戻してみれば、外界の対象なるものは、実は、心が作った虚妄であるということになれば、それらは、それ自体としては実在せず、むしろ「空」だということになりますから、仏教の基本的な立場とも整合性が高いわけです。

発心の効力

橋爪 小乗の場合、出家者は、戒をもらうんですね。戒をもらうというのは、修行を続けるという条件なんですね。戒をもらうからよいことをする確率が高くなり、悪いことをする確率が低くなって、つまりランダムに行為をしている場合に比べて、修行になるわけだ。ところが戒の特徴は、死んでしまうと効力がなくなる。この一生限りのものなんです。

大乗教は、こんな小乗の戒の効力をさして評価しない。そのかわりに、菩薩としての修行の持続性を重視する。

菩薩は戒をもっているのかどうか。

菩薩は在家者ですから、在家の五戒はもっているはず。でも、誰でももっている戒で、たいしたことはない。

小乗は戒本があって、修行の戒律が厳格に定められている。大乗には、戒本がない。これは、「大乗の修行者」などというものが、もともと考えられていなかったことを意味している。これでは困ると、大乗経典のなかに、菩薩の修行法を定めた戒みたいなものをのべているものがつくられたが、これが戒なのかどうか、根拠は薄弱です。

まあいずれにせよ、大乗の修行は、そんなにポイントが貯まるような仕組みになっていない。にもかかわらず、輪廻を繰り返しながら、前生→今生(こんじょう)→後生というように、継続的に修行を続けることができなければ、大乗のロジック全体が成り立たない。

そのためにいろいろな仕組みがあるんですけれど。

まず、ポイントを持ち越す仕組みが必要で、これを「唯識」としていちおう理論化している。

つぎに、収束点があるかどうかよくわからないが、修行を続けるプロセスが大事。これが「空」としてのべられている。

『大乗起信論』というのがあるけれど、釈尊の前生で「初発意」というのがある。成仏するぞと決意する。その決意の効力が、その人生だけではなくて、つぎの人生やつぎのつぎの人生や、……ずっとあとまで、輪廻をしながら持続しているわけだ。菩薩の修行には、持続性がある。

さて、大乗教徒に、そう言えば大昔に発心したなあ、という記憶なんかないでしょう。記憶はないけれど、お釈迦さまの人生がコントロールされていて、成仏するという極限状態に収束していくように、並みの菩薩である彼の長い長い人生もコントロールされていると考えるわけ。発心には、そういう条件を整える効果があって、これは戒の効果と似ているんだけれど、戒の効果より長い。戒はこの人生限り。いっぽう、発心の効果は、輪廻を持続する長時間の効果があって、だから戒以上なんですね。

大乗は、発心の修行持続効果を考えないといけない。ポイントを貯めるメカニズムもさることながら、発心の効果と、空観の三点セットではじめて、大乗の修行ができるようになっている。でもそんなもの、どこにも証明されていない。どこにも証明されていないけれど、小乗がのべていた釈迦の前生譚のなかに、その考え方がある。それを援用すればいい。

大澤　つまり、記憶はないけれど、はるかに昔の発心が自分の人生を支配しているんですね。

橋爪　そうそう。

大澤　その「輪廻を通じてのポイント持ち越し制度」は、なかなかよくできている、整合性の高いアイデアだとは思います。

ただ、その中で生きるのは、ちょっときついところもあるかなという感じもしますね。つまり、いまの自分というのは、それまでのポイントの結果ですよね。自分がうまくってもうまくいかなくても、そのポイントの結果です。

たとえば、誰かが、それなりによいことをしているつもりだし、努力もしているけれども、いろいろと不幸なことばかり起きるとしますよね。ヨブみたいなケースです。そういうケースについて、僕らは普通は、善人だけれども、運が悪い、というわけです。つまり、運が悪くても、その人の道徳的な正しさは救われる。

しかし、ポイント持ち越し制で、人の運命はすべて貯めたポイントによって因果的に決まるのだとすると、一見善人で、運が悪い人に関しても、結局、おまえは前生とか、前々生とかに悪いことをして、よいポイントが貯まっていないからだ、と考えざるをえなくなります。ポイント持ち越し制は、自我を輪廻の全体に拡張した上での、究極の自業自得ということになる。とすると、今生において、不幸だったりする人にとっては、救いが小さいかな、と感じますね。

橋爪　どうして？

大澤　完璧な自業自得システムということでなければ、仮に不幸な人生であったとしても、自分自身を全面的に否定しなくてもすみますよね。その人の道徳的な正しさとか人格的な善さのようなものは、幸不幸とは別に救われますから。しかし、善なる原因は必ず善なる結果で、悪なる原因は必ず悪なる結果であるとすれば、そのような救済の余地がなくなります。

橋爪　むしろ合理的でいいんじゃないの？

たとえば昨日のサッカーの試合を考えてみると、すごいいい試合をしていた。つまり、善行を積み重ねていたわけ。でも、相手のポイントが入って負けてしまった。これは、その試合のなかで説明しようと思うとなかなか難しいが、輪廻の考えで考えてみると、なぜポイントが入ったかというと、前の試合で相手チームはすごくいいプレーをしていたから。前の試合で点が入らなかったけれど、この試合で点が入っている。そうすると日本チームは、この試合ですごくいいパフォーマンスだったら、つぎの試合で点が入らなくてはいけない。つまり合理的だ。

結論としては、点が入っても入らなくてもくよくよせず一生懸命いいプレーを続けましょう、でしょ。これは、勇気をもって人生を生きるということで、全然問題ない。

大澤　なるほど。

一方では、筋が非常に通っていることはよくわかります。他方で、繰り返しになりますが、不幸な人にあまりに救いがない、とも思います。

たとえば、今生においてかなり立派な人でも、不幸だったりすれば、その人は、輪廻を通じた総合ポイントでは悪い人なんだ、ということになりますよね。もちろん、逆もあるわけで、僕らは、そうとうに邪悪な人が、しかし、けっこう裕福だったり、権力があったりして恵まれているのをしばしば見るわけですが、その人は、今生では、あまりポイントを加算していないようではあるけれども、これまでの輪廻の中で蓄積してきた総合ポイントはかなり高そうだということで、輪廻全体に拡大した自我で評価したら、まあ善人のほうだ、と判断せざるをえないわけですが、それはそれで、もうひとつ納得がいかない、という気分にもなります。

もちろん、このポイント持ち越し制には、救いもあります。それは、今生で、終わりではない、ということです。後生があり、さらにその後もある、ということが、今、不幸な人にとって救いではあります。しかし、少なくとも、今生の範囲では、不幸な人には、救いがあまりないですよね。

たとえば、障害をもって生まれてきた場合とか、あるいは非常に不幸な場所やカーストに生まれる場合ですね。キリスト教だと、ヨブのように不幸の連続でも義人だと言えるわけですが、仏教では、こういう、生まれつき不幸な人を道徳的にも批判することになりませんか。

橋爪　「本人のせいだから我慢しろ」ということになるわけです、簡単に言えば。理不尽と言えないこともない。でも、それにめげないで頑張りなさいという側面があるわけだから、それはいいとも言える。

このあいだ電車の吊り革広告をみていたら、ドラえもんの話で、ドラえもんがのび太に「残念だが、君に言うことがある」とか話しかける。のび太が、「ええーっ、明日事故で死ぬの？　すごい貧乏になるの？」と聞くと、答えは、「いや、そうじゃないんだ。君の人生は最後まで平凡で、なにひとつ特別なことがないんだよ」って。そうすると、のび太はもうどうしようもないから、ドラえもんに頼んで、「どこでもドア」みたいなツールを借りて……という話の展開になっている。

ここで言えるのは、のび太は、生まれてから死ぬまでがのび太であって、そこで完結していて、前世も来世もないという考え方だということ。前世も来世もあった場合は、

「君の人生はろくなことがない」と言われた場合、それは前世のせいになる。それでも、君はこの人生でいろいろいいこと、立派なことをすべきだし、それは来世で報われる、となる。のび太は自分の一生を予言されても、そこでびっくりしないですむはずだ。

日本人は輪廻を信じていない、ということなんです。

大澤　これは、たとえば予定説のようなものとはまったく逆の作戦ですよね。つまり、おまえが頑張れば最後の審判のときに救われるぞというふうになっていないのが予定説ですよね。救われるか呪われるかはすでに予定されているんだから。それに対して、これは、おまえが頑張り続ければ、何回か受験しなければいけないかもしれないけれど、百億回後ぐらいにはもしかするとニルヴァーナ大学合格という可能性もあるぞというのが、ポイント持ち越し制の自業自得説ですね。まあ、どちらが異常なアイデアかと言われれば、予定説のほうが変でしょうけれどね。むしろ、頑張ればいずれは報われる、というほうがずっとノーマルではあります。

橋爪　ここで、自我の拡大が起こっているじゃないですか。生まれてから死ぬまでが自分ではなくて、少なくとも時間的に自分が生まれる前の生命世界とか、自分がこの世界で命を終えた後の自分を含めた生命世界を、自分の一部と考えているのですよ。

ということは、それなりの効果を及ぼすじゃない？

のび太の唯識論

大澤　「唯識」の基本的なアイデアに戻ります。僕はこのアイデアには、実は、仏教そのものに内在した難点というか弱点があるように思うので、その点について指摘しておきます。

まず、先ほど述べたように、唯識論に通ずるような哲学や思想や学問は、西洋にもたくさんあった、ということをもう一度、強調しておきたいと思います。たとえば、カントは、自分の認識論は画期的であるとして、それを「コペルニクス的転回」に喩えたのは有名ですね。客観的な実在だとわれわれが思っているものは、主観の側に備わっている形式とか範疇(はんちゅう)の投影されたものだ、と。これがコペルニクス的転回だとすれば、これは、「唯識論的転回」だと言ってもよい。

あるいは、西洋の哲学者の言ったことの中で、最も唯識論に近い感じがするのは、やはり、バークリーですね。彼の、「存在とは知覚されることである」というテーゼは、あまりにも有名です。この知覚を、マナ識やアーラヤ識のレベルの知覚にまで拡張すれば、唯識論になる。

というわけで、唯識論は、西洋にも似たような説があるわけですから、決して、奇抜な説ではない。このことをもう一度、強調しておきたい。

しかし、カントやバークリーは仏教徒ではないから別に困らないけれども、仏教の観点からは、唯識論には、難点があるように僕には思える。ただ、その難点を説明するには、仏教的にみて、どこが唯識論の「長所」なのか、ということを再確認しておく必要があります。

唯識論的に見れば、結局、すべての「実在」は、心が作った虚妄でしかない、ということになる。つまり、それは、客観的に、それ自体として存在している実体ではない。実在しているように思っていたすべての客体は、実は虚妄であり、空だ。そのように結論することができるので、仏教の「空」のアイデアと、唯識論は、たいへんそりが合う。

しかし、唯識論を採用したとき、ひとつだけ、どうしても「空」へと解消できない実体が残ってしまう、と僕は思う。それは、ほかならぬ、認識している主体そのもの、認識する心です。すべての「実在」らしきものは、その心の作ったものであり、その心の中で生起しているだけだ、と言われるとき、その「心」だけは、それら「実在」の外部に、単一の実体として存在していなくてはならない。その「心」というものの中核的な部分は、輪廻を通じて継続するアーラヤ識かもしれません。いずれにせよ、唯識論を採用したときには、どうしても、ひとつだけ、「空」へと還元できない実体を残さざるをえない。
これは仏教的にはまずいのではないか。すべての「実体」を、心の作る虚妄とし、「空」へと解消しようとすると、認識する主体だけが、「空」へと絶対に還元されない実体として残ってしまうように思うのです。これは、すべてが空であり、空すら空である、とする仏教にとっては、困るのではないか。この点、いかがでしょうか。

橋爪 唯識と西欧哲学に似ているところがあるとしても、まず、両者はだいぶ違ったものですね。唯識は、輪廻の考え方と覚りとを結びつけるための工夫で、ヒンドゥー教と仏教の妥協の産物に、私には思える。輪廻をまたがる点が基本ですから、輪廻など考えない西欧哲学の「無意識」とはだいぶ意味あいが違う。

つぎに、世界が「空」だとして、ひとつだけ空に還元できない「心」みたいな実体が残ると言えるかどうか。仏教は最初から、心など考えないで、ただすべてが相互連関のように現象していると考えているのではないかな。「現象が心に幻のように現れている」のじゃないと思う。意識がなければ、心はない。アーラヤ識やマナ識は、意識でない。無意識でさえなくて、輪廻のなかを、ほかの生命体に向かってはみ出している。これらの存在を認めたとしても、心とは違ったものだ。

アーラヤ識やマナ識は、自我のレイヤーの底にあるものなので、自我の一部みたいに思えるけれども、自我をはみ出している。どうしてもそれを、自我（あるいは拡大した自我）と考えたければ、考えてもよいかもしれないが、それはもはや、人間とは言えなくて、実体であるけれども実体でない、宇宙みたいなものになる。

般若経や華厳経はどちらかと言うと、こういう考え方だと思うんです。ふつうはこの世界があり、この世界の真理を究める覚りがあり、仏があって、そして、その仏をめざして修行する、という順番になっている。つまり、「覚りがあるから修行する」。けれども、プロセスとゴールは互換的なのだから、この順番を入れ替えて、「修行をするから覚りがある（修行をするから仏がある）」と言っても、ある意味、間違いではない。

大澤　ああ、はい。

橋爪　さて、この世界にはおおぜいの人間がいる。同時におおぜいの人間がいるなら、それらの人間は同一ではない。のび太は、前世ののび太と来世ののび太がいるけれども、現世ののび太はひとりしかいない。さて、のび太がいれば、ジャイアンもいてスネ夫もいて、……と、おおぜいの人間がいる。その人数だけ別々な誰もが、それぞれに覚らなくてはいけないわけです。そうするとこの世界は、「複数の人間が、覚るための修行をしている道場」になる。そして、この道場である世界のなかに、ブッダが、少なくともひとりいる。

さて、みんなが修行しているなら、それぞれの修行の終着点に、それぞれのブッダがいることになるでしょう。そうすると、それぞれのブッダに対応して、それぞれの仏国土があって、その仏国土はこの世界とまったく同形でなければならない。のび太が成仏するとして、のび太が与えられる仏国土には、インドの神々みたいな神々がいて、天人がいて、出家者のサンガがあって、大菩薩がいて、衆生がいて、餓鬼がいて、畜生がいて、……というふうに、のび太ブッダの説法によって救われんとする衆生がその世界にはたくさんいる。

そうすると私が思うに、のび太が成仏して、救われたのはいいが、その結果、のび太の仏国土ができて、もっと大勢の衆生が生まれてしまった。その衆生もやはり、救われなければいけないわけ。その衆生がまたそれぞれ仏道修行をして成仏すると、またその数だけ仏国土ができてしまい、同じことの繰り返し。成仏するって、かえって迷惑じゃないだろうか？（笑）

大澤　ものすごい数の仏国土。

橋爪　そしてものすごい数の衆生が再生産される。

大澤　人口増加ですね。ねずみ算式に人口が増加し、しかも、そのほとんどが、覚っていない衆生。解脱できない衆生。人が成仏すればするほど、それよりもはるかにすごい勢いで、迷っている人が増えるみたいな話になりますね。

橋爪　この全体はどうなっているんだろう。

全体が実は、ひとつのブッダに等しいΣブッダになっていて、これがマハー・ヴァイロチャーナ（摩訶毘盧遮那仏）、あるいは大日如来である。どこまでいってもこの宇宙は、仏法世界から出ることができない。どの仏国土もみな、マハー・ヴァイロチャーナの部分集合である、と考えているんだと思う。

ブッダの慈悲によって、これらの修行が可能になっている。ブッダの慈悲とは、すべての衆生に成仏へのプロセスを提供していること。マハー・ヴァイロチャーナとは、道場の別名だというのが、華厳経の考え方じゃないの？

大澤　ちょっとひとつ、疑問を提起してよろしいですか。

そのように考えるとすると、われわれは、釈尊の仏国土にいる可能性が高い気がするんですけれど、不幸にしてひとりもブッダがいない——そうなると仏国土とは言えないけれど——そういう世界であるという可能性はないですか。要するに、一人もブッダがいない、無仏国土が存在する可能性はないのですか。

橋爪　ない。

大澤　それはありえない？　論理的にありえない？

橋爪　ない。だいたい華厳経によれば、すべての存在は、ブッダの覚りが出現させたものなのです。

大澤　なるほど。そこは「唯識」っぽいところですね。

橋爪　ブッダの認識によって、存在は可能になっている。

大澤　そうすると、われわれもブッダの認識によって存在している。ブッダの夢のなかに生きているようなものですね。

橋爪　その通り。

大澤　そういうふうに考えれば、論理的にはいちおう筋が通るのかな。でも、ブッダなしの世界というのがあってもよいのではないでしょうか。僕らが、「誰か」の夢の中を生きているとして、その「誰か」が覚っているとは限らないのではないか、そんな疑問をもちます。

橋爪　衆生の問題点とは、自分が仏でなくて、のび太だとか真幸だとか大三郎だとか、そう思っていること。そんなふうに思っていることが、そもそも覚っていない証拠である。感情や欲望に支配されて、単なる人間としての一生を送っているわけ。これが間違いである。

それが、終着点のブッダになった場合には、自分はのび太ではなかった、真幸ではなかった、大三郎ではなかったということがわかる。いままで大事だと思っていたことは実は全部大事でなかった。実は、せっかく貯めたポイントも大事ではなかったかもしれない。――そういうことになって、真実の世界が開かれると、この世界からワープして、新しい仏国土の真ん中に座っているのに気がつく。

大澤　その夢のなかにまた衆生がいて。

橋爪　そうそう。

大澤　みんな、実は救われていなくて。

橋爪　そうそう。救われていないということが迷いなんだけれど、救われていないということ自身が錯覚かもしれない。

大澤　覚った人の錯覚のなかで救われていなかったり、救われたりしているわけだ。何かすごいことになってきたな（笑）。なるほど。でも、おもしろいといえばおもしろい。

橋爪　このように考えれば、すべての存在は、夢であり幻なんです。それはある意味で当たっている。だって、人間が死んでしまえば、自分が知っている存在は、すべて存在が確かめられなくなってしまうんだから、存在は自分の意識の相関者にすぎない。

大澤　そのとおりですね。

ヴィトゲンシュタインの『論理哲学論考』の中に、『私が見た世界』という本を書いたらどうなるか、という思考実験があります。『私が見た世界』は、私にとって、世界そのものですよね。言ってみれば、われわれは衆生として、『ブッダが見た世界』という本のなかに書かれているわけですね。

橋爪　そうです。

大澤　そういう構図で考えていく。ヴィトゲンシュタインは、『私が見た世界』の中には、絶対に登場しないものがある、と言っています。それは、まさに「私」です。私は、『私が見た世界』という本そのものだから、本の中には出てこないわけです。

この論理を延長すると、『ブッダが見た世界』にはブッダは登場しない。これは、先ほど、橋爪さんが言われた、覚ったときには、もはや、自分は釈尊でも、真幸でも、大三郎でも、のび太でもないことに気づく、という話につながることかもしれない。「釈尊」「真幸」「大三郎」「のび太」等は、『ブッダが見た世界』という本の中の登場人物ですよね。ブッダそのものは、そのいずれでもない。

仏教は独我論か

大澤　正直なところ、まだ完全には納得できない部分もあります。「仏国土」の仕組みは、理屈として理解したつもりです。われわれは、ブッダの夢の中に生きている、と。

このことと、「覚り」という状態との関係が、よくわからないですね。

ともあれ、唯識の話を、最後にもうちょっとだけ整理して次の主題に行こうと思います。

世界は、仏国土で、定義上、その世界には一人（だけ）のブッダがいる。このことには、理論というより、実践の上での重要性があると思いました。

覚った状態というのは、覚ってみないとわからないので、覚りをめざす実践へと人を誘い込むことはとても難しい。

事前に、どんな状態なのか、どんな場所なのかを、定義できたり、描写したりできるならば、あるいは、その状態や場所についての情報が事前に得られるならば、その状態や場所をめざすゲームに人を巻き込むことができます。たとえば、誰もアメリカに行ったことがなくても、アメリカとはこんなところで、こんなことができて、等のことがわかれば、アメリカに行きたいな、と思わせることができる。

でも、覚りは違う。覚ってみなければわからないので、「覚り」というものはこんな状態で、ということを、まだ覚っていない人に説明することができません。そんなとき、どうやったら覚りをめぐるゲームに人を巻き込むことができるのか。

少なくとも一人の覚った人が存在している、ということが決定的だと思うんですね。

そのとき、初めて、僕らは、覚りの存在の可能性に確証をもつことができる。覚りに魅力を感じることもできる。

一人のブッダがいれば、人びとは、覚りをめざす実践に入ることができる。場合によっては、世界史を動かすほどの多くの人を巻き込むことができる。仏教は、実際、そうなったわけです。その意味で、仏国土に一人のブッダの存在が保証されているということは、非常に重要だ、と思いました。これが第一のことです。

もうひとつ、言っておきたいことは、僕らがブッダの夢の中を生きているということは、この世界は、ブッダの独我論的な世界だ、ということです。普通、西洋哲学では、独我論というのは、非常に嫌われ、どうやったらそこから逃れられるかということに哲学者たちは腐心するわけです。ということは、一貫した哲学的世界観は独我論へと傾きやすいということでもあるわけですが、いずれにせよ、その陥りやすい独我論からなんとか抜け出さなくてはならない、という方向で考えるのが西洋哲学では普通です。

が、橋爪さんが解釈された仏教では、ある種の独我論が必然になる。そのように理解しても、よろしいですか。

橋爪　それでよいと思います。

少しコメントすると、これが独我論と同じかどうか。それは、華厳経の考えるみたいなΣブッダが、ブッダなのかどうかによると思う。

集合論を思い出してみると、集合論はいろいろな集合を考える。でも、「すべての集合の集合」を考えてはいけないことになっていました。そんな集合を考えると、たちまちパラドックスが導かれてしまうから。これは集合論の公理みたいなものです。

すべての仏国土やブッダを部分集合として含む、Σブッダを考えるのは、「すべての集合の集合」を考えるみたいなものです。このΣブッダに、マハー・ヴァイロチャーナと名前をつけてほかのブッダと同列に考えてしまうと、たぶんパラドックスが起こる。そこで、Σブッダはブッダではない（あくまでもΣブッダだ）と考えるほうがよいのではないか。ならば、マハー・ヴァイロチャーナは名前があるだけであって、ほかのブッダのような実体をもたない。この宇宙の全体は、あるブッダの「ブッダが見た世界」ではない、と考えるのが仏教的に正しいのかもしれない。

大澤 なるほど。「マハー・ヴァイロチャーナというブッダが存在するか」という問題は、「『すべての集合の集合』を考えてよいか」というラッセルのパラドックスと同じ問題だというわけですね。ラッセルのパラドックスは、「すべての集合の集合」というものを禁止することで回避されるわけですが、この禁止は、ご都合主義的というか、数学的な必然性が乏しいということで、あまり評判がよくないですよね。マハー・ヴァイロチャーナもブッダかどうか、という問題も、これと類似の悩ましさがありそうですね。ブッダの一人だとするとパラドックスが生ずるが、かといって、ブッダではないというのも不自然だ、というような。

『大乗起信論』をめぐって

大澤 この問題は仏身論と関係がありそうですが、仏身論に入る前に、これまでの話の整理の意味も含めて、少し考えておきたい問題があります。

仏教においては、究極の覚りと迷い、あるいは真理と虚妄、こういう両極が、ときに短絡的につながってしまう瞬間があるのではないか。西田哲学的な表現を使えば、絶対矛盾の自己同一のようなことが起きる。

そのことを語るために、ここで、橋爪さんが先ほど「初発意」との関係で名前を出した『大乗起信論』というテキストについて話題にしておきたいと思います。この文脈で、『大乗起信論』を論ずるのには意図があります。このテキストは、ちょうど、ここまで話してきた二つの主題、つまり如来蔵の思想と唯識論とを総合するようなテキストなのです。

これは、ナーガールジュナの『中論』と並んで非常に哲学的に読めるテキストだと思うんですね。このテキストは、大乗思想の到達点だと言う人がいるくらい重要なテキストです。では、誰が書いたのかということになるわけですが、二世紀の仏教詩人アシヴァゴーシャ（Aśvaghoṣa 馬鳴）の作ということになっています。が、たぶん、これは伝説で、五～六世紀のものです。というわけで著者がわからないテキストです。

『大乗起信論』については、井筒俊彦さんのコンパクトで、たいへん明快な本があります。井筒さんはご存じのようにイスラム思想研究の泰斗ですが、イスラムだけではなく、古今東西の思想や哲学に通じていた。井筒さんの晩年の仕事が、彼の言葉を使うと「共時的（シンクロニック）」、東洋哲学の共時的構造化ということでした。どういうことかというと、哲学を歴史的に叙述するのではなく、歴史をいったんカッコに入れて忘れた上で、東洋哲学の論理的な布置関係だけを主題にする。イスラムのスーフィズム（神秘主義）、ヴァスバンドゥ、ナーガールジュナ、禅宗、孔子、老荘等々が、どこでどういう順番で、誰の影響を受けながら出てきたかということをいったん忘れて、論理の水準だけで、どう関係しあっているかを見てみよう。これが井筒俊彦さんの最晩年の仕事で、構想が大きすぎて、さすがの井筒さんも志半ばで亡くなってしまいました。井筒さんがやったことが、「アーラヤ識」に「種子」として蓄積されていて、後生の井筒さんがこの仕事を継続してくれればいいな、と思ったりします。

その井筒さんの最後の本が、『「大乗起信論」の哲学』という副題をもつ『意識の形而上学』（中公文庫、二〇〇一年）という小さい本です。二十年くらい前にこの本を読んで、とても印象深かったので、このテキストに依拠しながら『大乗起信論』にふれておきたいと思います。

井筒さんが『大乗起信論』を読解しつつ強調されたことは、真如（真理）と無明（迷妄）とが表裏一体であり、ギリギリのところでほとんど一体化してしまう、ということです。一方では、まさに「空」という真如を観ずる心、対象の間、自他の間の分節が消え去ってしまう心の状態がある。他方で、対象を分節化した上で、実体化する心、つまり生滅を繰り返す虚妄を実在と観ずる心の状態がある。前者が「心真如」、後者が「心生滅」と呼ばれる。しかし、よく考えてみると、二つは異なるものではないわけです。アーラヤ識を中心におく、同じ一つの心の二面です。つまり、心真如と心生滅とは「一心」です。つまりアーラヤ識は「真妄和合識」だということになります。

ということは、仏心と衆生心も一体だということです。心真如が仏心に通じていて、心生滅が衆生心につながっているからです。あるいは、覚りの状態、つまり本覚の状態と不覚の状態とが表裏一体だと言ってもよいことになります。

考えてみれば、「色即是空、空即是色」というフレーズが、「空」と「色」との不可分離性を言っていたわけですから、真如と無明の一体性というのはそこから引き出しうる結論の一つですね。

あるいは、この議論は、如来蔵とも関係している。どんな迷いの中にある衆生でも、仏性をもっている。ということは、つきつめれば、衆生心と仏心はつながっている、表裏一体である、ということになるからです。

それから、僕の考えでは、このことは、今、橋爪さんが話されたこととダイレクトに関係しています。仏国土というのは、覚ったブッダの心の中だとします。しかし、その中には何があるのか、何がいるのか、と考えてみると、覚っていない衆生がいるわけです。煩悩に支配された衆生が。ということは、まさに、本覚即不覚ということになります。こんなふうに、いろいろな話題を関係づけられると思いました。

橋爪　仏というものについてですが、人間が覚る。悟って、仏になるのでした。

さて、覚ったあとでも、人間なのか。お釈迦さまの場合は三十五歳で覚って、その後も「覚ったおじさん」として、そのへんにいた。覚った後でも人間の姿をしていた。

この解釈はいろいろあって、「外見は人間だが、すでに人間ではないかも」というのもある。ほかにも、「覚った後はただの幻だったかも」というのもある。ほかの人からみると、覚ったおじさんの幻がみえていた。本人はもうそこにいなかった、というような。いろいろな説がある。

仏は、人間なのですが、人間という側面と、人間でないという側面があるわけです。人間でないという側面がないと、ちょっとまずい。世界は生き物ではないので、全体を考えることができる。人間は生き物なので、全体と合致することができない。生き物は全体と合致することができないのです。輪郭があって、内側があって、外がある。必ず「部分」なんですね。仏は部分であることができないから、人間でありつつも、全体と合致していなければいけない。だからある意味、人間であってはいけない。

そこで、仏になった場合、この世界の外に出て、別な仏国土をもらったとする。外見からすると、覚ったおじさんが仏としてその世界の真ん中にいることになるけれど、彼はいないと言ってもいい。彼はその仏国土そのもの（世界の全体）だとも言わなければならない。でも、その世界の全体は、この世界と同形だから、そこには部分でしかない存在（つまり、たくさんの生命、たくさんの衆生）がいて、それは仏とは違ったものとして実在しているわけ。それは、覚ったおじさんからみると、他者です。でも、覚ったおじさんは実在していなくて、かわりに世界が実在していると考えれば、それらは仏の部分なんです。結果からみると、衆生は、仏の部分なんですね。

そこで、衆生の課題は、自分が仏の部分であり、仏と実体として区別がないということに気づくかどうか。そういうレベルに行けるかどうか、という課題となる。

大澤　なるほど。おっしゃるとおりですよね。

だから、もしわれわれがいるのは仏国土で、言ってみれば釈迦の夢の世界のなかのようなところにいるんだとしたら、そのときには釈迦をふつうの意味で人間と考える必要はないんですよね。「仏」になるということは、「釈尊」とか「のび太」とかの名前で呼ばれることはあるとしても、もはや、そのへんの人間とは違うものになっているはずですね。

橋爪　そう。だから、仏像などをつくってはいけない。優しいえらいおじさんがいる、という意味にはなるが、それは半面にしか過ぎず、そんなものはいないと思ったほうがむしろいい。

ブッダが人間であるとは

大澤　ちょうどブッダの身体ということが話題になりましたので、次は仏身論に入りましょう。仏身論は、ブッダの身体を二つとか、三つに分けてそれらの関係を論ずる。このような理論が出てくる必然性を理解するのが大事だと思います。

それは、今話していただいたように、目に見えている仏の身体、つまり「覚ったおじさん」は、本物の仏の身体ではないよ、ということになるからだと思うのです。本物の仏の身体は宇宙そのものと一体でなくてはならない、宇宙の「法」そのものでなくてはならない。その法と一体の仏の身体が、法身（ほっしん）と呼ばれる。それに対して、生身の肉体の仏、つまり「覚ったおじさん」は、後の三身論ではもう少し複雑になりますが、とりあえず、初期仏教・部派仏教では色身（しきしん）と呼ばれた。実は、仏身論としては、大乗仏教の三身説のほうがよく知られているので、それについては、すぐ後で解説しますが、とりあえず、大事なのは、法身というものが立てられる必然性です。その点からお考えを語ってください。

橋爪　まず、覚る対象がなければいけないわけだから、法とかダルマとかが、まず根本である。このダルマを規準にして、仏という状態が定義されるし、誰が覚ったかということが判定される。覚った内実はダルマなんだが、よく考えてみると、ダルマ以外のものはない。覚った内実とは、ゴータマならゴータマが、「自分が生命体である、宇宙の部分としての人間である、というのは錯覚かもしれない。私は、宇宙とまったく同じものである。」というふうに存在変容したときにあらわになる。存在変容したならば、ゴータマは、ダルマそのもの。だからそれを「法身」といえば、法身とは、ブッダはその実体が「法」である、ということがもともとだと思う。これが最初に考えられたはずです。

大澤　理解を深めるために、少し補助線を引きたいんですけれども。

たとえば比較対照のために、またイスラム教の場合を見てみましょう。アッラーは天使ガブリエルを媒介にして、ムハンマドに言葉を送ってきますけれど、アッラー自体がそのへんのおじさんになるわけではないので、まあいいですよね。ムハンマドは、それこそ、「そのへんのおじさん」ですが、実際にそうなので、理屈の上で難しいことは、絶対に起きない。

非常に独特なケースというのは、キリスト教の場合です。神は天地を創造して、宇宙そのものの主宰者としている。ところが、その神そのものがある意味でそのへんにやってくる。それがキリストですね。彼は、神であると同時に、ナザレのイエスという人間でもある。五〇％が神で、五〇％が人間というわけではなく、神も人間もともに一〇〇％入っていますよね。彼は、そのへんのお兄さんとして、パレスチナあたりを歩きまわっていた。しかし、同時に神でもある。と、考えるとたいへんやっかいなので、キリスト教徒の悩みの種で、いろいろな議論がなされてしまうわけです。しかし開き直って、キリストをただの人間にしてしまうと、やはりキリスト教のインパクトというのは大幅に下がってしまう。だから、キリストはどうしても神でもなければならない。

しかし、それでも、キリストは、そのへんのお兄ちゃん、『聖☆おにいさん』みたいなものですね。ブッダもそのへんにいるお兄さんで同居している。ここにアッラーが仲間入りすることはありえない。

キリストのもっている、神でありかつ人間であるという二重性と、ブッダのもっている、ダルマであると同時に、場合によってはそのへんのおじさんでもありうるという二重性。この二種類の二重性を比較した場合に、どういうことが言えるでしょうか。どの部分に、最も重要な違いがあるのか。

橋爪　イエス・キリストはなぜ人間なのかと言えば、人間になる前にそもそも神の子イエス・キリストだった。「ニケーア信条」にはっきり書いてあるが、「見えるものと見えないもの、すべてを創造した父なる唯一の神を信じる」に続き、創造に先立って「主イエス・キリストは、創られたのではなく、生まれ」、となっている。この段階ではイエス・キリストは、どう考えても人間ではなかったと思う。

父なる神と子なる神は、世界の創造に先立って、別々のものだった。そして、天地が創造された後は、天に二人で並んで座っていた（たぶん）。聖霊もいたはず。聖霊も、父と子とから出る。「三位にして一体」という状態だったと思う。それでいろいろあって、このままだと人間は救われないなということになり、「おまえ、行ってみるか」というわけで、イエス・キリストが人間として生まれるんだけれど、「聖霊によって乙女マリアに宿り、肉体を得て人となる」という流れです。人間になったのは、この段階ですね。それは、父なる神の命令による。

このように、聖霊がまず媒介し、神の命令で、イエス・キリストは肉体を得た。ほかの人間と同じように、卵からちゃんと発生している。そして、育つと、イエス・キリストという人格になるように仕組まれている。何か、水中花みたいですが、はじめはくしゃくしゃっとしていたのが、拡がってみたら、予定通りのイエス・キリストだった。つまり、言いたいことは、はじめにイエス・キリスト（神）で、後で人間になった、ということです。

大澤　なるほど。そこは重要ですね。

橋爪　ゴータマは違う。はじめ人間で、後でブッダになったんです。

大澤　おそらくそこが非常に重要なポイントですよね。ブッダもキリストも、ある種の世界そのものであるような超越性と、世界の部分である人間性という二重性を一〇〇％体現している。その点ではブッダもキリストも似ているわけですが、そこにある二重性がどういう方向性で主に作用しているかということを考えると、両者は正反対です。

イエス・キリストの場合は、神が人間になってきたということが重要ですよね。キリ

ストは、復活して神様になったわけではない。だからベクトルは、神から人間へという
ところに圧倒的な力点がある。

ブッダの場合は、ふつうの人間だった人がブッダになっていく。ブッダという人間な
んだけれど高い境地に達するという方向性がポイントになっている。

橋爪 釈尊の場合、なぜこの世界に生まれてきてブッダになっているかというと、この
世界は、ゴータマがブッダになるための道場なんですね。そのためにブッダもいるが、
ほかの衆生もいるわけで、いわばブッダがブッダになるためにこの世界があるとすると、
ほかの衆生はそれを見届け、ブッダにならないためにこの世界にいる。お客さんなんで
す。主人公はブッダなんです。

ところがブッダは覚った後、ニルヴァーナに入ってなくなってしまう。肉体がなくな
った。ブッダとしてはなくなったわけではなく、この世界と合一し、この世界の隅々に
遍在している。人格性がなくなって法則性になっているわけ。法則性になっているとい
うことは、人間に働きかけることが一ミリもできないということで、無能力になったん
です。

そこで、残された衆生が覚るためには、自己努力しかない。ブッダが残した仏説（経
典）を聞くことしかできない。あと、仏弟子（サンガ）が残されていますね。こういう

状態なんです。

それでもし、衆生のひとりである大澤さんが覚ったとすると、どうなるか。この世界から押し出されて、大澤仏国土というものを与えられて、その中心に覚ったおじさんとして座っているという状態になるのでした。この、出ていくという点が大事で、覚ったらお釈迦さまと同様、大澤ブッダもこの世界に戻ってくることができない。その点ではお釈迦さまと同じなんです。お釈迦さまは出ていってないけれど、無能力。大澤さんは、本願か何かをかけて、衆生を救いに導きますということを仮に約束したとしても、この世界では実行できなくて、阿弥陀が極楽浄土でやっているように、どこか遠くに離れた、大澤仏国土でそれをやるしかない。阿弥陀仏といえども、この世界では勝手に救済活動ができない。

ここがイエスと根本的に違う。イエスは、死んだ後、天に昇った。復活して一度なくした肉体を取り返し、それで天に昇った。自由意志で天に昇っている。つまり天に昇らないこともできた。そして自由意志で、再臨する。再臨するのは、約束しているから再臨するわけで、再臨しないこともできる。イエス・キリストの意志で再臨し、人びとを裁き、この世界を終わらせて、神の国を実現する。全部イエス・キリストの意志なんです。私たちはそれに従い、服従し、認めるしかない。この世界から出ていけない。この世界がなくなったら、神の国に入るしかない。選択の余地なんかなく、人類はひとつの宿命を生きているわけですね。

仏教の場合、大澤さんは大澤さんの仏国土へ行って、もし私が運よく覚れば私の仏国土に行って、さようならで、もう一緒になれないわけです。

大澤 しかし、ブッダというのは、究極的に言えば、この宇宙の原理そのものですよね。

橋爪 そうです。

大澤 考えようによっては、仏教は、微妙にありがたみに欠けますね。いや、微妙にどころか、ある意味では、ブッダは、そんなありがたがったりするような対象ではないですよね。イエスだったら、人間にとって、ありがたい。イエスのおかげで、われわれ人間の罪が贖われたり、われわれが救済されたりするから。しかし、ブッダの場合には、そんなことはない。われわれは、ブッダ自身の自己救済劇の脇役というか、主人公ブッダの引き立て役でしかない。強いて言えば、ブッダにとって、われわれ衆生は、必要な脇役なのでありがたいかもしれませんが、われわれにとっては、ブッダはさしてありがたくないということになりますね。

まだ、ブッダが完全に覚りきっていない段階だと、つまり優秀な菩薩の段階だと、ブッダも、この世界そのものが自分自身であるということに気づくまでの境地に達していないので、そのへんのおじさんをやっていて、そういうおじさんに僕らが相談に行ったりすると、悩みが解決したり、「いいこと言うな、このおじさん」みたいな助言をもらったりして、僕らとしても、少しは救われた気分になると思うんですよね。

しかし、ブッダがいよいよこの世界の原理そのものの別称だ、ブッダとはダルマそのものだ、法身だということになったときには、僕らにとって、ブッダは、何の救済にもなりませんよね。僕らとしては、ただ、ある法則が貫徹する世界に住んでいるだけ、ということですから。となると、ブッダは、まったくありがたみに欠ける感じはしますね。

Σブッダの秘密

橋爪　それは、一神教をベースに仏教を理解するからそういうふうに感じるわけ。ありがたみをもってブッダをみている場合には、やはりブッダはランクが上で、自分はランクが低いんです。だからやっぱりありがたい。ありがたみがないなんて、思ってはいけない。

仏教の目的は、私も成仏して、私も仏になることでしょう。お釈迦さまと同等・同列になることでしょう。そうなったら、まずありがたくなくなる。ありがたかったらおかしい。ありがたいおじさん同士、あるいは、変なおじさん同士、という対称性。自分と違ったという感覚はなくなって、自分と同じになる。だから、釈尊を釈尊として認識できなくなるんじゃないか。

われわれはたくさんのブッダがいると思っていて、名前をつけているわけです。阿閦如来とか薬師如来とか阿弥陀如来とか釈迦如来とか。だけど、ブッダが互いに区別できるかどうかよく考えてみると非常にあやしい。まずブッダの実体というのは覚りであり、覚りの実体はダルマだから。ダルマは複数あったりしないので、みんな同じことを考えて、同じ法則のなかで泳ぎ、宇宙と一体化している。ということは、ブッダAとブッダBを区別する理由は、本来ないのです。そうすると、ブッダ一人について仏国土がひとつできると言ったけれど、あれは菩薩を励ますための言葉のあやであり、ご褒美を早配りした空手形みたいなもので、仏国土があちこちになんかほんとうはなくて、宇宙が一個あるだけかもしれない。

大澤　仮に一個あっても多数あっても、区別はつかないですからね。並行世界みたいに仏国土が多数あったとしても、それらを比較したり、数えたりできるメタレベルの視点は存在しないのだから、一人のブッダと多数のブッダ、一個の仏国土と多数の仏国土を区別することはできない。一個といっても多数といっても同じこと。

橋爪　そうそう。だから、仏国土が無数にあってつぎつぎに派生しているカリフラワーのような状態と、ほんとうのブッダがひとりいてこの世界と合致しているという状態と、区別はない。それから、ブッダが無数にいて、それぞれに世界を支えているという状態と、究極のブッダがこの宇宙を支えているという状態を、区別する必要はない。ブッダを相互に区別するという論理はないんだから。

そうすると、大澤さんが覚って大澤ブッダになった場合は、自分は釈尊だと考えるかもしれない。事実そうだし。自分は阿弥陀如来だと考えるかもしれない。事実そうだし。——ということなんですよ。区別は無効化される。それがありがたい、うれしい状態かどうかすらも、もうわからない。

結局のところ、この宇宙の中心に、宇宙そのものとして、マハー・ヴァイロチャーナがいるのか、それとも、その下にさまざまなブッダがいるのか。どちらでもあり、どちらでもない。だから、マハー・ヴァイロチャーナは、Σブッダなんだけれど、それは別の角度からみれば単独のブッダでもある。単独のブッダであるときは、ほかの無数のブッダは消えている。無数のブッダがあるときは、単独のブッダとしてのマハー・ヴァイロチャーナは消えている。このどちらが真相であるかを未決定にしておくというのが、すべての人間が平等で覚りに至るであろうという考え方の終着点なんじゃないかな。

大澤　先ほどの独我論という話でいくと、結局、完璧な独我論と、他者がたくさんいる世界とは、論理的には、区別がつかないんですよね。完璧な独我論の世界の中には、いろいろな「他者」というか、多数の人間・衆生が登場人物として含まれているでしょう。しかし、独我論というものの定義上、この独我論、あの独我論というものを包括するような世界はもうないわけですから、私しかいない世界と私のほかに多数の他者たちがいる世界とを区別できません。

同様に、多数のブッダがいて、数えきれないほどの仏国土があるという可能性もあるけれど、実はそれ全部ひとつ同じものにすぎないという可能性もある。その二つがどちらであるかは論理的には決定できないという構造ですよね。

橋爪　そうです。

大澤　しかし、今度は、反対方向から疑問が出てきます。ほんとうにつきつめて考えてみれば、ブッダというのはこの世界の原理そのもの、つまり「法身」です。

そうすると、つぎに疑問になるのが、ではなぜブッダがそのへんのおじさんとしていたのか、ということです。「おじさんなんかいなくていいじゃん」みたいなことも言えるわけです。宇宙原理が隣のおじさんでもある、ということのほうが変なんですから。

もう一度、一神教と比べると、まずイスラム教の場合には、宇宙の主宰者であるアッラーは、おじさんとして存在しない。「おじさん」役は、預言者にお任せ、です。逆に、キリスト教は、キリスト教の独自の事情があって、今度は、神様がそのへんのおにいさんとして出てきてもらわないと困る。こちらには、強い必然性があります。

仏教の場合には、法身は、ときどきおじさんのような姿をとることもないのではないか。どうして、おじさんとしてのブッダもいるのか。これはどうですか。

橋爪 それは、人間の可能性として仏になるという道が開かれているのに、それがよくわかっていない衆生がいるから、衆生のために出てきているんじゃない？

大澤 法身のほうの善意ということですかね。あってもなくてもいい善意。

橋爪 あるいは、衆生のみる幻というか。

たとえばJリーグとか、プロサッカー・リーグだって、そこで活躍している一流選手はふつう、少年チームのほうなんかに来ないわけですよ。だけど、こっそりときどきやって来て、指導なんかしたりして。そうか、Jリーグの選手はこんなふうにボールを蹴るんだとかいって、みんな励みにして、頑張りましょうみたいな。

大澤 なるほど。イチローがたまに少年たちを励まして……みたいな感じ。

橋爪 ブッダは本来、そんなことをする必然性は全然なく、端的にブッダをやっていて、宇宙と合体していて——

大澤 それでもいいんですよね。

橋爪　全然それで問題ないんだけれど、おじさんになるなんて、やらなくてもいいことをやる。これがやはり慈悲じゃない？　慈悲というのは、覚っている人と覚っていない人とのあいだに働く力学。

大澤　しかしその場合、論理的には、ブッダにとっては、慈悲はあってもなくてもいいような要素ですよね？　慈悲があるかどうかということ、あるいは善意があるかどうかということは、ブッダのブッダたる条件には何の関係もない。たまたま、われらの世界のブッダ、釈迦如来は、わりに「いい人」で、われわれ衆生のことをいろいろ気にかけてくれたらしい。二千何百年も前のことですが、いちおう「ブッダに会った」という証言もだいぶ残っているから、この世界に間違いなくいたということでしょう。しかし、われわれが、たまたま「いい人」ブッダにあたった、ということですよね。

イチローだって、必ずしも少年野球のことなんか気にしないでずっとメジャーリーグでやっていたっていいわけですよ。現実のイチローは、日本の野球の発展のために、ときどき少年にお手本を見せたりしている。でも、それはイチローがイチローであるための本質的な条件ではないですよね。超一流の野球選手としてのイチローの評価は、メジャーリーグで彼が何本ヒットを打ったか等で決まるわけであって、彼が少年野球のために激励したかどうかは無関係です。もちろん、野球選手ということを離れた、イチローという人の評価、「いいヤツか、やなヤツか」みたいな評価には、少年野球云々は関係するでしょうけれど。

橋爪　だけど、イチローもかつては少年だった、ということを忘れてはいけないな。

慈悲には、キリスト教の愛とよく似ている性質がある。

愛とは、神が人間を救おうとする意志のことなんだけれど、それはほんとうにそうかどうかよくわからない。「裁き」というものがあって、裁かれてしまえば、愛なんかなかったことになる。そういう意味で、神は人間を救う義務なんかないんですけれど、でも、人間に関心をもって救おう、救おうと、愛によって動いている。だから人間も愛によって動きなさい、なんです。こういう危うい論理のうえに立って、「この世界は愛に満ちている」と考えるのがキリスト教じゃないですか。

同じように、仏も人びと（衆生）に慈悲をかける義務なんか、特にないといえばないわけだけれども、でも、この世界の衆生を気にかけるという本性（ほんせい）を、仏はもっている。そして、不断に働きかけている、というのが大乗じゃないですか。仏はもともと、ふつうの人間だったんだから。

三身論について

大澤　なるほど。仏も本来はふつうの人間であったがゆえに、ふつうの人間に共感してしまう、というところがポイントですね。

一番有名な仏身論というのは、「法身（自性身）」と「報身（受用身）」と「応身（変化身）」と、三つあるじゃないですか。先ほど、初期の仏身論、法身と色身という仏身論についてふれましたが、中期大乗仏教の成熟した仏身論では、仏身を三つ立てるのが普通です。世界そのものの原理に責任がある超越者が、世界の中に登場する一人の人間でもあるという二重性をもった場合に、宗教は難しい問題に直面する。その二つの関係をどう考えるか。その関係を整合的に説明しようとしたときに、仏身、ブッダの身体は三つになったのではないか、と僕は推測します。

もう一度、整理すると、こんなやっかいな問題がないのが、イスラム教ですね。神様はいちおうムハンマドとコミュニケーションをとらなければいけないという問題はあるんですけれども、自分自身が預言者として出てきたりするなんてことはないので、そういう論理的な難しい問題をはらまずにすむ。それに対して、キリスト教の場合も仏教の場合も、神やブッダが、世界そのものである状態と、そのなかの一部分であるひとりの人間であるという状態の二重性をもっているので、今度、その二つの関係をどう考えなければいけないかということはすごく難しい問題になる。

キリスト教の場合には、とにかく、キリストというのが出てきて十字架の上ではりつけになって死んで復活したという話は、もう外せない重要な要素なので、何とかキリストと神との関係をちゃんと説明しようということに必死です。その産物が、たとえば、三位一体なんていう難しい論理です。

ほんとうは、仏教の場合は、キリスト教ほどには悩まなくてもいい感じがします。というのは、先ほど言ったように、世界そのものであるブッダが世界のなかに現れなければいけない必然性はそんなにないですから。どちらにしても、仏教の場合も、紀元前何世紀かのインドの北のほうにいたおじさんと、そして、われわれの宇宙の原理であるところの「法身」とのあいだに、何か関係づけなければいけなくなるんですよね。僕の理解ですけれど、ブッダの身体が三つになるのはそのせいじゃないかなと思うんですよ。

まずは、仏身論の比較的プリミティブな形態というのは、「法身」と「色身」の二つ、ようは宇宙そのものの原理であるブッダと、生身の肉体のブッダなんですね。しかし、そうなると、両者の関係がわからなくなってしまう。極論すると、無関係になってしまう。そこで、二つをつなぐ身体が必要になる。その結果が三つです。

もう少し説明します。法身は、もう繰り返すまでもなく、法そのもののことです。生身の肉体をもったブッダ、二身論の色身に対応するのは、三身論では、応身です。ブッダは、この世界に、さまざまな「そのへんのおじさん」の姿をとって現れますが、それが応身。

しかし、「そのへんのおじさん」と宇宙の法とはほんとうにつながっているのか。そのつなぎの保証になっているのが、報身です。おじさんと覚ったブッダとの関係は、おじさんが菩薩として修行を重ね、功徳を積み、その報いを受けて成仏した、というつながりですね。報身というのは、菩薩の功徳の報いを受けている、ということを考慮に入れたときの仏身、という意味です。たとえば、阿弥陀仏は法蔵菩薩の報身です。

このように考えると、大乗仏教で、三身論が整備されてきた理由がよくわかります。

橋爪　うん、そんな感じですね。三身論は、最初からあったわけではないし、いまみたいに理屈をつけるために、後から考えられたという側面が強いと思う。

大澤　どちらにしても、最初は、もとの釈尊はそんなに七面倒くさくものを考えていたわけではなくて、それぞれの人が苦しんでいるその苦しみというものをどういうふうに取り除いていくかということで、いろいろ話していた、ということでしたが、それをさらにつきつめていくと、だんだん複雑な形而上学になっていって、それでその形而上学に一貫性を保つためにいろいろな装置が作られて、そのひとつとして、ブッダの身体は三つの層をもっているという話も出てきたという感じですよね。

キリスト教の場合は、はじめからイエスがいて、復活して……という話があってからキリスト教ですから、そのあたり事情がだいぶ違いますよね。

橋爪 おっしゃるとおりです。

密教とその背景

大澤 最後に、大乗仏教のもう一つの派生型として密教についても、少し議論したいと思います。密教といっても広いものだと思うので、ひと口で言うのはなかなか難しい。密教に対応するサンスクリット語はなく、そのせいもあって、ここからここまでが「密教」と正確に定義するのは困難です。

直感的に言えば、マントラ（真言）とかダーラニー（呪句）等の呪術的な要素が入ってきたのが、密教です。ここまで述べてきたように、仏教というのは覚りを得ることにおいて成仏することが目的ですから、呪術的なものによって、ある種の現世利益を目指すというのは、本来の仏教からはかなりの逸脱ではないか、と僕は思います。別に「逸脱」がいけないわけではありませんが。こういう呪的な要素は、三〜四世紀頃から入ってきたらしい。

研究者は、こういうただの呪的な要素が雑多に入っているだけの密教と、ちゃんとした密教とを分ける場合もあります。前者が、雑密（ぞうみつ）、後者が純粋密教（純密）などと呼ばれます。

純粋密教の最も重要な経典は、『大日経』と『金剛頂経』で、前者が七世紀前半、後者が七世紀後半の成立です。どちらの経典も、主役は、釈迦仏ではなくて、大毘盧遮那仏、つまり大日如来です。本書の対談の中で、Σブッダというかたちで何度も言及されたブッダです。この二つの経典に依拠する真言宗が、空海によって日本にもたらされた。

密教の主な特徴を、挙げておきます。第一に、盧遮那仏を中心に、いろいろな諸仏が祀られ、さらには、それまでの仏教には登場しないような神々的なものがたくさん取り入れられているということです。不動明王をはじめとする明王とか、〇〇天といった神々、鬼神、聖者のようなものがたくさん取り入れられる。このあたりに、密教の、仏教本流からの逸脱ぶりがよく出ている気がします。密教は、こうした神々を取り入れた多神教、パンテオンの様相をもっていて、これが、いわゆるマンダラ（曼荼羅）に表現されます。

第二に、諸仏や諸神などを念じたり、マントラやダーラニーを唱えたり、火を焚いたりなどの秘儀がなされ、一種のエクスタシーに浸るなどの神秘の世界への没入がみられる。こういうコンテキストで、「即身成仏」が唱えられるようになるのも、密教の特徴です。あるいは、これまでの仏教では考えられないことですが、煩悩的なもの、愛欲的なものもときに肯定されます。

第三に、抽象的な哲学よりも、マンダラのような表象を使って、何かを象徴的に示すのも、密教の特徴といってもよいかもしれません。考えようによっては、芸術的です。

とりあえず、このくらいを密教の特徴として暫定的に列挙した上で、密教についてうかがいたいと思います。密教に関してまずは興味深いのは、教義の新しい展開というよりは、こういうものが登場した社会的な原因ですね。哲学的な興味よりも、社会学的な興味をもちます。密教という新潮流が出てきた原因、社会学的な原因について、橋爪さんは、どのように考えますか。

橋爪　大乗仏教について悩ましいのは、これだけ長くつらく果てしない修行を、どうやって続けられるのかということです。

アイデアとしては、三つぐらいある。

ひとつは、出発点の決心。発心(ほっしん)というのがやはりとても大事なことで、これが生涯だけではなくて、輪廻を通じて持続するんだという考え方ですね。どうやって持続するのかよくわからないけれど、「アーラヤ識」あたりにGPSみたいなかたちでしまってあるのかもしれない。

二番目は仏性論であって、すべての人は覚りに向かう可能性、仏になるポテンシャルをもっているわけであって、それがあるから仏に向かって、ずっと進んでいけるんだと考えることです。ロケットに喩えていうと、一段目が十分な推進力をもっていて、あとは惰性でも飛んでいく、というのが発心。仏性は、二段目、三段目、四段目、五段目……全部のロケットが推進力をもっているから、前進していく、というものです。

「ロケットである以上、推進力がある」というのが仏性論だとすれば、三番目として、目標である仏のほうが電波を出して誘導していて、「おまえ、こっちへ来い」「覚りはこっちだぞ。覚るといいことあるぞ」みたいに、覚りのほうに引っぱり寄せている、という考え方。阿弥陀仏にすがって極楽に往生しようというのは、これです。

この三つの合わせ技で、人びとは覚りに至るというロジックになっていると思う。

密教は、三番目に近いものがあると思う。覚る前に、覚ったらどうなるか、どんなに素晴らしいかをちょっとかいま見させてもらうことができると考えるのです。具体的に、どうやるかですが、特別な行法があって、予告編みたいなものを見せてもらう。予告編をみると、本編がみたくなるじゃないですか。

大澤　映画なんかもそうですよね。

橋爪　それで修行が元気に続けられる。ロケットになぞらえるならば、予告編が、ブッダからのはたらきかけだと思うわけです。

大澤　なるほど。おもしろいですね。密教の儀礼とか、宗教的な陶酔とか、あるいはマンダラのような表象とかは、覚りの世界をイメージさせる予告編のようなものではないか、ということですね。

密教には、秘儀めいた部分がありますよね。教えを明示できない、というような部分です。これは、密教の立場からすると、真実は言葉にならないというような趣旨かもしれませんが、僕は、この種の曖昧性というか、秘密めいた雰囲気というのは、もともとの仏教にはなかったように思うのです。

釈尊の遺言に、「師に握拳なし」という一節があります。師は、握りこぶしに隠しているような教えは何もない、という意味です。透明で合理的というのが、釈尊の教えの特徴かと思います。密教の秘儀的な雰囲気というのは、これとずいぶん違う。

このことに代表されるように、密教には、もともとの仏教にはなかった要素や特徴がずいぶん加わっていますよね。それはどこから来るのでしょうか。

橋爪　いろいろな説がありますが、もろにヒンドゥー教の影響ですね。インドの在家の仏教徒って、インド人じゃないですか。インド人の日常生活は、圧倒的多数のヒンドゥー教徒と一緒に暮らすことで、在家の仏教徒はほぼヒンドゥー教徒なのです。そこで、ヒンドゥー教の影響を仏教は不断に受ける。

どういう影響があったかというと、まず在家主義。バラモン以外の人たちみんな在家ですから。それから、輪廻。輪廻は、仏教になくても大丈夫。でもヒンドゥー教には、輪廻はなくてはならない。ヒンドゥー社会は必ず輪廻を信じているわけですけれど、その人たちが仏教徒なのだから、輪廻がなくてはならない。

それから、お祭り。お釈迦さまが覚ったらどうなるか、よくわからないがきっと素晴らしいということで、目にみえるかたちのお祭りをいろいろする。蓮の花をばらまいて、お香を焚いて、極彩色の像や山車をつくって行列で練り歩いてどんちゃん騒ぎ、みたいな。こういうやり方はだいたいヒンドゥー教のものです。お祭りなら、目でみて、耳で聞いて、匂いをかいで、感覚的に理解できる。

ヒンドゥー教には、感性的な確信が欲しい、実感として味わいたいという強いニーズがある。実感として味わえないものは実在しない、という考え方もある。ここから、覚りの予告編という考え方が出てきたのではないかな。覚りのすばらしさを感性的に先取りして修行を続ける修行法は、ヒンドゥー教の修行法なんだと思う。

タントリズムとは

大澤　なるほどね。おそらく客観的にみれば、ヒンドゥー教の影響を受けたりとか、積極的に取り入れたりとか、そういうことをしているあいだに密教というものができてきたんじゃないかと思うんですね。さまざまな神々的なものは、ヒンドゥー教的な要素の導入の産物でしょう。

でも、ここまで改造するんだったら、もう仏教にこだわることはないのではないか――まず、そう思います。なぜ仏教の一部のように自分たちを位置づける必要があるのだろうかと。ここまで行くならば、仏教でなくてもいいじゃないか。

たとえば、いまおっしゃったように、考えてみると、目にみえたり感じさせたりして、何となく覚りの究極の境地を一瞬だけ知覚させるというようなものは、そもそも仏教の理念に反しますよね。そういう、見たり触ったりできるようなものとして覚りの境地があるわけではないのだから。

だから、あえて誇張して言えば、仏教の否定そのものによって仏教を標榜している、という感じすらします。

いろいろな仏教のタイプがあるし、あってもよいと思います。しかし、密教の中には、まさに仏教的には禁じ手といってもよいような領域にまで入っていくケースが多い。極端な一例は、タントリズムです。タントリズムというのは、タントラ*と呼ばれる、インド古来の聖典を奉じる宗派ですね。タントリズムは、神秘主義的な性格が強くて、ときには、性的な含みをもつ儀式を行なったりする。仏教という枠組みを外して、僕個人の考えでは、性的な実践が人間にとって解放的な意味をもつ可能性は十分にある、と思っています。しかし、仏教的に見れば、それはもう愛欲や煩悩の領域に属することですよね。

タントリズムが、そこまで行くつもりなら、もう仏教という前提にこだわる必要はないと思うのですよ。まあ、実際、自分のことをもう仏教徒だとはまったく思っていません、というようなタントリズムの人もいるとは思います。しかし、仏教の一部としてのタントリズムに執着する人も多い。どうしてなのか、と思います。

橋爪　参考例として、社会主義市場経済というのがある。これはマルクス主義の発展形なんですね。

＊タントラ　[tantra (s)]　通常の経典がスートラ（経）であるのに対し、密教経典のことをタントラという。スートラが横糸を意味するのに対し、縦糸。経典には明確に説かれない秘密の意義を解明する文献。

マルクス主義というのはどういうものかというと、資本主義を打倒して、究極的には共産主義社会の実現を目指す。そこでは労働者が楽しく生活できる。いろいろな商品があって、必要に応じて手に入る、すばらしい世界。そのために共産党がいろいろ活動しますが、それらは手段であり、目的は労働者の幸せな生活です。

さて、社会主義市場経済なるものを採用したら、労働者が幸せに生活できると保証されているのなら、共産党がこれを採用したっていいじゃないですか。

大澤 方便として。

橋爪 方便として、なんて言わなくたって、これが正しい。

さて、「資本主義の復活になったとしても、それで労働者が幸せになればいい」というマルクス主義があるだろうか？　ふつうは、ない。でも、現に存在する。

大澤 そういうのが密教のようなものであると。

橋爪 密教が、仏教かどうか。まず、手段がどのようであるか、この際問わない。最終的に人びとが、仏になることが目標で、密教の教えが修行を促進するのであれば、それは仏教の一種。外見がどんなにヒンドゥー教だとしても。

大澤 なるほど。「ヒンドゥー式仏教主義」、あるいは「ブッダ主義の迷い版」「煩悩版のブッダがあってもいいじゃないか」、広い意味で言えば「市場経済をやっているのに社会主義」みたいなものですか。思いっきり煩悩の世界に生きているような感じですけれども、もっと大局的な見地からみれば「これこそ仏教だ」みたいなことですね。

橋爪　煩悩・即・菩提、という考え方もありますね。煩悩を克服しようと思うから、ぜひとも覚ろうとする。煩悩をもたなければ、覚りはないわけです。ということは、煩悩に満ちあふれている人のほうが、覚ろうと思う動機は強くなるかも……。

だめ？

大澤　いや、いいかもしれませんね。だから、もしかすると、密教的逸脱というのは、仏教のなかにありえたひとつのオプションというか。

橋爪　そう。

大澤　つまり、つきつめていくと、先ほど『大乗起信論』のところで話したように、真即妄、覚即不覚、覚者即凡夫……といった矛盾的自己同一は、確かに仏教の核心部にはらまれていますね。煩悩・即・菩提というのは、煩悩こそが覚りへの出発点になるということですから、密教的逸脱は、その二重性を、煩悩のほうに思いっきり引っぱっていって、覚りへのポテンシャルを大きくする、というように解釈できなくもないですね。

仏教の果て

橋爪　仏教の特徴として、ドグマがないわけですよ。

ドグマがあれば、それを踏み外したら、その宗教ではないということになる。たとえばキリスト教だったら、三位一体があるし、イスラム教なら偶像崇拝の禁止とか、アッラーは偉大でムハンマドは最後で最大の預言者だ、とかドグマがあるわけです。

仏教にはこれにあたるドグマがなく、覚るというのが目的である。覚るためだったら何をしてもいい――とは言わないが、実質的にそれに近い。ドグマがないと、覚るという究極目標以外のことは、置き換え可能になる。置き換え可能になると、オリジナルなもともとのかたちと、外見上どんどん違っていく可能性を秘めているわけです。

置き換え可能でどうなるかという例として、私が思い浮かべるのは、料理なんだけれど、本場のイタリアン・パスタがある。オリーブオイルやチーズを使って。さて、日本には和風パスタというのがあって、しょう油味で、明太子をからめたり、刻み海苔をかけたり、いろいろと工夫しているわけです。和風パスタがおいしいというのでどうなったかというと、スパゲッティーでなくて、うどんでつくったらどうか。実際そういうお店もあるみたいだけれども、こういうふうにどんどん置き換えていくと、いったいどこがイタリアン・パスタなのか。材料も製法も味も全部、置き換えられてしまっているわけです。すると、これでもまだイタリアンだと言えるのは、名前だけ。「イタリアンを食べているつもり」という信念だけが、置き換え不可能なんですね。

密教も、もともとの仏教のかなりのものが置き換えられているんだけれど、残っているのは、「これが仏教だ」という信念だ。

大澤　なるほど、おもしろい。おもしろいというか、仏教の歴史は、ほんとうにそうなっていると思いますね。

仏教というのが方便ということを重視して、どんな方便でもいいという方向性に行くのは、いまおっしゃったようにドグマがないからですよね。覚りをめざすということだけがあって、しかもその覚りが何であるかも未知数のままになって開かれている。仏教のほうが、パスタよりもっと自由度が大きいと思うんですよね。パスタだと、いくらなんでもハンバーグを出してパスタだとか言えない、というようになるわけですが、仏教は大丈夫。

覚りをめざす。で、その覚りは何？　わからない。覚らないことには……となっているからです。

釈尊の覚りがきっかけとなった、「覚りをめぐる言語ゲーム」というものがある。そのゲームは、ゲームの定義となる「覚り」が空白のままなので、その輪郭が描けないようになっている。だから、このゲームは、どこまでも拡散し、広がっていくことができる。このゲームに少しでも因果的に関わっていれば、それは仏教運動の一部ということになるのでしょう。

仏教は、中心に覚りという大きな「空」がある運動ですね。

橋爪　そうなんですねえ。

覚りがゴールで、修行がそこに向かうプロセスだとすると、「覚りなんか実在しなくてもいい」という考え方も可能だ。修行していること、前進していることがむしろ大事だ、と。

それから、なぜ修行ができるのか。それは「仏性があるから」「仏になる素質を備えているから」という議論があるじゃないですか。プロセスが大事で、前進することが大事で、仏性を備えた人間が努力することに価値があるなら、「人間はそのままで仏である」と理解することも可能である。いくつかの宗派ではそういうふうになっていると思うんだけれど。

まず、浄土真宗であれば、極楽往生するわけだけれど、往生するかどうか、往生してみないことにはわからない。往生しない限りは単なる衆生なんですけれど、いろいろ議論があった。往生決定という考え方があって、「往生するぞ」と確信する。往生したいと思って念仏*するのではなく、「往生できた」と確信して、感謝の念仏をしなくてはいけないというのがある。そうすると、その人はもう、その人の信念において、往生しているわけです。

往生しているということは、往生したあと、もうブッダになったも同然なわけです。ブッダになる一歩手前の一生補処、リーチの状態で極楽に往生して、修行しますから。

大澤 するとう今生は、リーチのもうひとつ前の、一向聴。王手をかけるひとつ前みたいな状態が今生。

橋爪 リーチのもう一歩前ということで、リーチは確実だと考えれば、現世にあるままブッダですよ。したがって、お互いにブッダであるとして敬して、ブッダ同士の交流をこの世界ですればいい。こういうことになります。法華経も仏性を強調して、菩薩としてみんなで修行法華経にもそんな考え方がある。

＊念仏 [buddha-anusmṛti, buddha-manasikāra (s)] ここでは「南無阿弥陀仏」と阿弥陀仏の名前をとなえる「称名（口称）念仏」をさす。本来は原語のとおり、仏を心に念（smṛti）ずること。称名念仏のほか、真理としての見えざる仏を念ずる「法身の念仏」、仏の功徳や仏の相を心に思い浮かべる「観念の念仏」がある。

してこの世界を生きていくんだけれど、菩薩というのはほぼ仏だ。菩薩が菩薩であるのは仏性によるわけだから。慈悲によって相互に慈しみ合って生きていく、そんな状態が実現できていれば、この世界が仏国土である。この仏国土には仏の慈悲がみちみちている。人間の関係の理想は、仏と仏の関係（あるいは、菩薩と菩薩の関係）だから。

これは、密教ではないけれど、密教の考え方に似ているでしょう。

大澤　そういうところから密教も出てきたと解釈することもできますね。

一方で、覚りというものはきわめて深遠で、修行しても修行しても容易にはその境地には辿り着けない、仏国土ははるかに遠くて、いつまでも到着できない、ということを強調するアスペクトがありますね。「未だに」というアスペクト（相）です。

他方で、誰もが仏性をもっており、覚ることができることが確実なのだから、もう覚ったも同然だ、もう仏国土の中にいるも同然だ、ということを強調するアスペクトもあるわけですね。「すでに」というアスペクトです。

橋爪さんの話をうかがっていて、仏教が、この「未だに」のアスペクトと「すでに」のアスペクトの緊張の中で展開したのだな、と思いました。

考えてみると、キリスト教もこの点で似た面がある。一方で、最後の審判はまだ始まらず、神の国は未だ来ていない。つまり「未だに」です。しかし、他方で、神の国はもうすぐそこに迫っていて、ほとんどもう到着しているかのようにいわれもする。そもそも、すでにキリスト自身はやってきて、昇天してしまった。つまり「すでに」です。

このように仏教とキリスト教は同じような時間意識を共有していますね。しかし、その上で、やはり、両者はずいぶん違う効果を、この社会にもたらしました。たぶん、それには、二つの原因があると思います。第一に、仏教の場合は、それでも、やはり「未だに」というアスペクトが中心になります。未だ成仏していない、と。それに対して、キリスト教の場合には、すでにキリストが来たということが、無視できないインパクトを残した。

第二に、仏教では、覚りというのは、人間が、人間以上のものになる、という方向で作用しますが、キリスト教では、やはり、神が人間として受肉(じゅにく)したということが重要です。つまり、決定的な瞬間において、人間と人間を超えたものとの間に働くベクトルが、仏教とキリスト教では反対向きになっている。

結び　いま、仏教を考える

大澤　われわれは、いままでこうやって仏教について対談をしてきました。僕なんかはどちらかと言えば外からからかっているような感じで、仏教を、遊びに使ったところがありますけれど。

最後に、仏教の現代的な意味について話し合っておきたいと思います。この本に示したようなかたちで、仏教について知ったり、考えたりすることにどんな意味があるのか。人によっては、仏教的に修行したりする人もあるでしょうが、そのことにどんな意味があるのか。そういうことを最後に話しておきたいと思います。

本書の対談のちょうど二年前（二〇一一年五月）に、橋爪さんと僕は『ふしぎなキリスト教』という本を出しました。近代化によって世俗化が進捗（しんちょく）して、現代社会は宗教の強い影響を脱したかのように言われることがありますが、しかし、キリスト教については、それについて考えたり、知ったりすることが現在のわれわれにとっても普遍的な意義がある、ということをわりとストレートに説明できます。キリスト教徒にとってはもちろん、キリスト教徒ではない人にとっても、キリスト教の理解を深めておくことには、現在でも意義があるわけです。

なぜかというと、われわれの社会で、当たり前のようになっていること、デファクトスタンダード（事実上の標準）の多くが、無意識のうちにキリスト教を前提にできているからです。近代社会を成り立たせている制度や文化が前提にしている多くのことが、当事者も意識することなく、キリスト教的な感性や前提を世俗化して活用しているところがあります。たとえば、資本主義がそうです。たぶん、近代民主主義もそうです。あるいは主権という概念がそうです。また人権思想も関係があるでしょう。近代の法のあり方、あるいは契約の思想、それらもすべてキリスト教、世俗化されたキリスト教と関係している。

というわけで、キリスト教について議論したり、考えたりすることの意義は明白だったわけです。

でも仏教の場合は、多少事情が違います。もちろん、いまでも現に仏教というのは継承されていて、だからこそこうやって本もつくられたり、仏教系の出版社もあったりするわけです。日本語のなかには仏教の言葉がたくさん入っている。こうしたことも事実です。

しかし、近代社会では、個人的な場面でも、そしてより一層、社会的・政治的な場面でも、仏教の論理や概念をそのまま使って、なにかを正当化したりする、というようにはなっていない。寺もあり、僧もあり、仏教関連の出版物もたくさんあるけれども、社会のメインのところにある文化や制度は、仏教とは無関係に作られているように見えます。

そんな中で、あえて仏教について考えたり、知ったりすることにどんな意味があるのか。現代の僕らが、仏教のある部分を自覚的に継承することにどんな意味があるのか。特に、僕のように、仏教徒でもない者が、それでも、あえて仏教について考えたりすることにどんな意味があるのか。そういうことを最後に論じておきたいと思います。橋爪さんはどのようにお考えですか。

橋爪　私の意見では、二つぐらい大事な点がある。

ひとつは、世界人類が仏教をどう受け継ぐかということ。

仏教の特徴はわれわれにとって、とても大事である。その特徴は、だいたい四つあります。

①　**個人主義的**　仏教は個人主義的です。一人ひとりが自分の人生に責任をもち、自分の目標を追求しなさい。ほかの人に言われてやるのではなく、あなた自身がやらなきゃ駄目でしょう、みたいになっている。

②　**自由主義的**　仏教は自由主義的です。ドグマがない。何をどうするか、何をどう考えればいいか、どう行動すべきかということは、自分の創意工夫によって発見し、創造していくものであり、それはあくまで自己責任です。「自業自得」は、

自己責任ということです。

③ **合理的** 仏教は合理的です。なぜ合理的かというと、因果論でできているから。ある結果やある出来事は、原因なしに起こるわけではない。本人の都合で左右できるものでもない。必ずそれを生み出した原因があって、追究していけば理解できるという考え方です。

④ **理想主義的** 仏教は理想主義的です。あなた自身はいまの困った状態から、だんだんよい状態に移動していける。一人ひとりがみんなこういうルートをたどれば、社会全体も世界も、だんだんよい状態に移行していけるかもしれない。よい／悪いのベクトルがあり、よい方向に向かうための手段があると考えている点ですね。

ほかにもあるかもしれないけれども、とりあえず以上の、①から④までの四つにしぼってみても、現代的で前向きなんじゃないかな。

そしてこれは、古代思想なんだけれども、こういう現代的で前向きな思想があるということを、イスラム圏やキリスト教圏など、仏教を理解していない地域、仏教が伝わらなかった地域、あるいは仏教があまりみえなくなってしまった中国などの異なった文化圏で、これら仏教の中心となるアイデアを理解するということは、人類文化の多様性と平和のためにとても大事。これが第一の意味です。

第二は、日本人の自己理解として大事。

日本人の精神史として大きなものが三つあるとすれば、一番が仏教。二番が儒教、三番目が神道や国学や天皇や日本のカルチャー。この三つが織り交ざったものとして日本社会が形成されている。いっぽう、グローバルスタンダードとなるような思想はあまり入っていない。これで二千年から三千年やってきた。そのほんの表層に、明治以降のいろいろな欧米起源のアイデアが入っている。欧米起源のアイデアをしっかり理解するということも大事なんだけれど、それとそりが悪いかたちで自分たちの無意識のルーツが形成されているということを意識化するということも、それに劣らず大事である。その自己理解の三分の一は、仏教を理解することで果たされる。

ゆえに、日本人の自己理解に欠かせない素養・教養として、仏教があると思われます。

大澤　それでは、橋爪さんの提起してくださったことと関係づけながら、僕も三点ほど言っておこうと思います。

第一に、橋爪さんが二番目に話された、日本人の自己理解と関連することから先に言っておきます。今回は時間の都合上、あまり日本の話はしませんでした。最後のほうで、橋爪さんに、少し関連する浄土真宗や密教の話を出していただきましたけれど。

おっしゃるように、日本は古来、仏教と明らかに関係があり、この点では、キリスト教の場合と非常に違う。キリスト教は、近代社会のデファクトスタンダードを形成したと話しましたが、日本だけは、ずっと、そしておそらく現在も、キリスト教にとって、圧倒的な周縁に留まってきたわけです。日本人は、世界で一番、キリスト教を知らない国民だと言っても過言ではない。

仏教は違います。千五百年も前に、仏教は日本列島に入ってきて、その後も消えずに今日まで続いています。ほとんどの人が、仏教について何らかのイメージをもっていて、仏教の寺院に行ったこともあるし、僧侶というものも知っています。そういう意味で、キリスト教の場合と違って、日本人は仏教を「知っている」。

しかし、この本を最初から最後まで読んでくれた人は、自分たちが仏教だと思っているものと、もともとの仏教、仏教の本義とずいぶん違うのだな、と気づかれたと思います。たとえば、ほとんどの日本人にとって、仏教の一番のイメージはお葬式やお墓でしょう。しかし、仏教は葬式のために生まれたわけではない。それどころか、仏教の出家者は葬式をすることができない、やってはいけなかったわけです。お釈迦さまの葬式ですら、彼らはできなかった。日本の仏教、日本の僧侶の主な仕事が葬式になっているとしたら、この仏教の変質ぶりは、目がくらむほどです。

では、どうして日本で仏教の性質がこれほど転換したのか。そのように問いを立ててみると、仏教の理解にもなるし、日本人とか日本文化というものの理解にもつながります。

今度の対談では、日本仏教そのものについては、あまり論じることができませんでした。それは、また後日、別の機会にやりたいと思います。いずれにせよ、日本における仏教の変質を鏡にした、日本人の自己理解、というのは、読者にとっても、僕らにとっても、とてもよい宿題だと思う。この宿題を提起したことも、今回の対談の意味です。

第二のことに入ります。普遍宗教というものがあります。仏教もその一つです。ほかに、キリスト教、イスラム教、そして儒教も含めてよい。今、古代に生まれて現在まで継続している普遍宗教を列挙してみたわけですが、仏教だけほかの普遍宗教と違ったところがあります。

仏教以外の普遍宗教はすべて、大帝国や、あるいは強国の中でメインの宗教として採用され、ときには国教化してきたのです。そして、現在でも、それらの宗教を中核においた大国・強国があります。キリスト教が、そういうものであることはもう言うまでもありません。イスラム教も、一時、ものすごく強い帝国の宗教でした。現在でも、そうとうな数の、しかも人口の大きい国が、イスラム教を中心にすえています。儒教の場合は、長い間、中華帝国という世界の文明の先進国によって継承されてきました。

このように、どの普遍宗教も、強力な政治権力と一体化し、継承されてきたわけです。だからこそ、これらの普遍宗教は消えずに残った、とも言えます。

けれども、仏教だけは違います。確かに、仏教国というものはあったし、現在もあります。しかし、はっきりいって、それほどの強い国ではないのです。

これは、しかし、驚きです。仏教は、まったく政治権力に守られなかったのに、今日まで継承され、そうとうなインパクトを残している、ということだからです。覇権国や大帝国の権力と完全に一体化したことがほとんどないのに、現在でも、仏教は知的に継承され、またそれに憧れたり、修行したりする人がいる。どうしてなのか。

仏教には、やはり、ある強い合理性があったからだと思うのです。拒否できない合理性があって、それが二千年をはるかに超える期間、人びとを魅了してきた、ということになります。

たとえば、キリスト教の場合、ナザレのイエスという人が出てきて、死んだのだが、その人は神（の子）でもあって……という話は、理解しがたいし、はっきりいって非合理的です。非合理的ですが、これはまさに出来事として生起したので、人びとはこれを受け入れ、インパクトを残した。

仏教は違う。単純に合理性があったからこそ、継承されたというのが基本です。つまり、仏教には、単純に時代や場所を超越した合理的な説得力があるということです。とするならば、現在でも、われわれは、その合理性の核を取り出すことに価値があるでしょう。

三番目。しかし、この世界には、仏教とまったく縁がない社会というものがあります。仏教が波及したのは、主に、ユーラシア大陸の東の半分です。日本もその末端に入る。しかし、一神教が栄えた地域、ユーラシア大陸の西半分は、ほとんど仏教が浸透しなかった。そのせいで、その地域の人びとは、仏教についての皮膚感覚をまったくもっていない。一部の知識人が仏教を知っているだけです。

ところが、近代社会・現代社会の基本的な仕組みは、そのユーラシア大陸の西半分の文明から出てきたアイデアや制度に主として基づいています。こうしたアイデアや制度がものすごく順調で、申し分がないのであればよいのですが、これらが、現在、そうとうにめんどうな問題を抱えていて、立ち行かなくなっていることを、地球上のすべての人が自覚しています。

とするならば、ユーラシア大陸の西半分の人が、まったく知らない仏教というものの発想を検討してみることには価値がある、と言えるのではないか。というのも、彼らは知らないかもしれないけれども、仏教には、合理的な核があるからです。その合理的な核は、現在の行き詰まりに対して、示唆するものがあるかもしれない。そのように期待する十分な根拠があると、僕は思います。

あとがき

日本の仏教は、アンティーク・ショップの店先に置かれた古びた家具、みたいになっている。なにかそこにあるとはわかっていても、誰もが足早に通りすぎていく。そんな仏教も、昔はぴかぴかだった。そして、ちょっと磨けば、立派な高級家具としてよみがえる。それをほっておくなんて、なんともったいないことだろう。

そこで、仏教について対談をしようと、大澤真幸さんと相談がまとまった。「仏教は最近、元気がないなあ、がんばれ」、ではない。その反対に、「仏教さん、あなたはあまり立派です、ちょっとは私たちに、知恵と元気をわけてください」なのである。この感じをわかってもらおうとタイトルを、『ゆかいな仏教』にした。仏教のことを、どこか暗いなあ、古くさいなあ、などと思ったらバチが当たるのだ。

対談は、じつにスリリングだった。仏教のスピリット（そんなものが、もしあれば）が、目の前で、弾けて跳び回っているようだった。私たち自身も、わくわくした。これまでの仏教の本とは、まるで見違えるような仕上がりになっているのではないかと思う。読者の皆さんは、どう感じられるだろうか。

＊

大澤さんとの対談は、『ふしぎなキリスト教』（二〇一一年）、『おどろきの中国』（二〇一三年、宮台真司さんを交えた鼎談）に続いて、三回目。テーマはそのつど違っても、毎回ずしりと手応えがある。

われわれの対談は、ジャズの、ジャムセッションのようだと思う。

スイングバンド全盛の時代、連日ダンスホールで決まりきった演奏をさせられていたジャズマンたちは退屈して、仕事のあと、即興の腕をみがいていた。カンザス・シティからやってきたチャーリー・パーカーは、アルトサックスのフレーズがあまり自由にはばたくので、「バード」とよばれた。J・B・ガレスピー（トランペット）は、目まいのするほど過激な演奏で、「ディジー」とよばれた。この二人が意気投合、ひそかに練習を繰り返し、一九四五年十一月二十六日にニューヨークのスタジオで歴史的な録音をする。バップが誕生した瞬間だ。

われわれの対談に、あらかじめ筋書きがあるわけではない。打ち合わせもない。バードとディジーに負けないぞという意気込みのかけあいの中から、新しいものを生みだすのだ。

ジャムセッションを聴いて、「楽譜どおりに演奏しろ」「作曲者をはっきり示さないとだめじゃないか」と思うひとがいる。われわれの対談を、「テキトーにしゃべっているだけ」「間違いが多い」と言うひとがいる。ジャムセッションや対談が、どんなものか知らないのだ。二人のチャレンジが成功したかどうかは、読者の皆さんに判断してもらおう。

＊

本書をまとめるにあたって、多くの方々のお世話になった。

本書のような野心的な出版を、勇気をもって進められた（株）サンガの皆さん、とりわけ島影透代表と、佐藤由樹編集長には、感謝しなければならない。また編集にお力添えいただいた藤田加代子氏（株式会社アンデパンダン）、テープ起こしを担当した佐藤恵美子氏、校閲を担当した星飛雄馬氏と大來尚順氏にも、感謝したい。本書がビギナーにもベテランにも楽しんでもらえるような仕上がりになっているとすれば、これらの方々のチームワークのおかげである。

対談本は、最終段階の仕上げが大事になる。担当編集者の佐藤由樹氏は、タイトなスケジュールの綱渡りのなか、原稿の整理や注の作成、文言の最終チェックなど、大車輪の活躍をされた。特に記して、感謝したい。

最後に、本書を手にとられた読者の皆さんに、もちろん最大の感謝をささげたい。

橋爪大三郎

二〇一三年九月

文庫版あとがき

本書の初版は、二〇一三年一〇月。サンガ新書の一冊として刊行された。サンガ社は、仏教関係の書籍を精力的に世に送り出す意欲的な出版社だ。雑誌『サンガジャパン』に寄稿した縁もあって、依頼を受け、大澤真幸さんと私で、インド仏教の本質に迫ろうという対談を試みた。二人とも、仏教のとびきり専門家というわけではない。あちこちへ飛ぶ話の流れをうまくまとめてくれたのは、サンガ社の力量である。

そのサンガ社が、急に会社をたたむことになった。同社の島影透代表が亡くなったのだ。惜しむ声が多くあがり、本書の編集を担当した佐藤由樹氏らが、サンガ新社を立ち上げた。今回、そのサンガ新社と三笠書房のご厚意により、本書『ゆかいな仏教』が装いも新たに、三笠書房の知的生きかた文庫の一冊として再刊されることになった。新たな読者のみなさんの手に届くことは喜びである。

原稿を丁寧に読み返してみた。再刊なので、ささいな訂正を除き、テキストは一切変更していない。それに、古くなるような内容でもない。大澤さんが、キリスト教やイスラム教や西欧哲学を補助線に、うまく議論を仕切ってくれている。私はここ掘れワンワンと、やみくもに地面をほじくり返している。そんな二人のわくわくする協働作業を、読者のみなさんにも楽しんでいただけるとなにより嬉しい。

初版からほぼ一〇年、このようなチャンスを開いてくれたサンガ新社、そして、ひと昔前のテキストを新しい器に盛りつけるべく丁寧な作業を進めてくれた三笠書房のみなさんに、心から感謝したい。

二〇二二年八月一日

橋爪大三郎

本書は、サンガより刊行された新書『ゆかいな仏教』（橋爪大三郎・大澤真幸／二〇一三年一〇月）を文庫化したものです。

Happy Buddhism
by
Daisaburo Hashizume & Masachi Ohsawa
2013 : 10 Samgha Inc. Tokyo Japan
2022 : 9 MIKASA-SHOBO INC. Tokyo Japan

橋爪大三郎（はしづめ・だいさぶろう）
1948年、神奈川県生まれ。社会学者。大学院大学至善館教授。東京工業大学名誉教授。東京大学大学院社会学研究科博士課程単位取得退学。
著書に『仏教の言説戦略』（勁草書房）、『はじめての構造主義』（講談社現代新書）、『教養としての聖書』（光文社新書）、『死の講義』（ダイヤモンド社）、『中国vsアメリカ』（河出新書）、『いまさら聞けないキリスト教のおバカ質問』（文春新書）など。

大澤真幸（おおさわ・まさち）
1958年、長野県生まれ。社会学者。個人思想誌『THINKING「O」』主宰。東京大学大学院社会学研究科博士課程単位取得満期退学。千葉大学文学部助教授、京都大学大学院人間・環境学研究科教授を歴任。『ナショナリズムの由来』（講談社）で毎日出版文化賞、『自由という牢獄』（岩波書店）で河合隼雄学芸賞を受賞。
著書に『〈世界史〉の哲学』（既刊8巻　講談社）、『三島由紀夫　ふたつの謎』（集英社新書）、『社会学史』（講談社現代新書）、『経済の起原』（岩波書店）など。

知的生きかた文庫

ゆかいな仏教

著　者　橋爪大三郎
　　　　大澤真幸
発行者　押鐘太陽
発行所　株式会社三笠書房
〒一〇二―〇〇七二　東京都千代田区飯田橋三―三―一
電話〇三―五二二六―五七三四〈営業部〉
　　〇三―五二二六―五七三一〈編集部〉
https://www.mikasashobo.co.jp
印刷　誠宏印刷
製本　若林製本工場

ISBN978-4-8379-8793-2 C0130

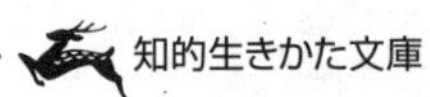
知的生きかた文庫

この一冊で「聖書」がわかる！
白取春彦

世界最大、2000年のベストセラー！〝そこ〟には何が書かれているのか？旧約、新約のあらすじから、ユダヤ教、キリスト教、イスラム教まで。最強の入門書！

仕事も人間関係もうまくいく放っておく力
枡野俊明

いちいち気にしない。反応しない。関わらない——。わずらわしいことを最小限に抑えて、人生をより楽しく、快適に、健やかに生きるための、99のヒント。

禅、シンプル生活のすすめ
枡野俊明

求めない、こだわらない、とらわれない——「世界が尊敬する日本人100人」に選出された著者が説く、ラク〜に生きる人生のコツ。開いたページに「答え」があります。

気にしない練習
名取芳彦

「気にしない人」になるには、ちょっとした練習が必要。仏教的な視点から、うつうつ、イライラ、クヨクヨを〝放念する〟心のトレーニング法を紹介します。

超訳 般若心経 〝すべて〟の悩みが小さく見えてくる
境野勝悟

般若心経には、〝あらゆる悩み〟を解消する知恵がつまっている。小さなことにとらわれず、毎日楽しく幸せに生きるためのヒントをわかりやすく〝超訳〟で解説。

C50451